Rebuilding Modern
Welfare System for Children

重建现代儿童福利制度

——中国儿童福利政策报告 2014

China Child Welfare Policy Report 2014

主　编 / 王振耀
副主编 / 高华俊

社会科学文献出版社
SOCIAL SCIENCES ACADEMIC PRESS (CHINA)

编委会

序

计划经济时代，中国曾经实行低水平的全民福利制度，并依托企事业单位建立了较为健全的儿童教育和儿童医疗福利制度。经济体制改革开始后，农村地区在 20 世纪 70 年代末开始实施"包产到户"，城市地区随后进行了"砸烂铁饭碗"的国企改革，教育、医疗和养老等问题也被推向了市场。教育领域，先后废除了单位办幼儿园和人民助学金制度，学前教育机构数量从 1978 年的 16.4 万所下降到 2001 年的 11 万所；医疗领域，废除了儿童公费医疗制度，无论是城市儿童还是农村儿童，这一时期都处于医疗保障的空白，使得个人卫生支出占卫生总费用的比例从 1978 年的 20.4% 上升到 2001 年的 60%。总之，计划经济的解体使得原依托于企事业单位的儿童福利制度基本瓦解，现代儿童福利制度亟待在新的经济社会条件下进行系统重建。

2000 年以来，随着义务教育的普及和基本医疗保险的实施，包括儿童福利在内的社会福利制度步入了重建之路，尤其是 2010 年孤儿津贴制度的实施，更使得我国儿童福利保障进入快速发展的轨道。过去五年，在国家制度建设与社会创新发展的良性互动中，儿童福利发展水平与经济发展水平之间的差距不断缩小，由中央财政支持的生活津贴制度从孤儿逐步扩展至其他困境儿童。2014 年，儿童福利事业的发展在多个领域都有所创新，具体而言，儿童保护制度从倡导转向采取实际行动；儿童福利服务工作逐步规范化，儿童福利机构在建设硬件设施的同时，强调照料的科学化、标准化，并强调专业人员的配备，提升儿童照料的质量；儿童医疗方面，多年延续的城乡双轨制正在逐步改革，城乡医疗救助基金的合并政策已出台，基本医疗保险的并轨也正在 10 多个省市推行，城乡儿童医疗保障呈现公平趋势。面向未来，中国的儿童福利事业已经走上了一个新的历史阶段。

同时也要看到，中国儿童福利发展水平落后于经济发展水平的状况尚未得到根本改变，尤其在儿童医疗和儿童早期教育领域，某种程度上甚至落后于历史上曾有的保障水平。最为突出的表现是，儿童大病问题仍未得到有效解决，看病贵、看病难的问题仍然大量存在；社会流动的增加和医疗保险地区统筹的矛盾，使得大量流动儿童的医疗保障问题凸显；国企三产剥离导致大量幼儿园和托育机构关闭，但国家又没有建立相应的机构，使得早期教育供给缺口巨大，入园难成为各大城市普遍存在的问题。总的来看，缺乏基层儿童福利保障体系、缺乏国家立法和充裕的儿童福利投入，仍是我国儿童福利制度建设面临的基本挑战。

自 2010 年民政部、联合国儿童基金会和北京师范大学中国公益研究院联合启动"中国儿童福利示范区"项目以来，每年"六一"期间向社会发布的《中国儿童福利政策报告》已经形成年度系列。本年度的报告聚焦于"重建现代儿童福利制度"，对一年来的儿童福利事件、儿童福利保障政策以及创新措施等情况进行了梳理，系统分析了中国儿童福利事业发展现状及面临的挑战，并提出了全面构建现代儿童福利制度的主体框架。报告的部分成果于 2014 年"六一"在"儿童福利周"启动仪式上发布，现将完整内容正式出版，希望能对政府决策和学术研究起到积极推进作用，并帮助国际社会了解中国儿童福利发展情况。对于报告存在的不足和疏漏之处，衷心希望广大读者批评指正。

北京师范大学中国公益研究院

2015 年 2 月

目　录

导论
中国现代儿童福利制度的系统重建

计划经济时代，中国曾依托企事业单位建立起了较为系统的儿童福利制度。经济体制改革以后，随着计划经济的基本解体，儿童福利制度受到较大冲击。

2000 年以来，义务教育基本免费制度的实施开启了我国儿童福利制度的重建之路，并由点到面持续推进。尤其是过去五年，中国建立了孤儿津贴保障制度并逐步扩展至其他困境儿童，儿童保护从社会倡导走向实际行动，儿童福利服务开始朝规范化方向发展，城乡儿童医疗保障的公平性逐步加强，儿童福利开始呈现出普惠、规范、社会广泛参与等新特征。

一 儿童福利制度建设的重大进展

在过去的一年中，我国儿童福利领域在诸多方面取得较大的甚至突破性的进展，在儿童保护和儿童服务方面尤为突出。

（一）社区保护和监护干预机制开启政策行动

民政部开展儿童保护试点工作，建立社区儿童服务中心，拓展救助保护对象，建立儿童监护干预制度。为探索建立以社区为基础的儿童保护机制，2013 年 5 月，民政部要求在 20 个城市开展儿童保护试点工作，要求建立未成年人社区保护网络，在城乡基层建立社区儿童服务中心；加强家庭监护服务和监督，督促村（居）委会建立随访制度；开展困境未成年人帮助帮扶工作。北京市率先开展社区试点工作，安徽、湖北、新疆、江西等地也在探索家庭、学校、社会和司法保护的联动机制。与以往相比，这些地区开展的儿童保护试点工作拓展了救助保护对象，将监护干预的对象从流浪未成年人扩大到全体困境未成年人；建立了监护干预制度，对面临监护缺失或监护失当的未成年人进行排查摸底、登记建档和需求评估，并采取临时替代照料、社会救助帮扶等跟踪措施，及时为困境未成年人提供服务。

最高人民法院、民政部、公安部推进未成年人监护转移制度的建立，使儿童保护进入政策行动。我国关于监护干预制度的法律规定只有1987年发布施行的《中华人民共和国民法通则》和2006年修订的《中华人民共和国未成年人保护法》，虽然规定了父母不履行义务时可以由其他人担任监护人，但缺乏可操作性，撤销父母监护资格后的安置未成年人制度也不健全；在父母虐待忽视儿童的恶性事件中，司法机关和政府无法有效介入。为激活儿童监护干预机制，2014年3月，最高人民法院、公安部、民政部联合召开家庭监护失当未成年人监护权转移工作座谈会，针对未成年人监护权转移的问题，结合未成年人保护司法实践和救助服务实践，就起诉主体、适用范围、转移程序、部门职责等进行了深入的讨论，并计划年内出台司法与行政相衔接的困境未成年人监护干预政策，将进一步落实儿童保护工作。

（二）儿童照料和家庭寄养持续规范

过去十几年，我国儿童福利院运行管理的依据是1999年民政部颁布的《社会福利机构管理暂行办法》，儿童福利机构工作人员的编制也仍延续20世纪90年代的政策。一方面，儿童福利机构的医疗、康复、心理等功能建设滞后；另一方面，福利院普遍缺乏具有较好知识结构、服务技能和养育理念的专业技术人员。为解决这些问题，民政部于2013年12月出台了《儿童福利机构基本规范》，对儿童照料的标准、人员设置等做出了规定，将儿童照料分为卫生照料、晨晚间照料、饮食饮水照料、排泄照料等指标，并对每一个指标都做出细致的规定。随后，湖北省、福建省等地纷纷出台了服务质量规范或日常照料规范，江苏省则启动了儿童福利机构社会工作标准研究项目，这些标准和规范将推动儿童福利机构工作的专业化、规范化、标准化。

针对福利机构专业技术人员的短缺问题，民政部要求工作人员与儿童比例应为 1∶1，寄养家庭中，寄养儿童人数不能超过 2 名。山西省制定政策规范公办社会福利机构护理人员的薪酬待遇；四川省要求按照"专业技术岗位一般不低于单位岗位总量的 70%"的标准优化儿童福利院的岗位；新疆、河南也拟出台政策加强儿童福利机构工作人员的编制工作。

为规范儿童家庭寄养，民政部组织起草了《儿童家庭寄养管理办法》，拟对寄养儿童的数量、寄养工作情况等进行调查摸底，对寄养家庭的住所、经济收入等提出相关要求。各地儿童寄养工作的规范化也在积极推进，深圳市出台了《孤残儿童家庭寄养评估规范》，要求对寄养家庭进行寄养前评估、寄养过程评估和寄养终结评估，每类评估都有相应的程序和指标，该文件是国内首个有关家庭寄养标准化的指导性技术文件；为了提升孤残儿童在寄养家庭的生活质量，河南洛阳设立了寄养家庭服务站，为工作人员进行社会工作培训。除了寄养家庭外，"类家庭"是给孤残儿童提供类似家庭的成长环境的一种新的养育模式，南京市和苏州市福利院积极推广这一模式，向全社会征询爱心爸妈。

民政部关于儿童福利机构和家庭寄养的相关规范文件的发布，以及一些地方做出的积极探索，将有效提升机构抚养和家庭寄养的孤残儿童的生活质量，让他们享受更好的成长环境。

（三）儿童养育津贴从孤儿向困境儿童扩展

儿童养育津贴发放对象逐步从孤儿扩展至艾滋病病毒感染儿童、父母服刑或重度残疾等困境儿童。我国从 2010 年开始建立第一个由中央财政支持的孤儿津贴制度，每月给机构内供养孤儿和散居孤儿发放基本生活保障津贴。此后，又将孤儿生活保障津贴拓展至艾滋病病毒感染儿童，2013 年有 15 个地区颁布了艾滋病病毒感染儿童基本生活费相关的政策，其中少部分省市还对"父母一方感染艾滋病或因艾滋病死亡的儿童"给予生活补助。除了孤儿和艾滋病病毒感染儿童外，一些地区将发放生活津贴的孤儿拓展到父母双方失踪、服刑、重度残疾的未成年人，如北京、山东、安徽、天津等。此外，浙江、陕西还将生活津贴发放对象扩展至重残重病等自身困境儿童。

民政部力推将事实无人抚养儿童纳入国家保障。2013年年底，民政部强调在对我国困境儿童实行分类救助的基础上，积极争取将事实无人抚养儿童纳入保障范围内，事实无人抚养儿童主要指父母失踪或弃养、父母服刑和父母重度残疾等。据民政部的抽样统计，我国目前大约有60万事实无人抚养的"亚孤儿"。如果分类施保困境儿童救助制度能够建立，将成为我国推行普惠型儿童福利制度的又一重大政策进展。

（四）城乡基本医保和医疗救助基金并轨促进医疗公平

卫生计生委在流动人口多的省份优先落实六项基本公共卫生服务，以提高流动人口基本公共卫生服务水平。流动人口的传染病发病率更高，而且流动儿童的计划免疫接种率要低于常住儿童。2012年，我国0~17岁城乡流动儿童多达3581万人。为此，卫生计生委2013年决定在北京、天津、上海等40个流动人口较为集中的市（区）开展试点，优先落实好流动儿童预防接种、传染病防控、孕产妇和儿童保健等六项基本公共卫生服务，中央为每个试点地区安排50万元资金作为经费补助。

为农村新生儿提供疾病筛查专项补贴。我国每年新增出生缺陷儿童90万例，出生缺陷已成为我国重大公共卫生问题。目前，我国新生儿出生缺陷筛查率仅40%，而发达国家的新生儿疾病筛查率接近100%。为此，上海、青海、云南、安徽等多个地区将新生儿疾病筛查纳入当地基本公共卫生服务中，实现了部分疾病的免费筛查。2013年，卫生计生委召开儿童重大公共卫生服务项目启动会，决定在2014年为覆盖200个项目县的49万名农村户口新生儿提供每人120元的新生儿疾病筛查专项补贴，并对确诊为苯丙酮尿症和永久性听力障碍的儿童实施救助。

国家合并城乡医疗救助基金，部分地区着手城乡居民基本医疗保险并轨工作，促进城乡医疗公平。为了消除城乡差异，实现共建共享，中共十八届三中全会提出要整合城乡居民基本医疗保险制度。目前共有十多个地区①正式出台了政策，将新农合和城居保合并为城乡居民医保，另外有七

---

① 截止到2014年4月，可搜索的出台了基本医保合并政策的地区有：天津市、重庆市、安徽省、山东省、青海省、宁夏回族自治区、湖南省长沙市、四川省成都市、浙江省杭州市、浙江省绍兴市。

个地区①将启动新农合和城居保的并轨。此外，2013 年年底，财政部等印发文件要求将城市医疗救助基金和农村医疗救助基金进行合并，该项政策的出台是缩减医疗卫生城乡差异的重要举措，对推动城乡医疗资源分配的公平性有积极意义。

城乡居民大病医疗保险和异地结算的进一步推进，从报销资金和报销程序上缓解大病患儿因病致贫问题。城乡居民大病保险工作自 2012 年开展，该项政策对超过上年度人均可支配收入的合规的自付费用进行不低于 50% 的二次报销，极大地提高了家庭抵御重大疾病风险的能力。截止到 2014 年 4 月，有 28 个省、自治区、直辖市出台了大病医疗保险政策。2014 年，国务院要求全面推进城乡大病保险试点工作。该项政策的实施，将有效缓解大病患儿家庭的经济压力。据中国公益研究院测算，该项政策的颁布和实施，能将重大疾病的实际报销比例提高 30%。此外，异地结算机制在 2013 年也取得了较大进步，有 90% 的统筹地区实现了省内异地医疗机构的即时结报。异地就医结算机制的形成，将缓解患儿家庭垫付资金带来的压力，降低大病患儿的医疗成本。

（五）政府购买服务推动儿童公益组织专业化

相对于政府救助，公益项目有救"急"、救"大"、救"难"等优势。对于迫切需要解决的社会问题，公益组织能够更快更高效地运作；而且随着救助力度加大，对救助对象的帮扶力度也更大；相对于政府救助的低水平广覆盖，公益组织能够运用更加专业的知识和技能解决更为复杂的难题。如天使妈妈基金曾在一天内为一个急需救助的孩子募集到 40 万元善款，基本上解决了其全部手术费问题，并为该患儿提供、联系合适的治疗医院等服务，这些都是政府救助所难以达到的，充分体现了公益组织救"急"、救"大"、救"难"的优势。

民政部发文鼓励社会力量提供多样的服务，并要求在政府购买社会服务中向儿童类慈善项目倾斜。2014 年，民政部制定了《2014 年中央财政

---

① 七个地区分别为：上海市、江苏省、广东省、四川省、江西省南昌市、海南省三亚市、云南省昆明市。

支持社会组织参与社会服务项目实施方案》，要求将社会工作引入社会救助服务中，对城市流动人口、儿童青少年等提供困难救助、人文关怀、心理疏导、行为矫治等专业服务项目，并提出要资助孤儿、弃婴的收养、治疗、康复活动。为鼓励社会力量参与儿童服务，民政部还发布了《关于建立儿童福利领域慈善行为导向机制的意见》，鼓励社会力量兼顾经济援助和服务支持，既帮助儿童解决基本生活方面的需求，也满足儿童在教育、医疗、安全、心理健康、社会融入方面的需求。该《意见》还要求加大向社会力量购买服务的力度，并向儿童类慈善项目倾斜。

政府引导慈善组织提供更专业的服务和提升政策倡导能力。除了鼓励政府向儿童类慈善组织购买服务外，民政部《关于建立儿童福利领域慈善行为导向机制的意见》还呈现以下几个特点：要求将儿童福利的范围逐步向事实无人抚养儿童、残疾儿童、大病重病儿童、流浪儿童等群体延伸，儿童福利服务对象更加多元；除了经济援助外，还要兼顾服务支持；将社会力量在服务儿童过程中形成的有效经验及时提升为政策法规；等等。同时对儿童类慈善组织提出了更高的要求，包括要有专业服务人才提供专业服务，除项目实施外还要兼顾经验总结，及时为国家政策和制度提供参考，使社会力量和政府行为之间形成良性互动。

二 中等发达阶段儿童福利事业的基本挑战

2013 年，我国国内生产总值为 56.9 万亿元，比上年增长 7.7%，人均国内生产总值达到 41805 元，折合 6700 美元。而 2012 年中等高收入国家的人均 GDP 为 7339 美元，中等收入国家的人均 GDP 为 4564 美元，也就是说，我国的人均 GDP 更接近于中等高收入国家的水平。

但是，与经济发展水平相适应的现代儿童福利制度仍未全面建立，基层儿童福利保障体系、儿童福利投入机制、儿童福利服务能力尚不能适应当前儿童福利事业的发展要求。虽然与儿童福利相关的法律法规以及部门较多，但却缺乏全国统一、自成体系、目标明确的国家儿童福利系统，缺乏独立的儿童福利行政机构、完善统一的国家立法以及专门的儿童福利预算。在具体的福利领域，儿童医疗和儿童早期教育等仍面临较大的政策缺口。

（一）我国儿童人口占总人口比例持续下降

儿童人口占总人口的比例从 1982 年的 33.6% 持续下降，截至 2013 年年底，我国 0~14 岁儿童人口 2.2 亿，占总人口的 16.4%。① 从人口变化趋势来看，尤其是近几年，下降幅度大大高于我国人口自然增长率的下降程度。

（二）单"独"政策在短期内给儿童福利事业带来新挑战

十八届三中全会通过的《中共中央关于全面深化改革若干重大问题的决定》提出，坚持计划生育的基本国策，启动实施一方是独生子女的夫妇可生育两个孩子的政策，逐步调整完善生育政策，促进人口长期均衡发展。这是我国进入 21 世纪以来生育政策的重大调整和完善，是国家人口发展的重要战略决策。

进入 21 世纪以来，我国人口形势发生了重大变化。低生育水平稳中趋降；劳动年龄人口开始减少，2012 年比上年减少了 345 万人，预计 2023 年以后，年均将减少约 800 万人；人口老龄化速度加快，2013 年 60 岁及以上老年人口已达到 2 亿，21 世纪 30 年代中期将达到 4 亿，占总人口的比例将从目前的 1/7 增加到 1/4；家庭规模持续缩减，第六次人口普查数据显示，全国户均人口为 3.1 人，较第五次人口普查减少 0.34 人。

单"独"政策的颁布具有较大的社会和经济意义，但短时间内会对儿童医疗和儿童教育带来更多压力。单"独"两孩政策是计划生育政策的重大调整完善，据估计，该政策实施后，每年可能多出生 100 万~200 万人口，这将有利于保持合理的劳动力规模，并延缓人口老龄化速度，预计到 2050 年，老龄人口的比例可因此降低 1.5 个百分点，有利于稳定适度低生育水平，促进人口长期均衡发展。但短期内，在大中城市，单"独"两孩政策将会给医院、幼儿园、学校等带来更多供需方面的压力，因此也对儿童福利事业的发展提出了更高的要求。

---

① 数据来源：《2013 年国民经济和社会发展统计公报》。

（三）儿科医疗资源存在巨大缺口

我国儿科执业（助理）医师占整个执业（助理）医师的比例和儿科床位占整个床位的比例分别在 5% 和 6% 以下，与儿童 16.4% 的人口占比不匹配。由于实施医生收入与药品和检查收入挂钩的措施，而儿童检查和用药少，导致在医疗机构中的儿科地位日益边缘化，综合医院纷纷取消儿科，从而使得儿科医师和儿科床位数量下降。2012 年我国 0 ~ 14 岁儿童占整个人口的 16.4%，但同年儿科执业（助理）医师仅占整个执业（助理）医师的 3.9%，这一问题已存在相当长的一段时间而没有得到解决。近 10 年来，我国儿科执业（助理）医师占整个执业（助理）医师的比例一直在 5% 以下。与之类似，我国儿科床位也一直处于紧缺状况，从 2000 年开始，儿科床位占所有床位的比例就一直在 6% 以下。

近年来国家采取一定措施，但效果尚不显著。针对儿科医师短缺的问题，国家将儿科医师作为急需紧缺人才纳入《医药卫生中长期人才发展规划（2011—2020）》中，并投入了 16.98 亿元进行儿童专科医院和中西部地区县医院的儿科建设，提出妇幼保健机构和二级以上综合医院要设置儿科。导致儿科萎缩的原因是多方面的，如儿科专业停止招生使得儿科医师缺乏有效而持续的供给，医生收入与药品和检查收入挂钩的政策、儿科检查和用药少的特点使得儿科医师收入少，儿科的边缘化又使得儿科缺乏良好的接纳体系，从而形成恶性循环。因此，虽然国家对儿科医疗资源采取了部分措施，但由于缺乏系统性，目前我国儿科资源紧缺的情况并没有得到根本上的解决。

（四）儿童医疗保障水平仍然偏低

目前我国个人卫生费用负担仍然较重，在卫生总费用中，2012 年个人需要负担的比例比 1978 年的历史水平高出 14 个百分点。1978 年，由于实施公费医疗、家属劳保和农村合作医疗，企事业单位等社会力量在医疗保障中充当了重要的角色，因此社会卫生支出占卫生总费用的比例较高（47.4%），而政府和个人负担比例较低，比例分别为 32.2% 和 20.4%。20世纪 90 年代一系列的改革，使得以企事业单位为主的社会力量在医疗保障中的角色逐渐淡化，而相应的国家医疗保障体系还未完全建立，因此，在这一时期，个人支出成了医疗费用的主要来源，2001 年个人卫生支出占卫生总费用的 60%，政府卫生支出和社会卫生支出占比则降至 15.9% 和 24.1%。近年来，随着基本医疗保险等医疗保障制度的建立，国家在医疗保障中的角色又进一步凸显，政府卫生支出占卫生总费用的比例上升到 2012 年的 30.0%，但个人卫生支出占比仍然为 34.4%，高于 1978 年的 20.4%。

缺乏针对性的规定使得城镇新生儿处于城镇居民基本医疗保险以下简称"城居保"覆盖的空白地带。由于基本医保需集中缴纳参保费，部分新生儿无法立即参保，需要出台专门的规定才能保证新生儿能够及时享受医疗保障，新农合在 2012 年出台了农村新生儿"落地参保"的政策，但城镇新生儿一直缺乏国家层面的规定，这就使得城镇 1 岁以下儿童基本处于城居保覆盖的空白地带。新生儿出生后，较容易患的疾病有低体重、窒息、感染性肺炎、黄疸等，治疗都需要大笔医疗费用。因此，新生儿是否由国家基本医疗保障所覆盖，显得非常重要。

基本医保对大病患儿的保障力度有限。国家规定新农合和城居保的住院报销比例不低于 75% 和 70%，但并未规定相应的医院等级，由于重大疾病多需要在市级或三级医院进行诊治，而医院等级越高，报销比例越低，因此各地的名义报销比例通常都低于 75%。针对不同医疗费用的重大疾病，基本医保的实际报销比例从 10% 到 55% 不等，对于一些高达几十万元甚至上百万元的大病患儿家庭而言，自付部分费用仍是一笔庞大的开支。此外，目前我国基本医保分为门诊统筹和住院统筹，其中又有部分重大疾病被列为特殊疾病，其报销比例要高于普通门诊的报销比例，虽已将部分疾病纳入重大疾病住院统筹中，但对于门诊统筹的疾病类别未做专门规定，由于一般门诊报销比例低，且封顶线一般不超过 1500 元，这对于每月需要上千元门诊康复治疗的慢性病和大病患儿而言，基本医保的报销水平可谓杯水车薪。

1000 多万名流动儿童面临基本医保报销比例低和报销不及时的问题。由于新农合和城居保多实行县区级统筹和市级统筹，在区域外的报销比例要低于区域内的报销比例，一般而言要低 15% 左右，这使得流动儿童的基本保障情况要弱于常住儿童。2012 年的 3581 万名城乡流动儿童中，有

30.11%是跨省流动儿童，也就是说，有1078万流动儿童只能享受比常住儿童低15%的基本医保报销水平。此外，由于省外异地就医结算的进展仍然有限，省外流动儿童需先行垫付医疗费用再回乡报销，使得这部分儿童还面临医保补偿不及时的问题。

（五）早期教育和特殊教育发展缓慢

我国儿童早教事业起步于20世纪50年代，到1996年，幼儿园数量达到18.7万所，各类幼儿园基本满足需求。2000年前后，随着经济体制改革，计划经济体制下形成的以单位、集体办园为主，公益性和福利性特点明显的学前教育体制被打破，幼儿园纷纷从原有单位剥离出来，被关、停、并、转，使得全国的幼儿园数量急剧下降。

从2000年到2001年，全国幼儿园数量从17万所骤降到11万所，之后此数量开始缓慢回升。但到2012年，幼儿园的数量仍低于1996年的水平。直到2013年全国幼儿园的数量达到19.8万所，这才超过1996年的水平。

最近几年，学前教育被部分省份纳入国民教育体系，虽然投入有所增加，但和社会需求相比仍远远不够。根据国家规定，幼儿园不属于义务教育范围，政府目前只能加强公办幼儿园的建设，同时积极鼓励和扶持社会力量办幼儿园。近年来，随着一些企业单位效益下滑，与公办幼儿园收费相当的企事业办幼儿园数量逐渐减少，而随之兴起的个人办幼儿园，其房租、水电暖开支、教师工资等费用，都需要办园者自负。这些负担使得一些幼儿园要么条件较差，要么收费过高，使大多数家长难以接受，而将目光集中到了公办幼儿园上。这样一来，现有的公办幼儿园就远远不能满足学前教育的需求。

政府虽然鼓励民办幼儿园的发展，但缺乏严格规范和政策扶持，造成民办幼儿园质量参差不齐，事故频发。学前教育对教师专业有特定要求，而目前培养幼儿教师的学校和专业很少，每年的幼教毕业生也大多进入待遇较好的公办幼儿园，民办幼儿园很难吸引好的幼教老师。对于大量的集体幼儿园和民办幼儿园，教育行政部门只能对其进行业务指导和行业规范，无法有效解决其投入不足、管理不规范、师资短缺等实质性问题，才会导致多地民办幼儿园违规违法给儿童"喂药"①的恶性事件的发生。

全国范围内仍有 1/3 的幼儿没有入园机会，入园难等问题较为突出。虽然通过实施学前教育三年行动计划，学前三年毛入园率从 2009 年的 50.9% 提高到了 2012 年的 64.5%，但仍然约有 1/3 的幼儿没有入园机会，普惠性资源短缺仍然是入园难的主要矛盾，城市儿童入公办园难、就近入园难、流动人口子女入园难的问题仍比较突出，学前教育成本分担和运行保障机制尚未普遍建立，绝大部分地区的幼儿园运行主要依靠学费收入；幼儿园教师工资待遇低、队伍不稳定的现象普遍存在。

特殊教育在校学生数量起伏不定。从 1996 年到 2001 年，特殊教育在校学生数量从 32.1 万人增加到 38.6 万人，在 2006 年下降到 36.3 万人；之后到 2009 年，人数又增加到 42.8 万人，达到历史的最高点，但到了 2012 年，特殊教育在校学生数量又下降到 37.9 万人，比 2009 年下降了约 5 万人。

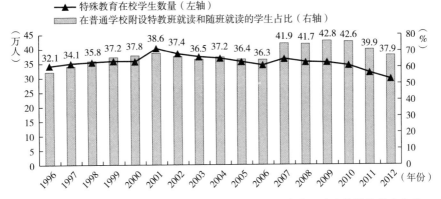

图 0 - 1　特殊教育在校学生数量以及在附设特教班就读和随班就读的学生占比

缺乏资源支持使随班就读政策实施困难，是导致特殊教育在校学生数量波动起伏的主要原因。我国在 1996 年印发《残疾儿童少年九年义务教育实施方案》，并颁布《中国残疾人事业"九五"计划纲要》，提出残疾儿童少年义务教育入学率要达到 80% 左右，普遍推行随班就读，基本形成

---

① 2014 年 3 月，陕西省西安市、吉林省吉林市、湖北省宜昌市、甘肃省兰州市等地，多家幼儿园先后爆出在园儿童被集体服用"病毒灵"（吗啉胍）事件。

以随班就读和特教班为主体、特殊教育学校为骨干的残疾儿童少年义务教育格局。这些政策的颁布和实施使 2001 年在普通学校附设特教班就读和随班就读的学生数量达到了整个特殊教育在校学生数量的 71%，特殊教育在校学生数量也增加到 38.6 万人。但在 2007 年到 2012 年间，特殊教育在校学生数量小幅上升后又较大幅度下降，从 41.9 万人下降到 37.9 万人，而此时在普通学校附设特教班就读和随班就读的学生数量占特殊教育在校学生数量的比例也从 65% 下降到了 53%，学生人数从 27.2 万下降到 20 万。虽然在这一时期，在特殊教育学校就读的学生数量增加了 3 万人，但增长幅度低于在普通学校附设特教班就读和随班就读学生的下降数量，从而使得特殊教育在校学生数量整体呈下降趋势。

我国财政性特殊教育经费仅占国家财政性教育经费比例的 0.41%，投入明显不足。虽然从 2010 年到 2011 年提高了财政性特殊教育经费的投入，但其占国家财政性教育经费的比例却从 2010 年的 0.47% 下降到 0.41%。美国的特殊教育经费占财政性教育经费的比例为 18.2%，与之相比，我国对特殊教育的经费投入明显不够。

第一章
儿童医疗卫生福利日趋完善

一 儿童基本公共卫生服务持续改善

（一）儿童保健管理率、儿童死亡率等指标持续改善

世界银行的报告指出，如果基本卫生服务能有效覆盖80%的人口，对低收入国家来说，至少能减少15%左右的疾病和疾病经济负担；对于发展中国家来说，减少程度将达到32%。突出的成本效益使得实施全民基本卫生服务成为世界各国的普遍卫生战略。我国从2009年启动国家基本公共卫生服务，并逐年提高人均经费标准。2013年，基本公共卫生服务经费从2012年的人均27.5元提高到人均30元，其中新增经费的部分将用于提高包含预防接种在内的项目保障水平，以及新增的针对儿童和老年人的中医药健康管理项目。

儿童保健管理率和儿童死亡率等指标持续改善。2012年，我国3岁以下儿童系统管理率从上年度的84.6%提高到87%，7岁以下儿童保健管理率也从85.8%提高到88.9%。新生儿死亡率、婴儿死亡率、5岁以下儿童死亡率等指标都有所改善，但仍存在较大的城乡差异，如新生儿死亡率，城市为3.9‰，农村为8.1‰，两者相差4.2个千分点；城市的婴儿死亡率为5.2‰，农村的则高达12.4‰，两者相差7.2个千分点；城市5岁以下儿童死亡率为5.9‰，农村的为16.2‰，两者相差10.3个千分点。但与2011年相比，城乡差距已在逐步缩小。而孕产妇死亡率的城乡差异已基本消除，农村和城市分别为25.6‰和22.2‰。[①] 将几个指标横向对比来看，

---

① 数据来源：《2013 中国卫生和计划生育统计年鉴》。

除了孕产妇死亡率之外，新生儿死亡率的城乡差异最小（4.2 个千分点），这两项指标城乡差异的减小与近几年国家开展的一系列降低孕产妇死亡率和儿童死亡率的行动计划有很大关系：2000 年以来开展的降低孕产妇死亡率和消除新生儿破伤风项目，惠及中西部地区 8.3 亿人口；2008 年，我国启动了中西部农村地区孕产妇住院分娩补助项目；自 2009 年起，在深化医改中，农村孕产妇住院分娩补助项目被纳入重大公共卫生服务项目，并从"贫困补助"走向"普惠补助"。此外，全国各级医疗保健机构开展了新生儿窒息复苏、产科出血处理和急救、高危识别、高危筛查等技术培训和能力建设，这些措施极大地降低了孕产妇死亡率和新生儿死亡率。但要看到的是，城乡婴儿死亡率仍然存在较大差异，5 岁以下儿童死亡率的城乡差异达到了 10.3 个千分点，在这方面，仍然需要采取措施加大农村医疗保健的投入，进一步消除城乡差异。

（二）流动人口基本公共卫生服务水平得到提高

流动儿童计划免疫接种率低于常住儿童。目前，我国的流动人口总量超过 2.36 亿，达到总人口的 1/6，大规模的人口迁移在推动经济增长的同时，也为公共服务带来严峻挑战。数据显示，流动人口的传染病发病率更高，如上海市宝山区近 10 年来的流动人口中，麻疹、百日咳及乙脑发病率分别比本地居民高出 13.9 倍、7.5 倍和 17.8 倍。① 目前，我国流动儿童基础免疫接种率普遍低于常住儿童，在全国第 4 次、第 5 次强化免疫活动中，"零剂次"免疫儿童中 99.0% 以上为流动儿童。另外一项调查显示，上海市外来流动儿童计划免疫 5 种疫苗的合格接种率仅为 41.02%，远低于本地户籍的儿童。可见，有必要对流动儿童的计划免疫工作予以特别重视。

2013 年，国家卫生计生委在 40 个流动人口集中的市（区）开展试点提高流动人口基本公共卫生服务水平。2013 年 12 月 13 日，国家卫生计生委召开流动人口卫生和计划生育基本公共服务均等化试点工作启动会议，

① 数据来源：《上海市流动儿童计划免疫现状评价研究》，《卫生与健康》2012 年第 9 期。

决定在北京、天津、上海、辽宁、江苏、山西、湖北、云南等 27 个省（区、市）40 个流动人口较集中的市（区）开展试点，以提高流动人口卫生计生基本公共服务可及性和水平。这 40 个市（区）流动人口占全国流动人口总量的 1/5。试点地区要优先落实好包括流动儿童在内的流动人口儿童预防接种、传染病防控、孕产妇和儿童保健等 6 项基本公共卫生服务。

流动儿童的基本公共卫生服务之所以难以落实，部分原因在于流动人口信息管理制度的缺陷，即无法获得流动人口的基础信息和健康信息，而这又源自政府各职能部门各自为政，从而造成财政拨款的稀释和基层人力的浪费。我国将卫生和计生部门合并为国家卫生和计划生育委员会，能在一定程度上缓解这一状况。在流动人口卫生和计划生育基本公共服务均等化试点工作的启动会议中，国家卫计委要求试点地区要将流动人口卫生计生服务管理纳入基层社会管理的内容中，推动基层卫生和计生服务机构、设施和人员力量的整合，这将有助于解决在流动人口基本公共卫生服务的提供中，多个部门之间缺乏整合的难题。此外，还将强化财政支出责任，参照当地户籍人口经费投入标准，将流动人口卫生计生基本公共服务经费纳入当地公共财政支出预算范围予以保障。中央财政安排每个试点市（区）50 万元资金，作为工作经费补助。

流动儿童的信息搜集和共享仍需加强，需将流动人口公共卫生服务纳入各级职能部门的绩效考核中。公共卫生服务和管理机构无法共享各地公安部门掌握的流动儿童基础信息，而且公安部门收集的信息不包含 16 岁以下流动儿童的基础信息和健康信息，这些信息却是为流动儿童提供基本公共卫生服务的基础，目前针对这方面的问题尚未提出关键措施。在资金配备方面要求将流动人口卫生计生基本公共服务费计入当地公共财政支出预算，并给予一定补贴，此外，还需要将流动人口公共卫生服务纳入当地基层社会管理部门绩效考核中，使该项工作的落实有据可查，切实可行。

未来需进一步推进城乡基本公共卫生服务的均等化，扩展基本公共卫生服务内容。我国虽然已建立起完整的计划免疫组织机构和管理体系，计划免疫工作取得了显著成绩，但与发达国家相比还存在较大差距，美国儿童计划免疫涉及 11 种疾病，而我国只有 6 种。目前，强调流动儿童的基本公共卫生服务，已在提高基本公共卫生服务的均等化方面迈出了一步，未来还需进一步推进城乡之间的基本公共卫生服务的公平性，在此基础上，增加计划免疫疫苗种类，丰富基本公共卫生服务内容。

（三）49万名农村新生儿获疾病筛查补贴

我国每年新增出生缺陷90万例，出生缺陷已成为我国重大公共卫生问题。我国出生缺陷总发生率约为5.6%，以全国年出生数1600万人计算，每年新增出生缺陷约90万例。[①] 近30年来，我国婴儿死亡率和5岁以下儿童死亡率持续下降，但出生缺陷问题却日益凸显，成为我国重大公共卫生问题。一是出生缺陷逐渐成为婴儿死亡的主要原因。出生缺陷在全国婴儿死因的构成比顺位由2000年的第4位上升到2011年的第2位。二是出生缺陷是儿童残疾的重要原因。国际研究显示，出生缺陷中约30%在5岁前死亡，40%为终生残疾。三是出生缺陷的疾病负担巨大。据2003年的资料测算，我国每年因神经管缺陷造成的直接经济损失超过2亿元，每年新出生的唐氏综合征生命周期的总经济负担超过100亿元，新发先天性心脏病生命周期的总经济负担超过126亿元，在社会保障水平总体偏低的情况下，出生缺陷不仅影响了患儿的生活质量，也给患儿家庭带来沉重的负担。

新生儿疾病筛查率总体偏低，且地区发展不平衡。我国的总筛查率为40%，而发达国家的新生儿疾病筛查率接近100%。我国新生儿疾病筛查率存在较大地区差异，2009年卫生部公布的《全国新生儿疾病筛查调查报告》显示，2007年我国东部地区新生儿疾病筛查率为80.3%，中部地区为33.7%，西部地区为21.7%。而属于发达地区的浙江为90.71%，上海为97%，广州为99%，河南省的筛查率则仅为5.93%。

部分地区将新生儿疾病筛查纳入当地的基本公共卫生服务，实现免费筛查。卫生部规定的新生儿疾病筛查病种包括先天性甲状腺功能低下、苯丙酮尿症等新生儿遗传代谢病和听力障碍，即2个遗传代谢病＋1个听力诊断。上海、广东、广西、江苏南京等地分别在卫生部规定病种的基础上，增加了筛查的疾病种类。此外，上海、青海、云南、安徽、宁夏、辽

---

① 数据来源：卫生部《中国出生缺陷防治报告（2012）》。

宁大连、山东青岛、浙江宁波等地将新生儿疾病筛查纳入当地基本公共卫生服务，实现了免费筛查。

2014 年中央财政为 49 万名农村新生儿提供每人 120 元的新生儿疾病筛查补贴。2013 年 11 月 20 日，国家卫生计生委在青海省西宁市召开 2013 年儿童重大公共卫生服务项目启动会，国家将在集中连片特殊困难地区开展包括新生儿疾病筛查在内的补助项目。2014 年中央财政仍继续为新生儿疾病筛查提供专项补助资金，每名新生儿补助 120 元。该项目将覆盖 200 个项目县的 49 万名农村户口新生儿，并对确诊为苯丙酮尿症和永久性听力障碍的儿童实施救助。

需要将新生儿疾病筛查纳入基本公共卫生服务。我国在 1994 年颁布的《中华人民共和国母婴保健法》就提出医疗保健机构要逐步开展新生儿疾病筛查，但迄今尚未被纳入国家基本公共卫生服务之中。在发达地区应该首先将新生儿疾病筛查纳入基本公共卫生服务范围，并根据当地经济与疾病发生情况，扩大新生儿疾病筛查的类别；中央财政对实施新生儿疾病免费筛查的欠发达地区提供部分资金支持。此外，还需将治疗和康复所需的主要药物列入基本药物目录，因为只有实现疾病发现后的预防和治疗，才能真正发挥疾病筛查的作用。

二　儿童医疗保障政策不断健全

（一）2003 年儿童医疗重新被纳入国家医疗保障体制

20 世纪 50 年代至 90 年代，我国儿童医疗保障隶属于公费医疗、家属劳保以及农村合作医疗。具体而言，在城市地区，规定工人和职员供养的直系亲属患病时在该企业医疗所、医院等地免费诊治，普通药费减半，贵重药费等其他费用由本人自理，国家机关工作人员的子女可以享受半公费医疗待遇。在农村地区实行农村合作医疗制度，资金主要来源以村、乡、镇为单位，农民缴纳一定费用，政府给予适当补助。农民加入合作医疗后，看病时不需缴纳医疗费。到 1976 年，全国 90% 的农民都享受到了这一待遇[①]，基本

---

① 数据来源：《我国儿童医疗救助政策回顾与评析》，《中国卫生经济》2012 年第 9 期。

解决了农民看病难的问题。这一制度曾受到世界卫生组织和很多发展中国家的推崇。由于当时的企事业单位在医疗保障方面起了重要的作用，因此社会卫生支出（即政府支出外的社会各界对卫生事业的资金投入）在1978年曾一度高达47.4%，而当年个人卫生支出占卫生总费用的比例仅为20.4%。

从20世纪90年代到21世纪初，儿童处于基本医疗保障制度的空白期。国务院于1998年下发《关于城镇职工基本医疗保险制度的决定》，开始了城镇职工的医保改革，建立了城镇职工基本医疗保险制度，以取代原有的公费医疗和劳保医疗制度。但这次医改并没有对儿童医疗问题进行具体规定。与城市类似，人民公社和生产大队的解体带来了农村合作医疗制度的瓦解，到2006年，全国农村仅有不到5%的地区在延续这一制度。[①]因此，无论是农村儿童，还是城市儿童，在这一阶段都处于"家庭保障"阶段。从1993年到2006年，政府卫生支出占卫生总费用的比例一度维持在20%以下，而曾经扮演重要角色的企事业单位等社会各界的卫生支出占比则从1978年的47.4%降到30%以下，个人卫生支出达到50%以上的高水平，在2001年甚至一度达到60%。[②]

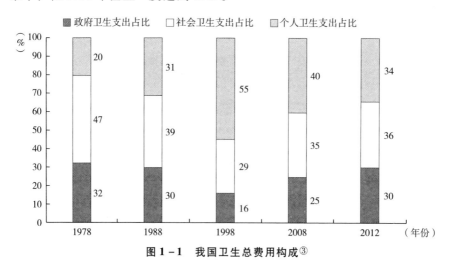

图1-1　我国卫生总费用构成[③]

---

① 数据来源：《我国儿童医疗救助政策回顾与评析》，《中国卫生经济》2012年第9期。

② 数据来源：《2013中国卫生和计划生育统计年鉴》。

③ 数据来源：《2013中国卫生和计划生育统计年鉴》。

农村新型合作医疗保险制度和城镇居民基本医疗保险制度的建立，重新将儿童纳入基本医疗保障体制内。在 20 世纪 90 年代这一儿童医疗保障的政策空白时期，一些发达地区如上海、北京开始建立针对儿童群体的医疗互助制度，弥补了该时期我国社会保障体系中对未成年人医疗保障的空白。到 2003 年，我国开始建立新型农村合作医疗制度，才重新开始将农村儿童纳入基本医疗保障体制。2007 年，我国开展城镇居民基本医疗保险试点，将城市地区的中小学阶段的学生和少年儿童纳入基本医疗保险范畴。至此，儿童才重新被基本医疗保障体制所覆盖。

（二）多种疾病纳入大病保障试点，部分地区进一步扩展疾病类别

基本医疗保险对大病儿童的保障力度有限。从 2003 年建立新农合制度以来，国家不断提高新农合的保障水平，住院费用名义报销比例从 2003 年的 35% 提高到 2013 年的 75%，封顶线也从不低于 3.5 万元提高到不低于 8 万元。城镇居民基本医疗保险的报销比例和报销最高限额也有所提高。但总体而言，基本医疗保险的保障水平，尤其是对于大病儿童的保障水平仍然有限。再加上统筹层次低，各地的实际保障水平很大程度上取决于当地的经济实力和当地政府的政策倾向，使得一些地区的实际保障水平离中央的要求相距甚远。根据中国公益研究院对十多个样本地区的政策进行的测算，新农合市级医院和城居保三级医院的住院费用名义报销比例分别为 55% 和 49%，与国家规定的标准仍有一定差距。针对不同种类、不同医疗费用的重大疾病，基本医疗保险的实际报销比例从 10% 到 55% 不等，对于医疗费用上万元甚至几十万元的大病患儿家庭而言，剩余的自付费用仍是一笔庞大的开支。

从 2010 年开始，国家陆续将部分大病纳入大病保障试点，提高保障力度，到 2013 年，有 22 类重大疾病纳入大病医疗保障试点。2010 年，为了提高重大疾病的保障水平，卫生部颁布《关于开展提高农村儿童重大疾病医疗保障水平试点工作意见》，优先选择 0~14 岁儿童所患急性白血病和先天性心脏病，规定新农合对这些试点病种的补偿比例要达到限定费用的 70%，对贫困家庭再进行医疗救助，医疗救助的报销比例要不低于限定费

用的 20%。2012 年，卫生部等三部门颁布的《关于做好 2012 年新型农村合作医疗工作的通知》进一步将重大疾病的保障类别提高到 20 种，具体而言，继续巩固推进儿童白血病、先天性心脏病的保障工作；推开终末期肾病、妇女乳腺癌、宫颈癌、重性精神疾病、艾滋病机会性感染和耐多药肺结核等 6 种（类）大病的保障工作；同时，优先将血友病、慢性粒细胞白血病、唇腭裂、肺癌、食道癌、胃癌、1 型糖尿病、甲亢、急性心肌梗死、脑梗死、结肠癌、直肠癌等 12 个病种纳入大病保障试点范围。2013年，卫生部《关于印发 2013 年卫生工作要点的通知》中要求，在全面推开儿童白血病等 20 种重大疾病医疗保障试点工作的同时，将另外 2 类儿童大病纳入试点范围，至此，有 22 类疾病纳入重大疾病医疗保障试点范围。

部分地区对大病保障疾病类别进行了进一步拓展。如河南省在 20 种重大疾病基础之上，新增了 7 类重大疾病共 15 种病种，分别是苯丙酮尿症、双侧重度感音性耳聋、尿道下裂、先天性幽门肥厚性狭窄、发育性髋脱位、脊髓栓系综合征（脊髓脊膜膨出）和 9 种复杂型先天性心脏病。[1] 这些新增的病种，在规定的限额标准范围内，市级医院可报销 70%，省级医院可报销 65%，而 3 岁以下的小儿苯丙酮尿症患者，报销比例提高到80%。新增的这 15 个病种，都是 14 岁以下儿童较常见的大病，体现了河南省的政策创新和对儿童大病的重视。贵州省在国家规定的 22 种重大疾病基础上，结合该省实际，将地中海贫血和老年性白内障纳入新农合重大疾病保障范围。

另外一些地区则将部分儿童类慢性病纳入特殊病种门诊统筹之中，提高补偿水平。基本医疗保险分为门诊统筹和住院统筹，而下面又分为一般门诊/住院、特殊病种门诊/重大疾病住院统筹，通常住院统筹的报销水平要高于门诊统筹，而特殊病种门诊统筹的报销水平又要高于一般门诊，重大疾病住院统筹的补偿水平要高于一般住院的补偿水平。如前文所述，国家从 2010 年开始，针对新农合，陆续将一些重大疾病纳入重大疾病住院统筹，提高了补偿水平，而部分地区也在国家规定的基础上进行了拓展。与

---

[1] 分别是完全型心内膜垫缺损，部分型心内膜垫缺损，主动脉缩窄，法乐氏四联症，房间隔缺损并室间隔缺损，室间隔缺损合并右室流出道狭窄，室间隔缺损并动脉导管未闭，室间隔缺损、动脉导管未闭并肺动脉瓣狭窄，房、室间隔缺损合并动脉导管未闭。

之类似，在特殊病种门诊统筹方面，一些地区也对特殊病种门诊统筹的疾病类别进行了延伸，如山东枣庄从 2014 年起增加了 4 类疾病到特殊病种门诊统筹中，增加后城镇居民医疗保险门诊慢性病病种达到 46 种，新增的 4 类疾病包括儿童孤独症和精神发育迟滞这两种儿童类疾病。对于儿童而言，脑瘫、再生障碍性贫血等都是需要长期门诊或会产生大额门诊费用的重大疾病，但目前尚未在国家层面被纳入特殊病种门诊统筹或重大疾病住院补偿范围，国家应出台统一政策，优先将需长期门诊的儿童慢性病和有大额门诊费用的重大疾病纳入特殊病种门诊统筹范围。

（三）基本医保并轨等多项改革取得进展

全国十多个地区探索实施新农合和城居保的并轨，缩小基本医保待遇的城乡差距。目前我国基本医疗保障制度主要有城镇职工基本医疗保险、城镇居民基本医疗保险和新型农村合作医疗三种制度，前两者由社会保障部门主管，后者由卫生部门主管，三者筹资渠道不同，报销比例不一，报销目录也不一样。其中，城镇职工基本医疗保险筹资额度较大、保障能力较强；新农合覆盖人群最广，保障能力偏弱，是基本医疗保障体系中的薄弱环节。为了消除城乡差异，实现共建共享，十八届三中全会提出要"整合城乡居民基本养老保险制度、基本医疗保险制度"，为此，各地进行了一些探索。据不完全统计，截止到 2014 年 3 月，天津、安徽、山东、四川等共 10 个省市出台了正式政策，在本省市部分地区，将新农合和城居保合并为城乡居民医保，另外，上海市、江苏省、广东省、海南省三亚市、云南省昆明市等 7 个地区将启动新农合和城居保的并轨。城乡居民基本医保的并轨，有助于实现资源整合，化解城乡"二元分割"的现象，增加公共财政投入的公平性，对于儿童而言，也是一项重大利好政策。

国家大力推进城乡居民大病保险，有效缓解因病致贫问题。由于基本医保对重大疾病的保障力度有限，2012 年，六部委发布《关于开展城乡居民大病保险工作的指导意见》，要求建立大病保险制度，在基本医保报销后的自付费用中，超过上年度人均可支配收入的部分进行二次报销，报销比例不低于 50%。2014 年，国务院医改办发布《关于加快推进城乡居民大病保险工作的通知》，指出 2014 年要全面推开城乡居民大病保险试点工作，已开展试点的省份要扩大试点范围，未开展试点的省份要在 2014 年 6 月前启动试点工作。截止到 2013 年年底，已有 23 个省份出台了大病保险实施方案，共在 120 个试点地区开展该项工作。经测算，经过大病医疗保险的二次报销，重大疾病的实际报销比例能够上升到 60% 以上。该项政策的实施，将大大缓解大病患儿家庭的经济压力，减少因病致贫的现象。从长远来看，重大疾病医疗保障机制的建立和完善，能够让重病儿童不再成为家庭的负担，从而从根本上减少弃婴、"抱子跳河"等极端事件的发生。

异地就医结算机制获得进展，降低大病患儿医疗成本。由于重大疾病的治疗对医疗机构的要求较高，因此大部分大病患儿需要进行异地治疗，由于不能进行异地结算，需要患儿家庭提前垫付医疗费用，治疗结束后再凭医疗票据回到统筹所在地申请报销，这对于大病患儿家庭而言，无疑造成了更大的经济压力。2013 年，异地结算机制取得了较大进步，省内异地就医结算方面，90% 的统筹地区实现了新农合经办机构与省内异地医疗机构的即时结报，61% 的统筹地区实现了新农合省内异地就医的"一卡通"；省外异地就医结算方面，海南省与 9 个省市 16 个统筹地区签订了异地就医结算合作协议，上海市与 15 个城市建立了异地就医委托报销协作机制；山东、四川、安徽等地也在启动医保异地结算机制。异地就医结算机制的形成，能够极大缓解资金垫付带来的资金压力，减少因往返报销而产生的费用，从而降低大病患儿的医疗成本。

三　政府与民间合力救助重病重残儿童

（一）城乡医疗救助基金合并，实现城乡医疗救助均等化

国家发布政策合并城市医疗救助基金和农村医疗救助基金。2013 年 12 月 31 日，财政部等印发《城乡医疗救助基金管理办法》，规定县级财政部门将原来在社保基金专户中分设的"城市医疗救助基金专账"和"农村医疗救助基金专账"合并，建立"城乡医疗救助基金专账"，对城乡低保、农村五保对象及其他经济困难群众进行医疗救助。

医疗救助制度逐步完善。2003 年，我国颁布了《关于实施农村医疗救

助的意见》，农村医疗救助制度开始建立。2005 年，《关于建立城市医疗救助试点工作意见的通知》的发布，标志着城市医疗救助试点正式开始。2009 年，城乡医疗救助被纳入国家基本医疗保障体系。2012 年，民政部等四部委颁布了《关于开展重特大疾病医疗救助试点工作的意见》，提出优先对儿童急性白血病和先天性心脏病、妇女宫颈癌、乳腺癌、重度精神疾病等疾病提供医疗救助。

医疗救助支出增长近 20 倍。从 2005 年到 2012 年，我国城乡医疗救助支出从 11 亿元增加到 204 亿元，增长了将近 18 倍，医疗救助支出占卫生总费用的比例也从最初的 0.1% 增加到 2012 年的 0.7%，可见无论是支出的绝对数量，还是与卫生总费用相比较的相对比例，都增长较快。

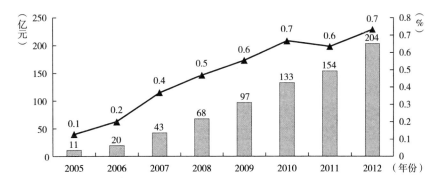

图 1-2　医疗救助支出费用（左轴）与医疗救助费用占卫生总费用的比例（右轴）①

城镇居民人均医疗救助金额与农村居民人均救助金额差距逐步缩小。人均医疗救助金额②从 2005 年的 113 元增加到了 2012 年的 253 元，但对比城镇居民的医疗救助金额和农村居民的医疗救助金额，可以发现，城镇居民医疗救助的平均金额一直高于农村居民的医疗救助金额，近年来两者之间的差距有所缩小，但城镇居民的医疗救助平均金额仍比农村居民的医疗救助金额高出 100 多元。虽然农村医疗救助的支出整体金额要高出城镇——前者为 133 亿元，后者为 71 亿元——但农村医疗救助的人次是城镇医疗救助人次的 3 倍，从而拉低了农村医疗救助的平均水平。

---

① 数据来源：《中国卫生统计年鉴》。
② 即"医疗救助基金支出"除以"医疗救助人次"。

图 1-3 城镇居民与农村居民医疗救助人均救助金额对比①

城乡医疗救助基金合并缩小城乡医疗救助的差异。财政部等颁布的《城乡医疗救助基金管理办法》的出台，对推动城乡医疗资源分配的公平性有重要意义。也与目前各地区试点的将新农合和城居保合并为城乡居民医保的政策理念相一致，分别从医疗救助层面、基本医疗保险层面，缩减城乡差异，促进卫生投入的公平性。

应建立以家庭困难程度为标准的医疗救助制度。整体而言，我国目前的医疗救助水平偏低，尤其对于大病患儿，几百元的民政医疗救助可谓杯水车薪，为此，民政部等四部委发布《关于开展重特大疾病医疗救助试点工作的意见》，提出优先对一些重大疾病进行医疗救助。一方面，由于医疗救助水平低，优先对一些重大疾病提高医疗救助的力度，能够部分解决医疗救助水平偏低的问题；但另一方面，作为以救助困难群体为目标的医疗救助制度，应以疾病的医疗费用以及家庭困难程度为标准来确定救助对象，而不是疾病类别。因此，国家医疗救助政策应参照城乡大病医疗保险等相关政策的规定，对自付费用超过一定水平、家庭困难达到一定程度的大病患者予以救助。而针对具体病种的救助，可成立重大疾病专项救助基金，并引入社会力量，对重大疾病的患儿进行救助金额更高的专项救助。

（二）多地救助残疾与大病儿童成效显著

多地继续开展"0~6岁贫困残疾儿童抢救性康复项目"。其中辽宁省对1895名0~6岁贫困残疾儿童进行抢救性康复；安徽省对9945名贫困残

---

① 数据来源：《中国卫生统计年鉴》，中国公益研究院测算。

疾儿童提供医疗康复训练救助；山东省财政下拨 5556 万元康复救助资金，对 5894 名残疾儿童实施抢救性康复救助。一些地区对残疾儿童的救助力度更大，如北京市针对 0～16 岁残疾儿童的康复治疗发放康复补助，每月康复费用在 500 元以下的全额补助，500 元以上的按实际发生费用的 50% 给予补助，最高补助不超过 2000 元。针对脑瘫治疗给家庭带来的长期的经济压力，湖南省启动了脑瘫儿童抢救性康复救助项目，从 2013 年到 2016 年，将对湖南 9000 名脑瘫儿童实施免费抢救性康复，项目经费由基本医疗保险基金、省福利彩票公益金和社会募集资金三部分组成，人均救助标准为 15600 元，计划总投入 1.8 亿元。

部分地区通过拓展福利院功能对残疾儿童进行康复救助。部分地区对孤残儿童的康复进行了一些探索和创新。江西省在六大区域设立了孤残儿童康复训练基地，将孤残儿童集中到条件较好的儿童福利机构进行集中康复；甘肃省拓展了儿童福利院的功能，在 2012 年将 632 名重度残疾儿童纳入福利机构集中救助抚养的基础上，2013 年又安置了 271 名重度残疾儿童入住福利院实施集中救助抚养，执行每人每月 840 元的救助抚养费标准；山东威海市利用儿童福利院的设备和人才，免费开展社区脑瘫患儿康复及代养服务。浙江、海南、陕西、广东等省则是直接通过发放生活补助的方式提高对残疾儿童的生活保障。

（三）社会组织救助重残重病儿童形式多样化

近年来社会组织的救助方式日益多元化。如中国残疾人福利基金会开展的无国界社工项目，主要进行心理援助；中国初级卫生保健基金会为脑瘫患儿提供疾病筛查和康复技能培训；中国移动慈善基金会与各地慈善会合作为先心病患儿提供疾病筛查等，已经从对大病患儿的事后医疗费用救助，扩展到事前的疾病筛查以及治疗过程中的社工服务等。

救助对象较政府医疗救助更为广泛。由于中国残联的残疾儿童抢救性康复项目只针对 0～6 岁的残疾儿童，未将 6 岁以上的残疾儿童包含在内，中国儿童少年基金会发起了"中国儿童少年基金会听障儿童救助专项基金"，将救助对象从残联的 0～6 岁扩展到 0～18 岁，弥补了残联项目的不足。与之类似，河南郑州慈善总会也启动了贫困残疾儿童慈善救助项目，一方面对 0～10 岁的贫困听障儿童进行康复器具方面的救助，另一方面帮助 10～18 岁贫困听障青少年减轻康复技能培训费用负担，2013 年共救助听障儿童 130 名，培训听障儿童家长 500 名。这些项目从扩展覆盖人群年龄等角度，成为国家残疾儿童救助的重要补充。

（四）政府医疗救助与慈善事业衔接更加紧密

政府发布政策推动与民间慈善事业的统筹协调，共同推进医疗救助。在社会组织公益救助日渐成为儿童大病救助的重要补充的情况下，在覆盖城乡居民的多层次医疗保障体系基本建立、社会慈善事业快速发展的历史条件下，民政部于 2013 年 8 月发布《关于加强医疗救助与慈善事业衔接的指导意见》，要求各地探索建立医疗救助与慈善事业的衔接机制，实现政府医疗救助和社会慈善事业的优势互补。该政策的出台，是政府积极推动与社会慈善事业统筹协调和资源对接的重要举措，对探索政府与民间力量共同解决民生重大问题的具体实现路径具有开创性意义。

政府与慈善组织合作符合发展趋势。民政部《关于加强医疗救助与慈善事业衔接的指导意见》明确了建立医疗救助与慈善事业衔接机制的具体内容和工作措施，并提出政府通过委托、补贴等方式对慈善组织进行激励扶持，符合国际慈善事业发展的趋势。英国是世界上最早建立社会救助制度的国家，也是社会救助制度最为发达的国家之一。英国的社会救助主体经历了"慈善组织→政府与慈善组织并存→政府包揽→政府与慈善组织合作"的发展历程。在合作机制上，经历了简单合作到购买服务、委托、授权、放权等多种合作机制。在我国香港，有将近 90% 的社会福利服务，是由非政府机构承包。根据香港社会福利署的资料，最近几年，香港特别行政区政府提供给非政府组织的资助大约占福利署年度总开支的 20%。可以预见，随着政府支持力度的加大，慈善组织在大病救助和医疗社会服务方面将大有作为。

四 儿科医疗资源建设应提上议事日程

（一）我国儿科资源数量与儿童就医需要严重不适应

我国儿科执业医师和儿科执业助理医师仅占全部执业（助理）医师

的 3.9%，远低于儿童人口占总人口比例，难以适应儿童就医需要。
2012 年，我国 0～14 岁儿童占总人口的 16.5%，但同年儿科执业（助
理）医师仅占整个执业（助理）医师的 3.9%，儿科医师的配比远远低
于儿童人数所占比例，说明儿科医师严重缺乏。这一问题已存在相当长
的一段时间而没有得到解决，近十年来，我国儿科执业（助理）医师的
比例一直在 5% 以下。

图 1-4　儿科执业（助理）医师占比和 0～14 岁儿童人数占比①

儿科床位也仅占总床位数的 5.6%。与儿童人数比较起来，我国儿科
床位也一直处于紧缺状态，从 1990 年到 2007 年，我国儿科床位占比从
6.2% 下降至 5.3%，虽然在近几年有小幅度回升，在 2012 年儿科床位占
整个医院床位数的 5.6%，但与儿童人口占比 16.4% 比较起来，仍然处于
配备不足的状态。

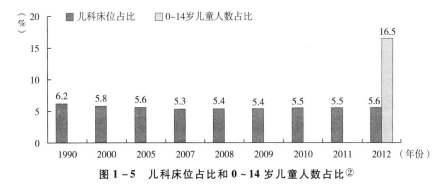

图 1-5　儿科床位占比和 0～14 岁儿童人数占比②

---

① 数据来源：历年《中国卫生统计年鉴》。
② 数据来源：历年《中国卫生统计年鉴》。

综合医院的儿科配置不足。以医疗资源较为集中的北京市为例，2010年，北京市 83 所二级以上综合医院中，开设儿科的有 67 所，其中只开设儿科门诊的有 29 所（三级 6 所、二级 23 所），开设儿科门诊及病房的有 38 所。[①] 也就是说，儿科资源配置较全（即同时开设儿科门诊和病房）的医院只占整个二级以上综合医院的 46%。

（二）流动儿童的基本医保不容乐观

大量流动儿童尤其是学龄前流动儿童游离于基本医保之外。针对流动儿童，国家只是笼统要求"做好流动人员、新入学学生、新生儿等人群参保登记工作"[②]。在一线城市，如北京和上海，对于大部分流动儿童不提供基本医保；其他一些省会城市（如广州、石家庄、兰州、哈尔滨）也只为已入托及入学的流动儿童提供医保，部分地区（如杭州、昆明）还要求父母一方需已参加统筹地职工医保。从目前各地的政策颁布情况来看，对流动儿童的医保政策还存在较多空白。

全国妇联在 2012 年展开的城乡流动儿童状况研究显示，2012 年，0～17 岁城乡流动儿童少年约有 3581 万人，其中农村流动儿童有 2877 万人[③]，如何让这部分数量不小的儿童群体得到基本医疗保障，需要在国家层面做出努力。

---

① 数据来源：北京市卫生局。
② 《关于做好 2011 年城镇居民基本医疗保险工作的通知》（人社部发〔2011〕26 号）。
③ 数据来源：《我国农村留守儿童、城乡流动儿童状况研究报告》，全国妇联课题组，2012。

第二章
儿童教育保障与服务同步推进

一　流动留守儿童义务教育趋向公平

（一）多地鼓励流动留守儿童接受义务教育

整体而言，我国教育事业取得了较大进展，教育改革稳步推进。全国各级各类教育蓬勃发展，教育公平进一步推进，入学机会继续扩大，资源配置更趋合理，教育质量逐步提高。其中，学前教育规模保持较大幅度增长，毛入园率继续上升；义务教育办学条件进一步改善，均衡化程度有所提升。2012 年，国家财政性教育经费占 GDP 比重首次达到 4%，据推算，2013 年也将超过 4%。

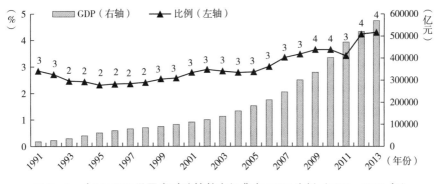

图 2 - 1　全国 GDP 及国家财政性教育经费占 GDP 比例（1991～2013 年）

进城务工人员随迁子女入学机会继续扩大。根据教育部《2012 年全国教育事业发展统计公报》①，全国义务教育阶段在校生中进城务工人员随迁

---

① 数据来源：《2012 年全国教育事业发展统计公报》，教育部网站，2013 年 8 月。

子女共 1393.87 万人，其中，在小学就读 1035.54 万人，在初中就读
358.33 万人。全国义务教育阶段在校生中农村留守儿童共 2271.07 万人，
其中，在小学就读 1517.88 万人，在初中就读 753.19 万人。与上年数据相
比，进城务工人员随迁子女在校生人数增幅明显，同比增长达到 10.5%。
2009 至 2012 年，小学就读人数从 750.77 万人增长到 1035.54 万人，平均
增长率达 10.1%；初中就读人数从 246.34 万人增长到 358.33 万人，平均
增长率达 10.5%。

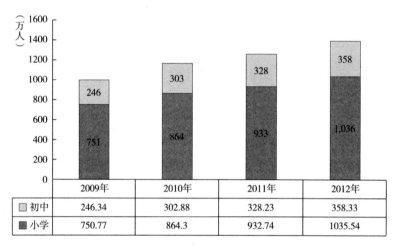

图 2 - 2　全国随迁子女义务教育阶段在校人数（2009～2012 年）

1. 部分地方探索解决流动人口子女升学问题

流动人口子女在输入地的升学问题涉及多个方面，情况复杂。流动人
口子女高考不仅涉及教育、社会管理和公共服务体制的问题，还涉及城市
管理、社会保障、外来人口与本地居民教育资源配置和户籍制度改革等问
题，情况复杂。流动人口子女这一群体，原本就缺乏父母关爱和家庭指
导，如果接受教育的权利保障不到位，将导致儿童心理失衡、青少年犯罪
等一系列社会问题。

高考改革是一项系统工程，应由教育部制定总的指导性政策，协调各
省高考；各地也应制定相应的政策和实施细则。中央财政提供专项拨款，
用于解决进城务工人员子女上学问题。目前，流动人口子女接受义务教育
的问题已经基本解决，针对其参加普通高考的问题，多地政府正在稳步推

进相关工作。2012 年《国务院办公厅转发教育部等部门关于做好进城务工人员随迁子女接受义务教育后在当地参加升学考试工作意见的通知》（国办发〔2012〕46 号）下发，要求各地因地制宜确定随迁子女在当地参加升学考试的具体条件，制定具体办法。2013 年 1 月，《湖北省流动人口服务和管理条例》开始施行，明确流动人口随迁子女有平等接受义务教育的权利，符合条件者可参加居住地中考和普通高考。2013 年 11 月，江苏省公布《江苏省流动人口居住管理办法（试行）》，居住证持有人子女可按有关规定参加居住地中考，在省内参加普通高考。此外，山东、浙江、安徽、宁夏、青海等地也积极探索制定了进城务工人员子女接受义务教育后在当地参加升学考试的办法。

解决流动人口子女高中就学与高考升学问题是维护教育公平的要求。随着义务教育的普及，高中阶段教育逐步普及已经成为一种全球性的趋势。落实"以流入地政府为主，以全日制公办中小学为主"政策，保障流动人口随迁子女公平的受教育权利和升学机会，不仅维护了儿童教育平等权利，更有利于促进城乡人口合理有序流动，推进城乡一体化进程。

表 2-1　地方流动人口子女升学政策汇总（截至 2014 年 5 月）

地　区	文件名称	发布时间	政策亮点
山　东	《山东省义务教育条例》	2010 年 1 月 1 日	流动人口子女入学可"向居住地所在学区的学校提出就读申请并入学就读"
浙江舟山	《舟山市人民政府办公室关于做好流动人口子女教育工作的意见》	2013 年 2 月 5 日	符合在本市就读的流动人口子女，在评优评先、入队入团、奖学助学及课外活动等方面享受与当地学生同等待遇。在义务教育阶段民办学校就读的，按生均公用经费标准给予定额补助；在其他学校、幼儿园就读的，也按当地学生标准收费。家庭经济困难的，将同步纳入当地助学体系
安　徽	《安徽省人民政府办公厅关于推进实施流动人口居住证制度的意见》	2013 年 3 月 7 日	对于流动人口子女符合接受义务教育条件的，可以持居住证与子女身份证明，按照就近入学的原则，向居住地学校申请入学，学校不得拒收。如果学校因超过班额标准接收确有困难的，应当提请所在地县级人民政府教育部门统筹就近安排入学

地 区	文件名称	发布时间	政策亮点
宁 夏	《宁夏回族自治区流动人口子女报考普通高等学校规定（试行）》	2013 年 12 月 1 日	非宁夏籍流动人口子女，在宁夏参加 2014 年普通高考的，须在宁夏连续完成规定的受教育年限，其父母在当地具有合法稳定职业、合法稳定住所、缴纳社会保险且达到规定年限。考生需提供的材料包括自己的就读证明，父母的职业证明、住所证明、社保缴纳证明等
浙江慈溪	《流动人口子女义务教育阶段入学资格联合审定办法》	2013 年 12 月 17 日	入学条件：在本市创业、务工流动人口的子女，同时其父母具备子女在户籍所在地无监护条件；在慈溪取得《浙江省临时居住证》一年及以上；无违反计划生育政策；在慈溪依法缴纳基本养老保险或外来务工人员社会保险（连续缴纳一年及以上，且延续到查验日仍然在参保，补缴无效）；在慈溪具有相对固定住所（有房产证、有效的租房证明或居住证明）；在慈溪有稳定职业（与慈溪用工单位签订了劳动合同，或取得工商营业执照）
青 海	《关于进一步加强义务教育阶段流动人口子女、农村留守儿童教育工作的通知》	2014 年 4 月 4 日	流动人口子女接受义务教育坚持"以流入地为主，以公办学校接纳为主，属地管理"的原则，根据流动人口子女入学的条件及其居住实际，统筹管理，原则上实行就近入学，简化入学手续，确保流动人口子女与当地学生同报名、同上课

2. 各地采取措施加强留守儿童教育服务工作

留守儿童总体规模扩大，地方政府和教育部门重视留守儿童教育问题，从儿童实际需求出发，开展扩建校园、发放津贴等措施。根据全国妇联 2013 年报告，我国农村留守儿童数量达到 6102.55 万人，占农村儿童 37.7%，占全国儿童 21.88%。与 2005 年全国 1% 抽样调查估算数据相比，5 年间农村留守儿童增加约 242 万人。[①] 针对日益凸显的农村留守儿童问

———————

① 数据来源：《我国农村留守儿童、城乡流动儿童状况研究报告》，2013 年 5 月。

题，地方政府和教育部门更加注重从儿童实际需求出发，开展了一系列以义务教育为主，关注儿童发展与健康的扶持工作。

陕西渭南市将用 4 年建 286 所寄宿学校，优先接收留守儿童。2013 年，临渭区全区外出务工人员 16 万人，农村大量的劳务输出造成留守儿童人数增加，全区留守儿童 9875 人，占全区农村义务教育阶段在校学生总数的 32.9%。近三年，临渭区筹集资金 4414 万元，已建成寄宿制学校 18 所，接纳安置留守儿童 4287 名，占全区留守儿童总数的 43%。目前，全区留守儿童入学率、巩固率均达 100%，通过开展多种活动，关注留守儿童的精神生活。① 为加强留守儿童教育工作，渭南市政府要求全市各部门把留守儿童教育、管理、服务工作列入工作重点，优化农村留守儿童生存发展环境，改善他们的学习、生活条件。预计到 2018 年，渭南全市在 130 个镇、13 个街道办各建立一所初中寄宿制和小学寄宿制学校，共建 286 所学校。

青海省教育厅发文要求加强流动人口子女教育工作。2014 年，青海省教育厅下发《关于进一步加强义务教育阶段流动人口子女、农村留守儿童教育工作的通知》，要求各中小学校对本校能够接纳和上级教育行政部门统筹安排符合条件的流动人口子女，不得以任何理由拒收，更不得歧视他们。因教育资源短缺，学校生源过多，班额过大，无法容纳流动人口子女的学校（学区），要及时报告当地教育行政部门统筹协调解决流动人口子女入学问题；中小学校对流动人口子女不得单独编班，要在教育教学、奖励、评优评先、入团入队等方面与当地学生一视同仁，实行统一管理、统一教学，保证教育教学质量。《通知》规定，对义务教育阶段就读的流动人口子女全面落实经费保障政策，对有实际困难的流动人口子女按国家已有政策和规定范围予以适当资助，确保其享受与其他学生同等的各项待遇；各地教育行政部门及各学校加强流动人口子女学籍管理，严防辍学现象发生。《通知》明确指出，义务教育阶段流动人口子女转学，按相关规定审核办理相关手续，确保"一人一籍、籍随人走"；各地要加大对接收

---

① 数据来源：渭南市人民政府网，http://www.weinan.gov.cn/gk/shrd/shrd/343220.htm，2014 年 4 月 9 日。

流动人口子女较多地区新建、扩建学校的力度，扩大公办学校办学资源，增加学校经费投入，进一步改善办学条件。同时，《通知》还大力鼓励社会力量办学，购买民办学校服务，加大对接收流动人口子女学校的支持力度，满足随迁子女入学需求。

重庆铜梁县将陆续投入 2.5 亿元，新改建幼儿园 32 所，预计 2014 年年底前基本建成，届时可以新增学位 15000 人。目前公办幼儿园数量和班数少，造成适龄孩子入园难，而私立幼儿园收费又比较高，在贯彻幼儿教育三年行动计划中，新改建的幼儿园着力于解决农村地区留守儿童入学的问题。铜梁县这批新改建的幼儿园包括新建 25 所，改扩建 7 所，其中主要建在城镇以辐射周边农村，完成后，全县 28 个镇将实现每个镇都有 1 所公办幼儿园，每个街道有 2 所公办幼儿园，全县将新增 340 余个幼儿园班级，在以前基础上再解决 15000 人入学。①

贵州要求摸清留守儿童底数，将建 95 所义务教育学校。2013 年 11 月，贵州省教育厅发出《关于进一步加强义务教育阶段农村留守流动儿童关爱服务和教育工作的通知》，要求各地以“中小学学籍信息管理系统”为依托，摸清该省留守、流动儿童的数量，并要求全省各县（市、区、特区）政府所在地建设义务教育学校，专门接纳流动儿童入学。留守儿童达 50 人及以上的学校，要按规定建立标准的“农村留守儿童之家”。留守儿童不足 50 人的学校要设立亲情视频室或语音聊天室，为留守儿童搭建与亲人沟通的平台。农村留守儿童关爱服务工作要做到优先教育和监管留守儿童的安全、优先帮助和辅导留守儿童的学习、优先关心和照顾留守儿童的生活。在构建农村流动儿童关爱服务网络中，建立“代理家长”志愿者队伍，由学校牵头，教师、“五老”人员、社会爱心人士和志愿者组成。在农村流动儿童较为集中的地区，建立农村流动儿童家长学校，开展家长培训和辅导工作，增强家长责任意识，提升家长监管和教育能力。此外，省教育厅要求各地多渠道解决农村流动儿童入学就读问题。到 2015 年，在全省各县（市、区、特区）政府所在地建

---

① 数据来源：《重庆日报》，http://cqrb. cqnews. net/html/2013 – 10/09/content_ 28137684. htm，2013 年 10 月 9 日。

成 95 所义务教育学校，进一步增强接纳农村流动儿童入学就读的能力。同时不断提升民办学校和农民工子弟学校教育质量和办学水平，共同解决好农村流动儿童"上好学"问题。①

湖南长沙规划建设 52 所公办幼儿园，6 万留守儿童将全部入园。2013年，长沙市制定了普惠性民办幼儿园管理办法及幼教编制标准，健全了学前教育发展机制。为了加强学前资源有效拓展，将规划建设公办园 52 所，确保全市年内每个乡镇有一所以上公办中心园。目前，已实现 8.89 万名随迁子女 100% 就读公办学校，并与城区学生同等享受"一费制"全免教育。全市 6.16 万名留守儿童全部入学，实现了应读就读。

湖北英山县政府发放补助、社会爱心人士爱心捐助，当地贫困留守儿童入学"一个也不少"。截至 2013 年 6 月，英山县全县留守儿童总人数为 14832 人。其中小学生 9846 人，初中生 4986 人，在乡镇就读的 13148 人，区就读的 1684 人，据统计数据显示，全县留守儿童入学率为 100%。该县教育局要求"留守儿童入学一个都不能少"，贫困留守学生均得到资助，全县累计发放贫困生生活补助款 1024 万元。同时，该县通过多种途径获得捐赠和慰问金 40 余万元，例如该县长冲中学、白石坳小学等一批学校全力开拓捐赠渠道，有力地支持了贫困留守儿童在校的生活和学习。在政府和社会爱心力量的共同帮助下，全县没有一名留守学生因交不起在校费用而辍学。②

（二）贫困地区改善义务教育基本办学条件获财政支持

我国贫困地区，义务教育阶段办学条件成本较高、教学条件较差，寄宿制学校宿舍、食堂等生活设施不足，村小和教学点运转困难，教师队伍不够稳定等问题突出。贫困地区包括集中连片特困地区、边境地区、少数民族地区，目前我国贫困地区有 1100 个县，这 1100 个县的义务教育薄弱

---

① 数据来源：贵州省教育局网站，http://www.gzsjyt.gov.cn/Item/32119.aspx，2013 年 11月 29 日。

② 数据来源：荆楚网，http://news.cnhubei.com/xw/hb/hg/201308/t2662384.shtml，2013年 8 月 7 日。

学校占全国的 40％，学生占全国的 33％。[①] 办学成本较高，教学条件较差，寄宿制学校宿舍、食堂等生活设施不足，村小和教学点运转比较困难，教师队伍不够稳定等，都是我国贫困地区，包括集中连片特困地区、国家扶贫开发工作重点地区、民族地区和边境地区义务教育中长期存在的"短板"。

近些年来，政府财政不断加大投入力度，提升农村的基本办学条件。为使农村的孩子特别是义务教育薄弱地区的孩子们，能够享受优良的教育，自 2010 年开始的农村义务教育薄弱学校改造计划，4 年内中央财政已为之投入资金 656.8 亿元。仅 2013 年一年，中央财政累计下拨给该计划的补助资金就达 207 亿元。历年改善农村学校办学条件的主要政策及举措具体包括以下 4 项。[②]

一是实施农村寄宿制学校建设工程。从 2004 年到 2007 年，中央财政投入 100 亿元，在中西部 23 个省份新建、改扩建学校 7727 所。项目学校覆盖 953 个县，其中西部地区 404 个县。

二是中西部农村初中校舍改造工程。工程 2006 年启动，覆盖范围包括西部 12 个省份和新疆生产建设兵团、中部 6 个省及河北、海南、吉林、黑龙江等省的部分贫困地区。重点支持约 7000 所独立设置的农村初中学校新建或改造学生宿舍、食堂和厕所等。

三是全国中小学校舍安全工程。从 2009 年开始，用 3 年时间，对地震重点监视防御区、7 度以上地震高烈度区等地质灾害易发地区的各级各类城乡中小学存在安全隐患的校舍进行抗震加固、迁移避险，提高综合防灾能力。财政部数据显示，2009 年至 2011 年，中央财政累计安排校舍安全工程专项资金 140 亿元。

四是农村义务教育薄弱学校改造计划。自 2010 年启动，其中校舍改造投入 399 亿元，仪器设备投入 219 亿元。到 2012 年年底，农村小学寄宿制学校宿舍生均面积达 3.1 平方米，比工程实施前增长了 24％；农村初中寄

---

① 数据来源：国务院新闻办就改善农村义务教育薄弱学校基本办学条件等情况举行新闻发布会，教育部副部长刘利民介绍相关情况。http://news.xinhuanet.com/politics/2014－02/13/c_119317602.htm，2014 年 2 月 13 日。

② 数据来源：中国教育报，http://chuzhong.eol.cn/news_9136/20140216/t20140216_1073868.shtml，2014 年 2 月 16 日。

宿制学校宿舍生均面积达 4.2 平方米，提高了 40%。

2013 年 12 月 31 日，教育部、国家发展改革委、财政部联合发布了《关于全面改善贫困地区义务教育薄弱学校基本办学条件的意见》，《意见》实施之后，中央财政的投入经费进一步提升。工作的实施范围以中西部农村贫困地区为主，兼顾东部部分困难地区；以集中连片特困地区为主，兼顾其他国家扶贫开发工作重点地区、民族地区、边境地区等贫困地区。工作的主要目标有：使贫困地区农村义务教育学校教室、桌椅、图书、实验仪器、运动场等教学设施满足基本教学需要；学校宿舍、床位、厕所、食堂（伙房）、饮水等生活设施满足基本生活需要；留守儿童学习和寄宿需要得到基本满足，村小和教学点能够正常运转；县镇超大班额现象基本消除，逐步做到小学班额不超过 45 人、初中班额不超过 50 人；教师配置趋于合理，数量、素质和结构基本适应教育教学需要；小学辍学率努力控制在 0.6% 以下，初中辍学率努力控制在 1.8% 以下。2014 年 4 月 23 日，教育部办公厅、国家发展改革委办公厅、财政部办公厅又联合发布了《关于制定全面改善贫困地区义务教育薄弱学校基本办学条件实施方案的通知》，全面改善贫困地区义务教育薄弱学校基本办学条件的实施范围得到进一步明确，同时保障财政资金的合理使用，防止虚报资金需求、借机搞超标准豪华建设和"大拆大建"。

我国政府重视贫困地区义务教育工作，但贫困地区义务教育仍然是我国教育事业发展的薄弱环节。近年来，我国逐步健全农村义务教育经费保障机制，实施了农村义务教育薄弱学校改造计划、农村初中改造工程等一系列教育重大工程项目，改善了农村义务教育学校办学条件。2006 年到 2011 年，全国财政性义务教育经费从 3305 亿元增长到 9739 亿元，年均增长 24.1%；中央财政安排的义务教育专项转移支付资金，从 187.7 亿元增长到 1140.5 亿元，年均增长 43.5%；小学、初中生均公共财政公用经费分别从 271 元、378 元增长到 1366 元、2045 元，年均分别增长 38.2%、40.1%。① 尽管政府大幅度增加了义务教育投入，但农村中小学生均公用经费标准仍普遍偏低，一些寄宿制学校宿舍不足，食堂、厕所、饮用水等

---

① 数据来源：《中国教育报》2013 年 12 月 24 日，第 1 版。

设施达不到标准，我国农村贫困地区教育保障水平仍有待提高。

集中连片特困地区、国家扶贫开发工作重点地区、民族地区和边境地区的义务教育仍存在一系列问题，需要各级政府进一步加大支持力度。我国贫困地区义务教育面临一系列问题，如办学成本较高，教学条件较差，寄宿制学校宿舍、食堂等生活设施不足，村小和教学点运转比较困难，教师队伍不够稳定，辍学率相对较高等。全国人大常委会执法检查组关于检查《中华人民共和国义务教育法》实施情况的报告指出，义务教育在城乡、区域、校际、群体之间仍不均衡，中西部地区教育发展相对滞后，如2011年普通小学、初中生均公共财政预算公用经费支出，最高省份超出最低省份9倍左右；许多学校因升学压力和资源限制，难以实施素质教育，存在着"重知识不重能力、重智育不重体育、重课堂不重课外"的现象；在中西部欠发达地区，尤其是边远、贫困及少数民族地区义务教育阶段辍学率较高，部分地区初中辍学率超过10%。

改善贫困地区办学条件是缩小城乡区域差距的有效途径。党的十八大和十八届三中全会明确提出要大力促进教育公平，统筹城乡义务教育资源均衡配置，重点向农村、边远、贫困、民族地区倾斜，切实缩小区域、城乡、校际差距。习近平总书记在2013年"六一"讲话中提出党和政府要始终关心各族少年儿童，努力为他们学习成长创造更好的条件。李克强总理多次强调，要不断改善民生，围绕保障基本民生，做到织好网、补短板、兜住底，促进社会公正。贫困地区学校是我国教育发展的"短板"。治贫先重教，发展教育是减贫脱贫的根本之举。改善贫困地区基本办学条件，不让贫困家庭的孩子输在"起点"上，既是守住"保基本"民生底线、推进教育公平和社会公正的有力措施，也是增强贫困地区发展后劲、缩小城乡区域差距的有效途径，关乎国家长远发展。

二　学前教育体系加速重建

（一）学前教育三年行动计划圆满完成

计划经济时代曾大力发展职工托儿所和幼儿园。早在1949年至1965

年，我国政府就引进了儿童早期发展和教育服务，将妇女解放出来，鼓励妇女参与新社会建设。几乎所有的政府部门、企业和农业合作社都办起了职工托儿所和幼儿园。

但这一模式遭遇经济体制改革的挑战，幼儿园数量下滑。"文化大革命"以及后来的国企改革使得企业办托儿所和幼儿园的数量下降，学前教育机构从 1978 年的 16.4 万所下降至 2001 年的 11 万所。

近年来，国家开始加强早期教育工作。中国迎来了儿童早期发展和教育服务的热潮，政府颁布了一系列政策法规加强早期教育工作，并取得了突出的成绩。

表 2 - 2　1978 年以来我国学前教育相关法规文件①

序号	日　期	文件名称
1	1978 年 10 月	教育部《关于加强和发展师范教育的意见》
2	1979 年 10 月	中共中央、国务院转发《全国幼托工作会议纪要》的通知（中发〔1979〕73 号）
3	1979 年 11 月	《城市幼儿园工作条例（试行草案）》
4	1980 年 10 月	教育部关于印发《中等师范学校教学计划试行草案》和《幼儿师范学校教学计划试行草案》的通知
5	1982 年 12 月	《中华人民共和国宪法》
6	1983 年 9 月	教育部关于印发《发展农村幼儿教育的几点意见》的通知〔83〕（教初字 011 号）
7	1985 年 5 月	中共中央《关于教育体制改革的决定》
8	1985 年 5 月	教育部《关于颁发〈幼儿师范学校教学计划〉的通知》
9	1986 年 6 月	国家教委《关于进一步办好幼儿学前班的意见》
10	1986 年 5 月	中央职称改革工作领导小组《关于转发国家教委中小学教师职务试行条例等文件的通知》
11	1986 年 10 月	国家教育委员会《关于幼儿园教师考核的补充意见》
12	1987 年 10 月	国务院办公厅转发国家教委等部门《关于明确幼儿教育事业领导管理职责分工的请示》的通知
13	1987 年 3 月	劳动人事部、国家教委关于颁发《全日制、寄宿制幼儿园编制标准（试行）》的通知

① 资料来源：根据政府网站公布信息收集。

续表

序号	日　　期	文件名称
14	1988 年 8 月	国务院办公厅转发国家教委等部门《关于加强幼儿教育工作意见的通知》
15	1988 年 10 月	国家教委《关于社会力量办学几个问题的通知》
16	1988 年 10 月	国家教委《关于进一步办好职业高中幼师专业的意见》
17	1989 年 6 月	《幼儿园工作规程（试行）》
18	1989 年 8 月	《幼儿园管理条例》
19	1989 年 12 月	国家教委《关于实施〈幼儿园管理条例〉和〈幼儿园工作规程（试行）〉的意见》
20	1991 年 9 月	《中华人民共和国未成年人保护法》
21	1992 年 2 月	国务院《关于下达〈九十年代中国儿童发展规划纲要〉的通知》
22	1993 年 10 月	《中华人民共和国教师法》
23	1993 年 2 月	《中国教育改革和发展纲要》
24	1994 年 7 月	国务院《关于〈中国教育改革和发展纲要〉的实施意见》
25	1995 年 1 月	《三年制中等幼儿师范学校教学方案》
26	1995 年 3 月	《中华人民共和国教育法》
27	1995 年 10 月	国家教委《关于〈中华人民共和国教师法〉若干问题和实施意见》
28	1995 年 9 月	国家教委、国家计委、民政部、建设部、国家经贸委、全国总工会、全国妇联《关于企业办幼儿园的若干意见》
29	1995 年 12 月	《教师资格条例》
30	1996 年 3 月	《中华人民共和国国民经济和社会发展"九五"计划和 2010 年远景目标纲要》
31	1996 年 6 月	国家教委《关于正式实施〈幼儿园工作规程〉的意见》
32	1996 年 1 月	国家教委关于颁发《全国幼儿园园长任职资格、职责和岗位要求（试行）》的通知
33	1997 年 7 月	国家教委发布《全国幼儿教育事业"九五"发展目标实施意见》
34	1997 年 10 月	《社会力量办学条例》
35	1998 年 12 月	《面向 21 世纪教育振兴行动计划》
36	1998 年 8 月	教育部办公厅《关于当前加强教师队伍管理的通知》
37	1999 年 6 月	中共中央国务院《关于深化教育改革、全面推进素质教育的决定》
38	2001 年 5 月	《中国儿童发展纲要（2001—2010）》
39	2001 年 5 月	国务院《关于基础教育改革与发展的决定》
40	2001 年 9 月	《幼儿园教育指导纲要（试行）》

续表

序号	日　期	文件名称
41	2001 年 10 月	国务院办公厅向全国发布了由中央编办、教育部、财政部拟定的《关于制定中小学教职工编制规定意见的通知》
42	2003 年 1 月	国务院办公厅转发教育部等部门（单位）《关于幼儿教育改革与发展的指导意见的通知》
43	2003 年 9 月	《中华人民共和国民办教育促进法》
44	2004 年 1 月	财政部、国家税务总局《关于教育税收政策的通知》
45	2004 年 4 月	《2003—2007 年教育振兴行动计划》
46	2004 年 8 月	教育部《关于进一步加强幼儿园安全工作的紧急通知》
47	2005 年 3 月	国家发展改革委、教育部、劳动和社会保障部《关于民办教育收费管理暂行办法的通知》
48	2005 年 12 月	关于转发《教育部办公厅关于公办幼儿园能否承包的问题的复函》的函
49	2006 年 1 月	财政部、国家税务总局《关于加强教育劳务营业税征收管理有关问题的通知》
50	2007 年 5 月	《国家教育事业发展"十一五"规划纲要》
51	2007 年 7 月	教育部《关于加强民办学前教育机构管理工作的通知》
52	2010 年 7 月	《国家中长期教育改革和发展规划纲要（2010—2020 年)》
53	2010 年 11 月	国务院《关于当前发展学前教育的若干意见》
54	2011 年 4 月	教育部办公厅《关于开展中小学幼儿园安全大检查的通知》
55	2011 年 7 月	《中国儿童发展纲要（2011—2020 年)》
56	2011 年 9 月	财政部、教育部《关于加大财政投入支持学前教育发展的通知》
57	2012 年 10 月	《3—6 岁儿童学习与发展指南》

　　2011 年到 2013 年间，我国学前教育取得显著进展。2010 年年底，国务院发布《关于当前发展学前教育的若干意见》，要求各地以县为单位编制实施学前教育三年行动计划，解决"入园难"问题。2014 年 2 月 26 日，教育部召开新闻发布会，介绍学前教育三年行动计划的实施情况。为了落实"教育规划纲要"提出的到 2020 年基本普及学前教育的发展目标。截至 2013 年年底，学前教育三年行动计划各项目标已圆满完成，三年来我国学前教育取得显著进展。

　　第一，普惠型学前教育资源快速增加。三年行动计划的实施，有力地推动了学前教育的快速发展。据统计，2013 年全国共有幼儿园 19.86 万所，比 2010 年增加 4.82 万所，增长了 32%；在园幼儿达到 3895 万人，比 2010 年增加 918 万人，增长了 31%。全国学前三年毛入园率达到 67.5%，比 2010 年增加了 10.9 个百分点。在加快公办园建设方面，各地科学制定幼儿园建设规划，在资源严重不足的地区新建幼儿园，利用农村中小学布局调整的富余资源和其他公共资源改扩建幼儿园，依托农村小学增设附属幼儿园。据初步统计，各地已新建 2.5 万余所，改扩建 3.4 万余所，增设小学附属幼儿园 4.6 万余所。把城镇小区配套幼儿园办成普惠性幼儿园。各地积极研究制定规范城镇小区配套幼儿园建设和管理办法，新建、补建、回收了一批配套幼儿园，办成公办园或委托办成普惠性民办园，使小区配套幼儿园成为扩大城镇普惠性学前教育资源的主渠道。积极扶持企事业单位办园、集体办园和普惠性民办园。各地采取补助生均公用经费、以奖代补、派驻公办教师、免费培训教师等方式，已经扶持 6.9 万所次，受益幼儿约 1000 万人次。在偏远地区开展学前教育巡回指导。中央财政学前教育巡回支教项目支持陕西、贵州等 13 个省（区、市）设立支教点 1500 余个，聘用乡村幼儿园老师和志愿者 4000 余名，受益幼儿约 4 万人。

第二，学前教育投入大幅增长，财政投入持续增加。2011～2013 年中央财政学前教育项目经费投入 500 亿元，带动地方各级财政投入 1600 多亿元。各地认真落实《关于当前发展学前教育的若干意见》（简称"国十条"）中关于加大学前教育财政投入的"五有"（预算有科目、增量有倾斜、投入有比例、拨款有标准、资助有制度）政策，全国财政性教育经费中学前教育占比从 2010 年 1.7% 提高到了 2012 年 3.4%，2013 年进一步增加。各地普遍建立了学前教育资助制度，三年来已投入 36 亿元，资助家庭经济困难幼儿超过 400 万人次。陕西、青海等省还全面实行学前一年免费教育。社会投入力度不断加大。各级政府积极采取措施，创新购买服务等方式，鼓励企事业单位、集体和公民个人开办幼儿园。2013 年，企事业单位办幼儿园、集体办幼儿园和民办幼儿园比 2010 年增加 3.2 万所，增长 26%。

第三，幼儿园教师队伍持续壮大，多种方式配备补充幼儿园教师。

教育部颁布了《幼儿园教职工配备标准》，各地加快核定公办园教师编制，通过特岗计划、小学教师培训后转岗、接收免费师范生、公开招聘等多种途径，充实幼儿园教师队伍。2013年全国幼儿园教职工达283万人，比2010年增加98万人，增长了53%。加大培养力度。教育部批准升格了9所幼儿师专，各地根据事业发展需要积极扩大幼儿园教师培养规模。2013年培养幼儿园教师的高等院校和中等师范学校已达739所，在校生规模达53.7万人，比2010年增加了25.8万人，增长了近1倍。加大培训力度。幼儿园教师国培计划投入11亿元，培训农村幼儿园教师29.6万名。各地普遍制订了幼儿园教师培训计划，2015年前将完成新一轮全员培训。

第四，幼儿园办园水平和保教质量不断提高，政策出台力度大。国家出台了《幼儿园收费管理暂行办法》和《3—6岁儿童学习与发展指南》（简称《指南》），教育部组织修订了《幼儿园工作规程》《幼儿园建设标准》《幼儿园玩教具配备标准》等政策文件。各地积极完善幼儿园准入制度，加强幼儿园收费、安全、卫生、办园质量等方面的管理。各级各类幼儿园深入贯彻落实《指南》，提高幼儿园教师专业素质，防止和纠正"小学化"现象。此外，加大教育和宣传，举办全国学前教育宣传月活动，多种形式宣传普及科学保教知识，提高家长科学育儿能力。

表2-3 我国幼儿园专任教师和在园儿童人数与年增长率（1978～2013年）①

年 份	幼儿园专任教师		幼儿园在园儿童	
	人数（万人）	比上一年增长（%）	人数（万人）	比上一年增长（%）
1978	27.7	—	787.7	—
1980	41.1	48.38	1150.8	46.10
1985	55.0	33.82	1479.7	28.58
1986	60.5	10.00	1629.0	10.09
1987	65.1	7.60	1807.8	10.98
1988	67.0	2.92	1854.5	2.58

---

① 数据来源：《中国统计摘要2014》，中国统计出版社，2014。

续表

年 份	幼儿园专任教师		幼儿园在园儿童	
	人数（万人）	比上一年增长（%）	人数（万人）	比上一年增长（%）
1989	70.9	5.82	1847.7	−0.37
1990	75.0	5.78	1972.2	6.74
1991	76.9	2.53	2209.3	12.02
1992	81.5	5.98	2428.2	9.91
1993	83.6	2.58	2552.5	5.12
1994	86.2	3.11	2630.3	3.05
1995	87.5	1.51	2711.2	3.08
1996	88.9	1.60	2666.3	−1.66
1997	88.4	−0.56	2519.0	−5.52
1998	87.5	−1.02	2403.0	−4.61
1999	87.2	−0.34	2326.3	−3.19
2000	85.6	−1.87	2244.2	−3.53
2001	63.0	−26.40	2021.8	−9.91
2002	57.1	−9.37	2036.0	0.70
2003	61.3	7.36	2003.9	−1.58
2004	65.6	7.01	2089.4	4.27
2005	72.2	10.06	2179.0	4.29
2006	77.6	7.48	2263.9	3.90
2007	82.7	6.57	2348.8	3.75
2008	89.9	8.71	2475.0	5.37
2009	98.6	9.68	2657.8	7.39
2010	114.4	16.02	2976.7	12.00
2011	131.6	15.03	3424.4	15.04
2012	147.9	12.39	3685.8	7.63
2013	166.3	12.44	3894.7	5.67

（二）地方政府多举措弥补学前教育基础设施缺口

全国学前教育宣传活动有望推动"重视学前教育"共识的达成。2013
年5月20日，教育部和重庆市人民政府在重庆市江津区几江幼儿园举行

2013 年全国学前教育宣传月启动仪式。2013 年宣传月主题为"学习指南，了解孩子"，在全国范围内进一步贯彻落实《3—6 岁儿童学习与发展指南》（以下简称《指南》）的普及。教育部举办的全国学前教育三年行动计划网络巡展正式开始，教育部和联合国儿童基金会驻华代表处共同向 31 个省、区、市捐赠《指南》、主题海报和"科学育儿一点通"等资料。各地以多种形式积极响应，河南、山东、贵州、天津、重庆等地，相继开展讲座、课堂、发放材料等形式的宣传活动。

云南教育改革方案鼓励以无偿划拨土地方式引导社会力量办幼儿园。2013 年 5 月 7 日，云南省教育咨询委员会召开会议，省教育厅与省级相关部门已共同修订出台新一轮 12 项教育改革的具体方案。全省将快速扩大农村幼儿园资源，鼓励各地政府以无偿划拨土地、建盖校舍后"零租金"等方式，引导社会力量等办中心幼儿园，做到"乡乡有幼儿园、县县有示范园"，完成学前教育 3 年毛入学率达 50% 的年度目标。

苏州将建立一批学前儿童看护点。2013 年 5 月 3 日，苏州市发布《苏州市学前儿童看护点建设管理暂行办法》，将新建改扩建 101 所幼儿园，并建立一批学前儿童看护点，以解决学前教育资源不足，特别是流动人口适龄儿童接受学前看护等问题。据预计，苏州市正规学前教育可供学位仍有近 2 万个缺口。

云南"爱心园援建工程"再援建滇西 55 所幼儿园。2013 年 5 月 24日，教育部滇西边境山区"学前教育装备爱心园援建工程"捐助活动在昆明举行，30 多家国内知名企业捐赠了一批幼儿园玩教具和学前教育装备，援建滇西边境山区 55 个县（市、区）各 1 所幼儿园。该工程为云南募集了价值 2500 万元的物资，惠及滇西边境山区 66 所幼儿园的 21000名幼儿。

三 特殊教育师资投入均有提升

（一）特殊教育师资水平明显提高

特殊教育专任教师数量增加。2012 年，全国特殊教育专任教师数量增加到近 4.4 万名，较上一年度增加了 2300 多名专任教师。专任教师数占特殊教育教师数的比例也从 2007 年的 78% 提高到 2012 年的 82%。特殊教育生师比为 8.7∶1，仍然处于较高水平，但较 2007 年的 12∶1 的情况有所好转。要注意的是，近几年生师比的下降不仅与特殊教育教师的数量有所增加有关，也与在校残疾学生数量下降有关。

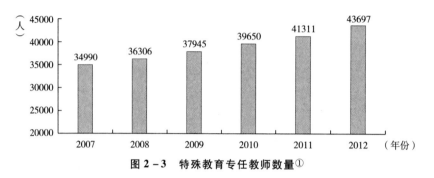

图 2-3　特殊教育专任教师数量①

师资水平有所提升。特殊教育专任教师中，有一半以上（51.5%）的教师为本科毕业，有 40.3% 的教师为专科毕业，学历水平较 2011 年有进一步提高（2011 年本科学历的特殊教育教师占比为 48.4%）。

（二）财政性特殊教育经费投入逐年增加

我国财政性特殊教育经费投入逐步增长。根据最新出台的教育经费统计年鉴，2011 年，我国财政性特殊教育学校经费为 76.7 亿元，比上一年度增加了 8.3 亿元。

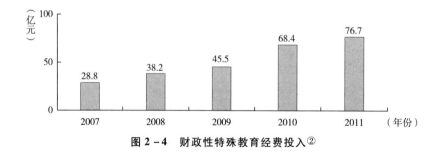

图 2-4　财政性特殊教育经费投入②

---

① 数据来源：教育部网站，2012 年教育统计数据。
② 数据来源：历年《中国教育经费统计年鉴》。

财政性特殊教育经费占财政性教育经费的比例整体呈上升趋势。2011年，财政性特殊教育经费占财政性教育经费的比例为 0.41%，较 2010年的 0.47% 的比例有所减少，但整体而言，近几年财政性特殊教育经费占财政性教育经费的比例逐步提升。

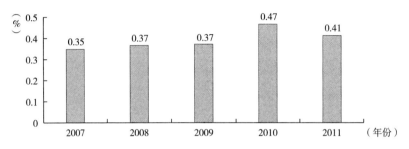

图 2-5　财政性特殊教育经费占财政性教育经费的比例①

国家要求提高特殊教育学校生均预算内公用经费标准。特殊教育的性质决定了其所花费的资金比普通教育要多。为此，《特殊教育提升计划（2014—2016 年）》提出"义务教育阶段特殊教育学校生均预算内公用经费标准要在三年内达到每年 6000 元"，"随班就读、特教班和送教上门的义务教育阶段生均公用经费参照上述标准执行"。预计在未来，特殊教育经费的投入会有所增加。

（三）残疾儿童义务教育入学率稳步上升

教育部发布特殊教育提升计划解决适龄未入学残疾儿童的就学问题。据统计，目前仅实名登记的适龄残疾儿童中，仍有 8 万名适龄残疾儿童未入学。为此，教育部在 2014 年 1 月颁布了《特殊教育提升计划（2014—2016 年）》（以下简称《提升计划》），《提升计划》提出，到 2015 年，全国视力、听力、智力残疾儿童少年义务教育入学率要达到 90%。通过扩大特殊教育学校招生规模、加大普通学校随班就读和附设特教班工作力度、开展送教上门服务等多种方式，重点解决这 8 万名未入学残疾儿童少年的就学问题。同时，提出要对残

---

① 数据来源：历年《中国教育经费统计年鉴》。

疾儿童少年义务教育进行评估验收，将残疾儿童少年入学率、特殊教育教师专业化水平等作为评估验收的主要指标，以此来强化该项政策的落实。

《提升计划》强调要扩大普通学校随班就读的规模，加强特殊教育资源教室的建设。《提升计划》强调要扩大普通学校随班就读规模，加强特殊教育资源教室、无障碍设施等建设。同时，组织开展送教上门，为不能到校就读的重度残疾儿童少年提供送教上门或远程教育等服务，并将其纳入学籍管理。继续实施改善特殊教育办学条件项目，支持承担随班就读残疾学生较多的普通学校设立特殊教育资源教室（中心），配备基本的教育教学和康复设备，为残疾学生提供个别化教育和康复训练。支持特殊教育学校配备必要的教育教学、康复训练等仪器设备，开展"医教结合"实验，探索教育与康复相结合的特殊教育模式。

《提升计划》提出要加强特殊教育师资队伍建设。如前文所述，师资队伍的建设是保障特殊教育健康良好发展的重要条件，《提升计划》也强调要加强特殊教育教师队伍建设，要求地方出台特殊教育学校教职工编制标准，落实国家规定的特殊教育津贴等特殊教育教师工资待遇倾斜政策。虽然《提升计划》对提高师资队伍的建设提出了要求，但与 2013 年 3 月的《残疾儿童少年义务教育攻坚计划（2013—2015 年）征求意见稿》（以下简称《攻坚计划》）相比，在对师资队伍建设的具体规定上，正式出台的《提升计划》不如之前的《攻坚计划》征求意见稿中明确和具体，如后者就明确提出要"将特殊教育津贴提高 50%，提高特殊教育教师绩效工资标准，使其工资收入逐步达到同级普通学校教师的 1.5 倍以上，并要求普通学校将随班就读工作列入绩效考核内容"。《提升计划》中过于笼统的规定，或将导致实施力度打折扣。此外，《提升计划》还提出要研究建立特殊教育专业证书制度，逐步实行特殊教育持证上岗，将特殊教育相关内容纳入资格考试。这一制度的实施，预计将有助于提高特教师资水平，但相应的行业准入制度必须与特教师资的待遇等结合起来，才能增加特教教师的吸引力，从而吸引和保留更多高素质的人才，也才能整体提升特殊教育师资力量。

四 学前教育和特殊教育需加强资源建设

（一）学前教育仍面临普惠性资源短缺

三年来我国学前教育事业取得显著进展，但由于多年来我国学前教育欠账多，增长速度缓慢，实际发展状况依然严峻。通过实施学前教育三年行动计划，学前三年毛入园率由 2009 年的 50.9% 提高到 2012 年的 64.5%。但中国儿童早期发展还面临以下问题：1/3 的幼儿没有入园机会，公办幼儿园比例少，城乡差距大，幼儿园教师数量和培训不足。

学前教育覆盖率仍然较低。虽然中国的儿童早期发展和教育覆盖率已从 1985 年的 21% 提高到 2012 年的 65%，但覆盖率仍然低于墨西哥等一些发展中国家。[①] 2000 年，我国幼儿园数量为 17.58 万所，2001 年骤减到 11.17 万所。经过 11 年的努力，直到 2012 年，幼儿园数量才追赶上 2000 年水平。[②] 2013 年，我国幼儿园数量与 2000 年相比，也仅仅增长了 12.9%。从幼儿园的性质来看，非民办幼儿园比例仍然过低。

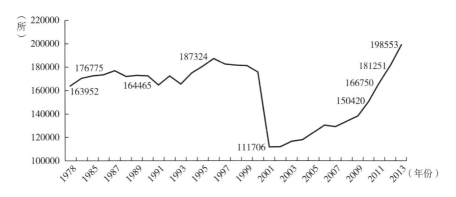

图 2-6 全国幼儿园数量变化情况 （1978～2013 年）[③]

---

① 数据来源：《中国的儿童早期发展与教育：打破贫穷的代际传递与改善未来竞争力》，世界银行、国家人口计生委，2011。

② 数据来源：《中国统计摘要 2014》，中国统计出版社，2014。

③ 数据来源：《中国统计摘要 2014》，中国统计出版社，2014。

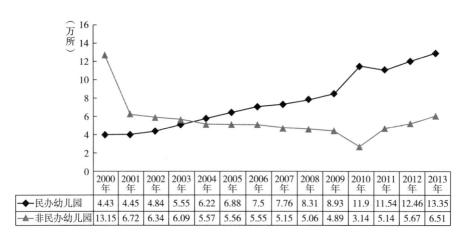

	2000年	2001年	2002年	2003年	2004年	2005年	2006年	2007年	2008年	2009年	2010年	2011年	2012年	2013年
民办幼儿园	4.43	4.45	4.84	5.55	6.22	6.88	7.5	7.76	8.31	8.93	11.9	11.54	12.46	13.35
非民办幼儿园	13.15	6.72	6.34	6.09	5.57	5.56	5.55	5.15	5.06	4.89	3.14	5.14	5.67	6.51

图 2 - 7　我国民办和非民办幼儿园数量变化（2000～2013 年）①

　　由于底子薄、欠账多，我国学前教育事业仍是教育体系中的薄弱环节。一是普惠性资源依然短缺。城市入公办园难、入普惠型民办园难、就近入园难、流动人口子女入园难等问题仍比较突出。中西部农村地区，特别是集中连片特困地区、少数民族地区、留守儿童集中地区和人口分散地区入园率整体偏低。二是学前教育成本分担和运行保障机制尚未普遍建立。绝大部分地区的幼儿园教师工资和日常运行主要依靠收费，家长负担较重。农村幼儿园办园条件差，运转困难。三是师资队伍建设有待进一步加强。幼儿园教师数量少、工资待遇低、队伍不稳定的现象仍普遍存在，专业素质有待提高。四是幼儿园保教质量参差不齐。一些幼儿园办园行为不规范，"小学化"现象仍然比较严重。

　　中美就儿童早期发展进行对话。作为第四轮中美人文交流高层磋商系列活动的一个重要组成部分，2013 年 11 月 20 日在美国华盛顿布鲁金斯学会举行的"中美儿童早期发展战略对话会"受到中美双方的高度重视。这场由中国发展研究基金会和美国布鲁金斯学会共同发起并主办的对话会，是中美双方首次就儿童早期发展进行对话和交流，对中美儿童发展及双方关系促进都具有重要意义。中国国务院副总理刘延东与美国前国务卿希拉里·克林顿共同出席了中美儿童早期发展战略对话会开幕式。

---

　　①　数据来源：《中国统计摘要 2014》，中国统计出版社，2014。

从国家的长远发展出发，投资儿童早期发展对于经济增长和生产力发展有着最高的回报率。投资于儿童早期发展，用于提高儿童的学习成绩和升学，能够避免很多社会问题的发生，如犯罪和失业。对儿童早期发展每投入一美元，回报可以超过七美元。中国国务院副总理刘延东指出，中国政府正积极借鉴各国经验，探索一个中国式的儿童发展路径。

我国应积极探索一条适合中国国情的儿童早教发展途径。首先，完善法律法规、让保障儿童健康在国家层面有比较完善的运行规则。儿童早期发展需要多部门参与，政府牵头，各部门明确分工，加强沟通协调。其次，须加强医疗机构、妇幼保健院和服务能力建设，推动卫生事业发展。积极推进儿童早期发展机会的均等化，对贫困地区提供经费支持、疫苗接种等服务。最后，教育是将人口负担转变为人力资源的重要途径。十八届三中全会把教育改革列为重点目标，中国目前的财政投入中的 17.6% 为教育投入。除强调学校和早教机构的职责外，还应重视家庭对儿童发展的作用。

（二）配套资源缺乏造成特殊教育在校学生数量下降

在普通学校附设特教班就读和随班就读一度是特殊教育的重要形式。20 世纪 80 年代后期，根据残疾儿童数量多、基数大，特殊教育学校数量不多、规模不大的国情，为了节约经费，提高残疾儿童入学率，提出了普通学校附设特教班级的形式。北京、上海等地基于回归主流的教育理念，开始试验普通班级吸纳残疾儿童学习的形式，即后来的"随班就读"形式。1990 年开始，为了使农村的残疾儿童能够接受教育，在农村也出现了随班就读的安置形式。到 21 世纪初，在普通学校附设特教班就读和随班就读已成为安置残疾儿童入学的重要途径。2001 年，在普通学校附设特教班和随班就读的学生数量占整个特殊教育在校学生数量的比例高达 71%，可见附设特教班就读和随班就读已成为安置残疾儿童的主要形式。

但近几年来，在附设特教班就读和随班就读的学生比例却不断下降，同时特殊教育学校增加有限，从而使得特殊教育在校学生数量下降。在附设特教班就读和随班就读的学生人数占残疾儿童在校学生数量比例从 2007年的 65% 下降到 2012 年的 53%，成为历史最低点，学生人数也从 27.2 万

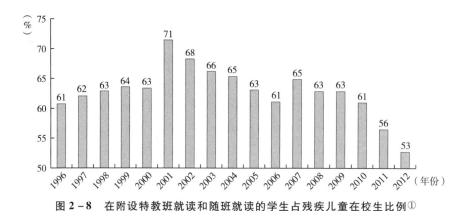

图 2-8　在附设特教班就读和随班就读的学生占残疾儿童在校生比例①

人下降到 20.0 万人，下降了约 7 万人。虽然在这一时期，随着特殊教育学校数量的增加，在特殊教育学校就读的学生数量有所增加，从 2007 年的 14.7 万人增加到 2012 年的 17.9 万人，增加了 3 万多人，但增长幅度低于前者的下降幅度，从而使得整体上特殊教育学校在校学生人数下降，从 2007 年的 41.9 万人，下降到 2012 年的 37.9 万人。

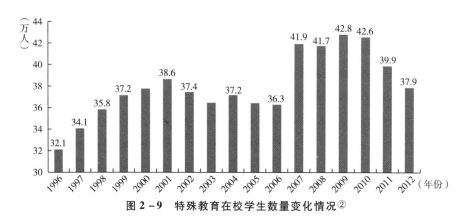

图 2-9　特殊教育在校学生数量变化情况②

　　普通学校硬件设施的缺乏和特教师资队伍建设落后，是导致附设特教班就读和随班就读学生数量下降的主要原因。安置残疾儿童在普通学校附设特教班就读和随班就读，有利于普及九年义务特殊教育，有利于适龄特

---

① 数据来源：根据历年《中国教育统计年鉴》的特殊教育在校学生数和随班就读及普通学校附设班的学生人数计算所得。

② 数据来源：历年《中国教育统计年鉴》。

殊儿童适时地就地入学，有利于特殊儿童融入主流社会，也有利于节省教育经费的投入，正因为如此，普通学校附设特教班就读和随班就读的特殊儿童数量一度增长较快。但是，这一方式的实行需要一系列软硬件的支撑，而我国普通学校的特殊教育却缺乏相应的支撑体系。首先，随班就读在其执行中需要学校配备相应的资源教室。这种资源教室是弥补随班就读课堂教学不足、满足特殊儿童的特殊需要、提高随班就读质量的有效形式，而这种硬件设施的建设需要强有力的政府经费支持。但是目前我国对于资源教室的资金投入仍存在不足之处，因此造成了部分特殊学生出现"随班就座""随班混读"的现象，大大降低了随班就读的教育质量，从而导致随班就读残疾儿童的流失。其次，随班就读的师资队伍建设是随班就读保障体系中的另一重要因素，目前我国随班就读的师资队伍建设存在三个方面的问题：一是普通学校师资的特教专业水平低；二是随班就读教师特殊教育补贴不高；三是随班就读的特教老师的编制体系不完善。这三方面的问题导致了随班就读的师资队伍在质量和数量上都有所欠缺。尽管国家在《关于开展残疾儿童少年随班就读工作的试行办法》中对随班就读教师的任职条件、培训、编制、工作评估、奖励等进行了规定，并要求普通中等师范学校分批开设特殊教育课程，以保证从事随班就读教学新师资的来源。但是，由于这些规定过于模糊，弹性过大且缺乏操作性，使得随班就读的师资力量仍然是普通学校开展特殊教育所面临的重要困难。随班就读的特教老师在数量上和质量上的不足会导致部分特殊儿童无法享受到随班就读的教育模式，从而致使该模式在执行中面临困难。

随班就读和融合教育还需制定系统化解决方案。2013年2月，国务院法制办发布《残疾人教育条例》修订草案并向社会各界公开征求意见，新修订的条例草案体现出强调"融合教育"的特征，明确了"面向所有残疾人，坚持融合教育"的原则。2014年的《特殊教育提升计划（2014—2016年）》也提出要以随班就读为主。但两者都没有对随班就读所需要的资源教室、师资配备做出明确和硬性的规定，也未对随班就读的对象和在特殊教育学校就读的对象做出明确规定和区分。随班就读是安置残疾儿童的重要方式，这一方式的实行需要一系列资源的支持和系统化的安排，在这方面,江苏省无锡市做出了表率。2012 年 10 月,无锡市以"残健融合"的模式展开自闭症儿童入园工作,强调在就读的普通学校内,把特需儿童纳入科学性和专业性的教育体系,区别于以往特需儿童仅实现"随班就读"的方式,而是主动探索特需儿童如何融入现有教育体制的问题。此外,并非所有特需儿童都适合随班就读,如肢体残疾的儿童要比智力残疾的儿童更适合随班就读,政府应系统明确地区别和规定随班就读和特殊教育学校的对象。

第三章
儿童保护政策与实践双突破

一　行政司法共建未成年人监护干预机制

（一）多起家庭儿童伤害事件暴露未成年人监护干预制度缺陷

近一个时期以来，多种类型的儿童受侵害事件频繁发生，引起社会震动。从 2013 年的河南兰考大火 7 名弃婴孤儿死亡、贵州麻江 5 名儿童窒息死亡、海南万宁校长带多名女学生开房、江苏南京 2 名女童饿死家中、广西兴业留守女童被多次性侵，到 2014 年陕西西安幼儿园儿童集体服用"病毒灵"（吗啉胍）、山西平遥 6 名儿童溺水死亡等悲剧事件被密集报道，引发全社会对儿童生存状况的忧思和对儿童福利制度的拷问。

当今中国社会急速变化使儿童意外风险大为增加，家庭监护缺失或监护失职带来的社会问题日益严峻，因家庭监护失职陷入困境的儿童数量巨大。尽管这些儿童的父母双方或一方仍然在世，但由于失踪、疾病、残疾、贫困、服刑、关押等原因，子女处于无人监护的困境，基本生活和成长的需求得不到满足。各类困境儿童至少有数百万人，包括约 200 万名重残儿童、100 万名流浪儿童、60 余万名服刑人员子女及 20 万名吸毒人员子女等。

表 3-1　2013 年 6 月至 2014 年 5 月儿童热点事件①

序号	时　间	地　区	事件简介
1	2013 年 6 月 21 日	江苏南京	2 名女童饿死案
2	2013 年 7 月 23 日	北　京	2 岁女童被摔死亡案

---

① 根据相关媒体报道整理。

055

续表

序号	时间	地区	事件简介
3	2013 年 8 月 24 日	山西临汾	男童被挖双眼案
4	2013 年 9 月 21 日	江西南昌	洗衣机绞死 2 名女童案
5	2013 年 10 月	上 海	夫妻将儿子网上送人，网络收养婴儿链条被曝光，孩子可"卖"3 万 ~10 万元
6	2013 年 11 月 25 日	重 庆	10 岁女童摔婴案
7	2013 年 12 月	广东深圳	吸毒父母自愿放弃 1 岁女婴事件
8	2014 年 1 月	广西兴业	13 岁留守女童两年间遭 10 多名当地村民多次性侵
9	2014 年 3 月	陕西西安	西安枫韵幼儿园、鸿基新城幼儿园在未告知家长的情况下，长期给园内幼儿集体服用抗病毒药物"病毒灵"
10	2014 年 3 月	云南昆明	5 岁男童被查出体内有大量水银，疑被灌入大量汞，警方立案调查
11	2014 年 4 月	广东惠州	5 岁女童被母亲虐待，送院抢救无效死亡
12	2014 年 5 月	福建莆田	9 岁男童小龙被亲生母亲虐待，多部门联手保护儿童身心健康

国家建立未成年人监护干预制度，对困境家庭儿童的监护权采取必要干预措施，是各国普遍做法。未成年人监护干预制度，是在儿童父母监护失责时，由国家接管儿童监护权的一套制度。如果国家对不履行监护职责的监护人缺乏有效干预，儿童保护机制则无法启动。在南京两名女童饿死事件中，儿童的父亲入狱，母亲吸毒，监护人早已丧失监护能力。当作为儿童监护第一责任主体的父母不具备养育子女的能力时，国家此时应通过法律规定具体干预措施，包括应急措施、监护权转移、指定寄养或收养、发放家庭津贴等，承担起儿童监护的责任。美国《儿童虐待预防与处理法案》规定，公民遇到疑似儿童虐待个案的情形，有义务向儿童福利机构举报；发现虐待儿童案件后，行政机构会第一时间介入，做出快速反应和启动后续调查、对监护人提起诉讼。意大利《民法典》规定，在父母死亡或者由于其他原因不能行使亲权的情况下，应当在未成年人主要事务或者主要利益所在地的初审法院法官处为未成年人设立监护。日本《民法典》规

定，未成年子女的亲属或检察官有权请求法院剥夺父母监护权。

我国未成年人监护干预制度滞后，亟待完善操作性强的监护干预制度体系。目前，我国法律对于未成年人监护制度进行了较为独立、完整规定的只有两部，即1987年《中华人民共和国民法通则》以及2006年修订的《中华人民共和国未成年人保护法》。尽管法律规定了在父母不履行监护职责时，可以由父母所在单位、居委会或村委会、民政部门担任监护人，但由于强制报告制度缺位、提起此类诉讼的原告资格规定不明、撤销资格的前提条件缺乏可操作性，以及撤销资格之后的安置制度不健全等一系列制度性原因，在父母虐待、忽视儿童的恶性事件中，司法机关和政府无法有效介入、及时干预。

未成年人监护干预制度决定了儿童福利制度和服务的质量与效果。未成年人监护干预制度实际是在国家、家庭（监护人）和儿童之间进行权利义务的科学配置，以实现儿童获得最佳的照料和最优的成长环境。父母是儿童养育和发展的首要责任主体，政府则是儿童养育和发展的最终保护者。国家应当采取一切适当措施为家庭提供协助，但是，当儿童得不到良好的监护或处于危险时，国家必须进行监护干预，由政府为儿童进行监护安排。不管是从国家法律制度完善的角度，还是从儿童权益保护的角度，都应当尽快建立健全我国未成年人监护干预制度体系。

（二）最高人民法院、民政部、公安部着手完善儿童监护干预制度

未成年人监护干预，从根本的、全局的、长远的利益来看，必须确立以国家为主导的责任主体。在现阶段和今后相当长时期，家庭仍然是未成年人监护的常态组织形式，但当父母无法照顾儿童时，国家必须承担起托底责任。从国际上看，各国都是由国家接手父母无法履行监护职责的儿童，行使监护责任，按法律规定及时撤销不履行或无法适当履行责任父母的监护权，为儿童提供保护和安置。目前，我国民政、司法等部门正在研究建立行政监督与司法程序相衔接的机制，这是履行国家职责的重大突破。一旦建立起系统、联动的衔接机制，将真正激活未成年人监护干预相关政策，以国家履行最终监护责任托底未成年人合法权益的保护。

民政部门快速推进儿童保护制度建设。2013年5月，民政部要求在全

国 20 个城市开展儿童保护试点，8 月，北京率先出台试点办法，拟建立基于社区层面的儿童保护体系，将儿童监护权的监管、转移和接续列为重点内容。2013 年 6 月，民政部下发《关于开展适度普惠型儿童福利制度建设试点工作的通知》，对困境儿童分类别、分层次，给予不同内容的基本生活保障和社会救助，以全面提高儿童福利的制度建设和服务水平。

2013 年 1 月 20 日，在北京召开的"未成年人健康成长法治保障研讨会"强调，要建立、完善未成年人监护干预制度。全国人大常委会内务司法委员会、全国人大常委会法制工作委员会、最高人民法院、最高人民检察院、教育部、民政部、司法部、全国妇联、全国律协等部门参会，为如何完善我国未成年人法律体系和儿童社会保护制度提出政策选择：将我国监护干预的对象从流浪未成年人扩大到全体困境未成年人，为处于监护缺失或监护失当困境的未成年人及其家庭提供支持性监护指导、补充性监护干预、替代性照料抚育等社会保护服务；加强对父母或其他监护人虐待子女或严重不履行监护职责时的行政和司法介入，构建未成年人监护行政监督与司法裁判对接机制。

2014 年 3 月 18 日上午，最高人民法院、公安部、民政部联合召开家庭监护失当未成年人监护权转移工作座谈会。多部门围绕开展家庭监护失当未成年人监护权转移工作，结合有关未成年人保护的司法实践和救助服务实践，从起诉主体、适用范围、转移程序、部门职责、具体工作要求和文字表述等方面对《关于开展家庭监护失当未成年人监护权转移工作的指导意见（征求意见稿）》进行了详细、深入的研究讨论。未成年人监护权转移工作具有重要性和复杂性，因而迫切需要各有关部门加强沟通配合，完善行政保护和司法保护衔接机制，为推动未成年人监护权转移工作提供明确有力的法律依据和政策保障。

据媒体报道，民政部、最高人民法院、公安部等部门正在着手研究建立完善未成年人监护干预制度，制定困境未成年人家庭监护干预政策，相关指导性意见有望年内出台。对拒不履行监护责任、严重伤害未成年人的监护人，行政干预的核心就是通过人民法院提起诉讼剥夺监护人的监护权。应尽快出台政策法规，制定工作指导细则和规章制度。明确民政部门为责任主体，建立多部门联动机制，对于剥夺父母监护资格的儿童，由民政部门进行监护，这需要通过立法加以明确。健全儿童庇护机构，加强专业工作人员培养。推进政府与民间组织合作，整合社区跨专业服务资源。

二　女童保护政策不断完善

（一）弱势女童遭性侵害等恶性事件屡屡发生

2013 年，儿童性侵害恶性事件频繁发生。广西玉林市兴业县一名未满14 岁的留守女童两年内遭受 10 多名当地村民多次性侵的新闻成为社会公众关注热点。据警方披露，该名儿童 11 岁开始，至少遭到 16 人 50 余次性侵犯，查明身份的犯罪嫌疑人中，有 14 人为中老年人，年龄最大的有 70 多岁。儿童性侵犯案件令人发指，儿童安全问题令人担忧。

研究数据显示，我国农村留守儿童和城乡流动儿童数量巨大。全国妇联 2013 年发布了《全国农村留守儿童、城乡流动儿童状况研究报告》。报告显示，根据 2010 年全国第六次人口普查资料推算，全国有农村留守儿童6102.6 万人，占所有农村儿童比高达 37.7%，占全国儿童比例为 21.9%。与 2005 年全国 1% 抽样的调查估算数据相比，5 年间全国农村留守儿童增加约 242 万人，增幅为 4.1%。

表 3 - 2　2013 年 6 月至 2014 年 5 月我国儿童性侵案件汇总①

序号	时　间	地　区	事件简介
1	2013 年 6 月 7 日	上　海	上海一所国际学校的一名美国籍教师涉嫌性侵多名儿童
2	2013 年 6 月 26 日	安徽潜山	潜山县某小学校长杨启发，在长达 12 年的时间中先后对 9 名女童实施性侵
3	2013 年 7 月 31 日	湖北武穴	武穴市龙坪镇沙墩村一名 7 岁留守男孩遭同性教师性侵，长达半年之久
4	2013 年 8 月 24 日	云南大关	一名年仅 4 岁的幼女遭当地官员郭玉驰强行掳至家中性侵

①　根据相关媒体报道整理。

续表

序号	时 间	地 区	事件简介
5	2013 年 9 月 17 日	海南海口	一男子一个月内强奸 14 岁亲生女 5 次，获刑 9 年
6	2013 年 9 月 30 日	安徽灵璧	灵璧县某中学教师在 7 个月里引诱强奸一名不满 14 周岁女学生 10 余次，造成恶劣影响
7	2013 年 11 月	湖北黄石	黄石市阳新县洋港镇下畈小学青年男教师强奸、猥亵多名女学生
8	2013 年 12 月 13 日	上 海	奉贤区青村镇一独居男子在家中性侵多名幼女
9	2014 年 2 月 15 日	福建晋江	父亲强奸猥亵 14 岁小女儿多年
10	2014 年 5 月	湖南衡阳	一电动车司机性侵多名幼女

　　已有调查数据显示，留守儿童和流动女童成为主要的受害者。中国儿童少年基金会 2013 年 9 月发布的《女童保护研究报告》数据显示，在经济欠发达地区，本地农村留守女童受害者多；在经济发达地区，流动女童（外来务工人员或其女儿）受害者多。2008 年至 2011 年 6 月期间，广东全省检察机关公诉部门受理涉及"不满 18 岁"女童被害人案件共 2267 件 2673 人。其中涉及性侵害的案件高达 1708 件，占受理案件数的 75.34%。在茂名化州市检察院办理的此类案件中的被害人，本地农村留守女童占 94%；高州市情况也类似；而在深圳宝安区，被害人是外来流动人口的占 88%。[①]

　　从被害人年龄分布来看，10 岁以下儿童受猥亵侵害的概率明显较高。根据北京市朝阳区人民法院公布的该院少年审判庭 2007 年至 2012 年 6 年中审结的 47 起猥亵儿童案件统计数据，2007 年以来流动人口中猥亵儿童犯罪率呈上升趋势。猥亵儿童案件中被害人年龄 6 岁以下共 18 件，6 岁以上 10 岁以下共 20 件。被害人 10 岁以下的共计占猥亵儿童案件总数的 80.9%，被害人 10 岁以上不满 14 岁的 9 件，占猥亵儿童案件总数的 19.1%。被害人系男童的案件为 3 件，占猥亵儿童案件总数的 6.4%。被害人系女童的案件为 44 件，占猥亵儿童案件总数的 93.6%，女童被猥亵的情况占绝大多数。相当比例的案件中被害人受两次以上猥亵，多次遭受

---

① 《女童保护研究报告》，中国儿童少年基金会，2013。

侵害。

从被害人受侵害的次数来看，被害人受两次以上侵害的为 9 件，占案件总数的 19.1%。被害人受 1 次侵害的为 38 件，占案件总数的 80.9%。从被告人的户籍情况统计来看，被告人（加害人）为北京市本地的 13 件，占案件总数的 27.7%；被告人为外地的 34 件，占案件总数的 72.3%。[①]

儿童家长的监护缺失，是儿童容易受到猥亵侵犯的一个重要原因。朝阳区人民法院的统计表明，被侵犯儿童的家庭中，父母双方大部分外出忙于生计，无暇顾及年幼子女，或由爷爷奶奶照看，或无人照看又未将孩子送往托儿所、幼儿园，孩子长时间独自留守或独自玩耍，给了犯罪分子下手的机会。

（二）多部门出台新举措惩治儿童性侵害犯罪

2013 年 9 月，教育部等四部门联合发布《关于做好预防少年儿童遭受性侵工作的意见》（以下简称《意见》），对于推进我国儿童保护工作，特别是防治儿童性侵工作具有重要意义。《意见》加大公安机关介入力量，同时要求构建教育、公安、共青团、妇联、家庭、社会六位一体的工作机制。2003 年教育部曾连同公安部、司法部联合做出了《关于辽宁等地相继发生教师强奸猥亵学生事件的情况通报》（以下简称《通报》），成为国家部委针对儿童性侵问题的首次联合行动。

与 2003 年三部委《通报》相比，此次《意见》具有较强的针对性和突破意义。首先，特别强调把好教职工入口关，大力整治校园性侵事件。《意见》要求，落实对校长、教师和职工从业资格有关规定，加强对临时聘用人员的准入资质审查，坚决清理和杜绝不合格人员进入学校工作岗位。要将师德教育、法制教育纳入教职员工培训内容及考核范围。对品行不良、侮辱学生、影响恶劣的，由县级以上教育行政部门撤销其教师资格。

其次，加大公安机关介入力量，要求整治学校及周边安全隐患。《意见》要求各地教育部门、公安机关要分析学校及周边安全形势，掌握治安

---

① 数据来源：《女童遭受性侵害情况的调研报告》，广东省妇联、广东省检察院，2012。

乱点和突出问题，大力整治学校及周边环境，清除安全隐患。各地公安机关要重点排查民办学校、城乡接合部学校、寄宿制学校内部及周边的安全隐患，严厉打击对少年儿童性侵犯的违法犯罪活动。

再次，注重建立长效机制，要求构建教育、公安、共青团、妇联、家庭、社会六位一体的工作机制，实现安全监管全覆盖。预防儿童性侵工作是一项系统工程，涉及学校教育、家庭教育、社会教育的方方面面，涉及教育、管理、应对处理的各个环节。《意见》对各地教育、公安、团组织、妇联组织在预防少年儿童遭受性侵工作中各自的职责分别做出明确规定，强调四部门协调配合，做到安全监管全覆盖，共同为中小学生构建一张安全保护网。

发达国家往往倾向于采取多方参与的模式来预防性侵，并取得了较好成效。如美国开展了家长、学校、社会和司法的联手行动，通过制定法律、社区联动、家庭和学校教育，把儿童保护知识放进日常教学当中。通过一系列的举措，自1992年到2012年的20年间，美国儿童性侵犯案件下降了23%，而儿童愿意向家人说出遭受性侵犯的概率上升了50%。

最后，要求对寄宿制学校女生宿舍实行"封闭式"管理。《意见》明确要求，女生宿舍应聘用女性管理人员，未经管理人员许可，所有男性包括老师和家长，一律不得进入女生宿舍。这一举措也符合国际惯例。

但是，《意见》中提出的多项工作仍然缺乏具体实施细则和协调方案，在现有儿童保护的工作机制下很难真正落实。在新的社会环境下，我国儿童保护工作不断出现新情况和新问题，如寄宿制学校增多导致学校日常安全管理难度加大，留守儿童由于缺乏父母监管容易出现安全问题，社会不良风气影响少年儿童身心发展，等等。但《意见》尚未提及相应对策。

面对复杂的社会问题和儿童的迫切需求，制度层面的改革迫在眉睫。第一，鼓励并建立起全社会参与儿童监督、保护的发现机制；第二，建设专业化、职业化的儿童福利工作人员队伍，学校、社区可聘请专业社工；第三，加大家庭宣传教育和辅导支持，提高家长对儿童保护的意识；第四，在儿童教育早期阶段开设性教育课程，纳入小学生必修课。

总体而言，四部门《意见》出台具有重要意义，从加强预防性侵犯教育、加强常规管理、密切家校联系、积极应对性侵犯事件、营造良好的社会环境和舆论氛围等方面对做好预防少年儿童遭受性侵工作提出了要求，更加具有针对性。然而，全面预防制止儿童受性伤害和性剥削，不能仅靠一部行政法规来完成，更要通过国家层面的儿童福利立法来加以保障。

（三）司法机关发布指导意见依法严惩儿童性侵害案件

最高人民法院、最高人民检察院、公安部和司法部联合发文提出儿童性侵恶性事件的司法解决方案。自 2013 年 5 月海南万宁校长"开房"案始，近一年来，河南桐柏教师性侵案、江西瑞昌教师性侵案、云南大关公务员强奸幼女案等未成年人遭性侵害个案被突出报道，性侵害未成年人成为 2013 年最受关注的社会问题之一。2013 年 10 月，最高人民法院、最高人民检察院、公安部和司法部联合举行新闻发布会，发布《关于依法惩治性侵害未成年人犯罪的意见》（以下简称《意见》），并公布三起性侵害未成年人犯罪的典型案例。这是公检法机关对社会保护儿童呼声的回应。《意见》中一些儿童保护的规定受到特别关注，包括专门规定"特殊职责人员"责任、从严惩处国家工作人员和家庭成员性侵及校园性侵、限制嫖宿幼女罪适用、强调保护受害者隐私等，是儿童权利保护的重要体现。

《意见》共 34 条，通篇体现"最高限度保护""最低限度容忍"的指导思想。《意见》着重从依法严惩性侵害犯罪、加大对未成年被害人的保护力度两个方面做了规定，主要包括 11 个方面的内容：（1）依法及时发现和制止性侵害罪行；（2）严厉惩处性侵害幼女行为；（3）严惩"校园性侵"等犯罪行为；（4）加重处罚在教室等场所当众猥亵等行为；（5）对强奸、猥亵犯罪的七种情节从重处罚；（6）严惩组织、强迫未成年人卖淫等犯罪；（7）从严控制缓刑适用；（8）强化对未成年被害人隐私权利的保护；（9）切实避免对未成年被害人造成"二次伤害"；（10）为未成年被害人构建三重保护网络；（11）依法保护未成年犯罪嫌疑人、未成年被告人权益。

此次多部门联合发布《意见》，为公检法司办理性侵害未成年人犯罪案件提供了具体流程和操作指导，被视为司法层面保护未成年人的重大突破。具体包括如下三个方面：

首先，突出体现对儿童群体的特殊、优先保护原则。《意见》被视为国家法律部门对包括强奸幼女、嫖宿幼女、强制猥亵侮辱等类别性侵未成年人犯罪在法律适用中存在问题的集中反馈，从办案工作要求、避免对被害人造成"二次伤害"、为被害人提供法律援助、法定代理人代为出庭陈述意见、加大民事赔偿和司法救助力度等方面，更加明确和清晰地为未成年被害人提供最大限度的司法关怀与呵护。

其次，重申严惩特殊主体性侵未成年人的犯罪行为。对未成年人负有特殊职责的人员、与未成年人有共同家庭生活关系的人员、国家工作人员或者冒充国家工作人员，实施对未成年人的强奸、猥亵犯罪的情形，在一般意义的"从重处罚"之上，《意见》明确重申应当"依法从严惩处"。

再次，确保准确适用法律保护未成年人权益。《意见》明确了"以金钱财物等方式引诱幼女与自己发生性关系"以强奸罪论处的规定，这被视为司法层面对饱受争议的嫖宿幼女罪的纠错和叫停。依据我国刑法规定，与未满14周岁幼女发生性关系，视有无钱物交易和是否愿意之情形，或构成强奸罪，或构成嫖宿幼女罪。依据强奸罪规定，与14岁以下的幼女发生性关系应从重处罚，最高可以判死刑。而依据嫖宿幼女罪规定，如果是双方自愿，且有"钱财交易"，最高刑期为15年。

总体而言，《意见》出台是司法层面保护儿童权益的重大突破，是我国首次在司法层面针对性侵犯未成年人做出的专题规定，针对性强，标准清晰。然而，寄希望于通过《意见》来实现对性侵未成年人犯罪的彻底遏制并不现实。由于儿童福利制度内容牵涉面广，涉及部门多，而现有法律政策碎片化和落实难现象严重，亟待建立起系统的儿童福利法律框架。

三 社会保护机制已现雏形

（一）民政部启动未成年人社会保护试点工作

为探索建立未成年人社会保护制度，切实保障未成年人合法权益，2013年5月6日，民政部发出通知，决定开展未成年人社会保护试点工作。通知要求，各省（自治区、直辖市）可以根据本地实际情况另行确定省级试点地区，切实开展建立未成年人社区保护网络，保护受伤害未成年人等工作。主要包括以下六项内容：

一是建立未成年人社区保护网络。在城乡基层建立社区儿童服务中心，开展流浪乞讨、失学辍学、留守流动、监护缺失等困境儿童的排查摸底和定期走访工作，为有需求的未成年人及其家庭提供临时照料、教育辅导、心理疏导、监护指导、政策咨询、帮扶转介等服务。

二是加强家庭监护服务和监督。建立未成年人社会保护机构，协调有关部门制定和完善相关政策措施，指导社区儿童服务中心开展活动，督促村（居）委会建立随访制度，对问题家庭进行监护干预，提升家庭抚养和教育能力。

三是保护受伤害未成年人。建立受伤害未成年人发现、报告和响应机制，配合相关部门打击操纵、教唆、利用未成年人违法犯罪行为，协调相关部门对漠视、虐待、遗弃未成年人等事件进行调查核实，收集保存相关证据，评估未成年人受伤害程度，为未成年人提供及时保护、心理疏导、法律援助等服务，落实国家监护责任。

四是开展困境未成年人救助帮扶。充分发挥现有救助保护机构的职责作用，积极开展延伸服务，帮助困境未成年人及其家庭落实义务教育、职业教育、就业服务、社会保障和扶贫开发等政策，将救助保护机构拓展为社会保护转介平台，面向社会开展未成年人权益保护服务。

五是健全未成年人社会保护工作机制。明确相关部门、基层组织、社会组织、专业机构、各类志愿者的工作职责和协作程序，建立完善监测、预防、报告、转介、处置等保护体系，形成政府负责、民政牵头、部门协作、社会参与的未成年人社会保护工作机制。

六是完善未成年人社会保护制度。分析梳理未成年人权益保护现状，提出完善法规政策、强化部门职责、推进社会协同的相关措施，构建法律法规和政策措施有效衔接的未成年人社会保护制度。

整体而言，我国儿童保护的社会保护机制亟待建立，而民政试点工作的开展，将加速推进我国未成年人社会保护制度建设，建立儿童身边的安全保护网。

（二）北京等地率先破解社区儿童保护难题

2013 年 8 月，北京市民政局下发通知，在 3 区县开展未成年人社会保护试点工作，成为继 5 月民政部公布在全国 20 个地区启动未成年人社会保护试点工作通知后的首试地区。试点工作旨在建立起"政府领导，民政牵头，部门负责，社会参与"的未成年社会保护工作机制，建立家庭、学校、社会和司法保护的联动衔接机制，建立监测、预防、发现、报告和干预机制。

北京试点主要在建立儿童保护机制、扩大保护对象范围、推进社区工作、鼓励社会力量参与等四个方面取得了进步。北京率先启动试点工作，重在搭建协调工作机制。今后，该市的社区服务中心、"社区青年汇"等机构和组织将为未成年人及其家庭提供临时照料、监护指导等服务。此外，在读未成年人出现辍学、失学、逃学，所在学校须通报其监护人和村（居）委会未成年人事务负责人，帮助未成年人返校复学。

此外，安徽蚌埠、湖北荆州、新疆阿克苏、江西万载等地，也在积极探索家庭、学校、社会和司法保护的联动机制。各地区均在整合社区、社会组织、社会工作专业人才、志愿者等力量和资源。

河北省石家庄市：要求将发现的弃婴、孤儿及时送到儿童福利机构；外来务工人员子女就地就近"零障碍"入学；严打利用残疾儿童或未成年人街头乞讨；医疗机构不得拒收流浪未成年危重病人。目前，石家庄市救助站生活着 30 多名流浪未成年人，患病的会被就近送到综合医院治疗，看病产生的费用由民政部门负责支付。

吉林省长春市：在 28 个乡镇和社区，开展困境未成年人社会保护试点工作，实行残疾儿童、重病儿童、流浪儿童等困境未成年人及其家庭生活救助制度；通过社区教育、送教上门等形式，对无法进入校园的重度肢体残疾、失明失聪等适龄儿童实施义务教育；外来务工人员子女实行就地就近"零障碍"入学；对困境未成年人家庭中有劳动能力的人员，进行免费职业技能培训，对有就业意愿、就业能力的妥善安排就业；设立未成年人急病、危病、重病患者，急性传染病患者和精神病患者救治定点医院，对流浪未成年人医疗救治，实行首诊负责制和先救治后结算机制。

安徽省蚌埠市：建立受伤害未成年人发现、报告和响应机制，配合、协调相关部门打击操纵、教唆、利用未成年人违法犯罪行为，对漠视、虐待、遗弃未成年人等事件进行调查核实，并为未成年人提供及时保护、心理疏导、法律援助等服务。同时，针对困境未成年人开展救助帮扶，落实义务教育、职业教育、就业服务、社会保障和扶贫开发等政策，面向社会开展未成年人权益保护服务等。积极解决街头未成年人流浪的社会问题，加大投入建立起占地 30 亩的流浪未成年人救助保护中心。

福建省厦门市：完善保护、救助未成年人的有关地方政策规定。厦门市积极改善救助条件，投资 200 万元兴建了一幢建筑面积为 1631 平方米的流浪乞讨未成年人救助管理综合楼。社会救助管理站共救助未成年人 163 名，有效保护了未成年人的权益。

山东省泰安市：2014 年，泰安市以市流浪儿童救助保护中心为基础，建立健全市级未成年人社会保护机构，具体承担全市未成年人社会保护工作。在乡（镇、街道）建立儿童服务中心（站）和救助保护咨询点，为有需求的未成年人及其家庭提供临时照料、心理疏导、监护指导、政策咨询、帮扶转介等服务。在社区（村）确定未成年人保护工作信息联络员，负责未成年人保护联络工作的事宜。

湖北省荆州市：在街道和乡镇建立一批"青童家园"社区未成年人服务中心，依托高校社会工作专业和基础良好的社区，发展民间儿童社会工作服务机构，引进专业社会工作服务。此外，依托荆州市未成年人社会保护中心和社区儿童服务中心，开展未成年人权益保护宣传。计划实施"大爱无疆"困境未成年人延伸救助计划，开展困境未成年人救助帮扶，积极开展流浪预防和跟踪回访延伸服务，帮助困境未成年人及其家庭落实义务教育、职业教育、就业服务、社会保障和扶贫帮扶等政策。自开展"流浪孩子回校园"活动以来，共救助和护送返校孩子 308 名。其中有 25 名未成年人在类家庭学习生活，有 3 名在特殊学校住宿，有 1 名在职业技能学校学习，已有 20 余名未成年人经过培训后走上了工作岗位。

湖南省常德市：按照顶层设计、全域布局、社会保护的路线，以首个困境儿童服务中心工作模式为蓝本，围绕困境儿童自身、家庭、学校、社区四个方面实施救助型、服务型、监督型、保护型的"四型"干预救助，积极拓展流浪未成年人救助保护内容，全面推进未成年人社会保护试点工作，探索建设未成年人社会保护体系。

广西壮族自治区桂林市：新建救助保护中心综合楼总建筑面积为3425平方米，可同时接纳120名流浪未成年人。大楼建设严格按照《流浪未成年人救助保护中心建设标准》，内设教室、餐厅、活动室、心理咨询室、技能培训室以及公寓式救助房等，集食宿、教育、医疗、康复、娱乐等功能为一体，达到自治区一流标准。迄今为4000多名流浪未成年人提供了必要的生活救助。

陕西省宝鸡市：在全市交通运输、园林环卫系统建立人员参与广、覆盖面大、渠道畅通、反应快速的流浪乞讨人员发现报告救助信息网络，努力做到早发现、早报告、早救助。开展"流浪孩子回校园"专项行动，要求通过开展返校复学、加强思想教育转化、完善控辍保学机制、细化关爱帮扶措施、加大源头防治力度等工作，推进专项行动深入开展，确保流浪未成年人接得回、留得下、入学顺、过得好，回归家庭、快乐成长。全市共救助流浪乞讨人员12373人次，其中救助未成年人728人次、救助危重和精神病人747人次、救助自主返乡10066人次、救助护送返乡2195人次，基本实现了城市街面无流浪未成年人的目标。

新疆维吾尔自治区阿克苏地区：重点围绕建立未成年人社区保护网络，加强家庭监护服务和监督，保护受伤害未成年人，开展困境未成年人救助帮扶，健全未成年人社会保护工作机制，完善未成年人社会保护制度等内容开展工作，以帮助困境未成年人及其家庭解决生活、监护、教育和发展等问题，探索未成年人社会保护体系建设，最大限度减少未成年人流浪乞讨和其他受侵害现象。阿克苏地区将预防困境儿童流浪、减少重复流浪现象作为救助保护工作的一个重要环节，积极探索开展困境儿童源头预防和回归帮扶工作，开展了困境未成年人职业技能培训、生活技能教育、跟踪回访、监护干预、心理疏导等服务和社区儿童小组活动，切实解决困境儿童的实际困难。

未成年人社会保护试点工作取得初步成效。具体表现在五个方面：

第一，延伸拓展救助保护对象。试点地区在总结流浪未成年人救助保护工作经验的基础上，将工作对象延伸到面临监护缺失或监护失当困境的未成年人。

《江苏省未成年人社会保护试点工作方案》明确要求试点地区在实施流浪乞讨未成年人保护的基础上，向失学辍学、留守流动、监护缺失等陷入或即将陷入困境的未成年人及其家庭提供延伸保护和源头保护。

北京、江苏苏州、江西万载、湖北荆州、四川仁寿、贵州凯里等地将因监护人服刑、重病、遗弃等原因实际无人监护的未成年人，因监护人经常性忽视、家庭暴力等得不到适当监护的未成年人，监护缺失的流动未成年人等困境未成年人及其家庭作为重点干预帮扶和救助保护对象。

第二，建立监护监督干预制度。试点地区以流浪未成年人家庭监护评估干预政策为基础，积极探索困境未成年人家庭监护监督干预工作。

北京、江西万载、湖北荆州、四川仁寿、贵州凯里等地组织动员基层政府、基层自治组织和社会力量对试点地区处于监护缺失状态或面临监护失当风险的困境未成年人进行排查摸底、登记建档和需求评估，并通过监护随访评估、家庭教育指导、履职能力培训、心理关爱疏导、临时替代照料、协助委托监护、社会救助帮扶、法律援助等措施，为困境未成年人提供干预支持服务，改善家庭生存发展能力，提高监护人教育抚育水平。

第三，形成部门联动工作机制。试点地区充分整合政府职能部门的专业资源和工作优势，构建部门联动协调的未成年人社会保护工作机制。

北京、江西万载县、湖北荆州市、四川仁寿县、贵州凯里市等地协调整合民政、公安、妇联、共青团等部门建立监测、预防、报告、转介、处置"五位一体"的联动反应机制，及时对监护人无力履行监护责任、故意不履行监护责任或侵害未成年人合法权益事件进行调查评估和干预处置，有效打击虐待、伤害未成年人或操纵、教唆、利用未成年人乞讨等违法犯罪行为。

同时，部分试点地区按照政府牵头、部门联动、户籍地政府负责的原则，整合社会救助、医疗保障、义务教育、扶贫帮困、青少年工作等制度资源和部门职能，建立困境未成年人社会保护分类帮扶和个案管理机制，落实困境未成年人救助帮扶政策和措施。

第四，构建社会保护网络体系。试点地区积极拓展延伸流浪未成年人救助保护机构工作职能和服务范围，探索构建纵向到底、社会参与的未成年人社会保护网络体系。

湖北荆州市、贵州凯里市等地将流浪未成年人救助保护机构拓展延伸为困境未成年人保护专职机构，面向社会开展未成年人权益保护服务，承担牵头建立未成年人保护工作机制、制定实施困境未成年人监护干预政策等职能。

江西万载县、湖北荆州市、四川仁寿县、贵州凯里市等地以救助保护机构为工作平台和服务载体，充分整合城乡社区服务资源，推动建立覆盖乡镇、村（居）的困境未成年人排查摸底和干预帮扶网络体系。

第五，引导动员社会力量参与。试点地区积极动员引导和鼓励支持社会各方面力量参与未成年人社会保护工作，增强未成年人社会保护工作的参与性、开放性，提高社会化水平。

北京、江苏苏州、江西万载、湖北荆州等地通过政府购买服务、动员自愿服务等方式，积极引导民办社工机构等社会组织及高校志愿者等社会力量，运用社会工作专业方法开展困境未成年人摸底排查、监护评估、监督干预和关爱帮扶等工作。

四 "婴儿安全岛"探索弃婴保护新措施

（一）28个省区市儿童福利院试点"安全岛"成效显著

弃婴是最弱小、最困难的群体，及时发现和妥善照顾弃婴，是政府和社会的共同责任。一直以来，我国婴儿被遗弃的原因主要是家庭无法承受昂贵的医疗费，无法承受重残重病儿童未来一系列特殊教育的高昂费用，家庭担心因病致贫。当家长发现婴儿患有残疾、疾病并无力或无望治愈时，可能会将孩子遗弃。根据我国法律规定，遗弃婴儿是违法行为，因此，这些家长往往选择将儿童遗弃在偏僻的地方，弃婴难以被人发现或得不到及时救助，导致疾病加重或因冻、热而死亡，很多弃婴被发现时已经死亡。弃婴问题，一方面，反映出我国儿童保障制度，特别是儿童大病救助制度的欠缺；另一方面，也反映出我国目前亟待建立起弃婴庇护救助措施。

在我国相关法律中不允许弃婴，如果发生弃婴行为，要依法追究法律责任。在没有设立"婴儿安全岛"之前，也有弃婴行为，基本上都是隐蔽性的行为，弃婴多发生于人迹稀少的背街胡同，等人们发现时，弃婴已奄奄一息，存活率很低。这类事件一经媒体曝光，立即成为社会关注的热点问题。虽然弃婴行为是违法的，但被遗弃的婴儿却是无辜的。婴儿安全岛的设立就是救助无辜婴儿的尝试，与打击弃婴行为并行不悖，也不存在纵容弃婴行为的意图。

"婴儿安全岛"是地方儿童福利机构保护弃婴生存权利的一次大胆创新与成功探索。在国外，为弃婴提供庇护的做法已较为普遍和成熟，为公众所接受，但"婴儿安全岛"在我国尚属新生事物。"婴儿安全岛"是地方儿童福利机构建立的收容被遗弃婴儿的保护设施，2011年6月由河北省石家庄市社会福利院设立，随后，越来越多地区建立弃婴接管模式，为完善弃婴发现、救助机制，切实保护弃婴合法权益做出了积极的努力。

"婴儿安全岛"的实施和流程，充分体现了以儿童权益为本的理念。"婴儿安全岛"内有婴儿保温箱和延时报警铃，保温箱可以为孩子提供适宜的温度、氧气，福利院工作人员会及时救治。同时，屋内设有延时报警铃，弃婴者离开前按下延时按键，大概5～10分钟之后，延时报警会通知门口的保安。工作人员发现婴儿后，会将其抱到业务科安置，然后向警方报案。在确定婴儿为弃婴后，工作人员会将婴儿转入医院治疗或直接转入儿童福利院内。在坚决反对弃婴现象的同时，也要保护弃婴的合法权益，婴儿安全岛在我国现有法律政策框架下，最大限度地保护了儿童权益。

目前，我国已有28个省区市儿童福利机构建立"婴儿安全岛"，弃婴的发现和救助工作快速推进。贵州省贵阳市儿童福利院于2013年12月设立"婴儿安全岛"，运行3个月，接收弃婴13名。黑龙江省哈尔滨市儿童福利院于2014年1月开放了"婴儿安全岛"。2014年1月，天津市儿童福利院的安全岛投入使用。2014年1月，江苏省南京市开放了"婴儿安全岛"。包括河北、天津、内蒙古、黑龙江、江苏、福建等10个省区市已建成25个"婴儿安全岛"并投入使用外，还有多个省区市正在积极筹建"婴儿安全岛"或婴儿观察救治中心。

表 3 - 3　开展"婴儿安全岛"建设情况一览表（截至 2014 年 5 月）①

地　　区	人口（万人）	人均GDP（元）	设立时间	状态	弃婴接收情况
天津	1413.15	101699	2014 年 1 月	开放	接收弃婴没有出现数量激增的现象，目前仍继续运营
河北石家庄	1276.37	42687	2011 年 6 月	开放	2011 年 6 月至 2012 年共接收弃婴 220 多名
内蒙古乌兰察布	212.94	39154	2013 年 4 月	开放	截至 2014 年 2 月接收 4 名弃婴
黑龙江哈尔滨	993.50	48341	2014 年 1 月	开放	—
黑龙江牡丹江	278.50	43452	2013 年 12 月	开放	—
黑龙江绥化	580.00	22340	2014 年 1 月	开放	—
江苏南京	816.10	98172	2013 年 12 月	开放	截至 2014 年 3 月 19 日接收弃婴近 140 名，几乎是往年一年的数量
福建厦门	367.00	82239	2014 年 1 月	开放	截至 3 月 17 日，共接收 70 多名弃婴
福建南平	263.00	42046	2013 年 12 月	开放	—
江西南昌	513.16	65010	年内	方案待定	
山东济南	695.00	75255	2014 年 6 月	在建	尚未投入使用
河南郑州	903.10	68673	拟 2014 年 8 月底	在建	
河南安阳	508.30	33130	2014 年 1 月	开放	3 月 24 日收到首名弃婴
湖北襄阳	555.14	50690	拟 2014 年 6 月 1 日前	在建	
广东广州	1275.00	58678	2014 年 1 月	暂停	截至 3 月 16 日共接收弃婴 262 名，存活率 91.22%
广东深圳	1054.74	137477	无时间表	在建	—
广东东莞	829.23	66206	年内	在建	—
广东佛山	726.18	96535	年内	在建	
四川成都	1417.78	64248	年内	拟建	

①　弃婴情况根据相关媒体报道整理。地区人口和人均 GDP 数据来源于宜居城市研究室，为当地县/市一级数据。其中，地区人口为 2012 年数据，人均 GDP 为 2013 年数据。

地　区	人口（万人）	人均GDP（元）	设立时间	状态	弃婴接收情况
贵州贵阳	445.17	45653	2013年12月	开放	截至2014年3月16日接收13名弃婴，均患中重度残疾或重病
陕西西安	846.78	42752	2013年11月	开放	截至2014年2月17日接收弃婴60余名
甘肃兰州	361.18	49195	拟2014年4月底	在建	—
甘肃庆阳	221.84	27790	拟2014年4月底	在建	—
甘肃武威	182.16	20926	拟2014年4月底	在建	—
新疆乌鲁木齐	335.00	71642	—	拟建	—

地方儿童福利院的创新探索，畅通了弃婴救助渠道，保护了弃婴生命权益。各地通过"婴儿安全岛"的创设与探索，为进一步完善我国弃婴保护救助工作提供了极大借鉴。

（二）广州暂停"安全岛"折射儿童福利制度困境

对于"婴儿安全岛"，社会各界一直存在着不同的意见，焦点在于此举是否鼓励家长遗弃婴儿。自从2011年6月1日河北省石家庄市社会福利院试点建立我国第一个"婴儿安全岛"以来，围绕"婴儿安全岛"的争议不断。2014年3月16日，广东省广州市福利院宣布暂停"婴儿安全岛"试点，进一步引发社会上关于"婴儿安全岛"何去何从的争论。

设立"婴儿安全岛"，不会变相鼓励家长遗弃婴儿，"婴儿安全岛"与弃婴量之间没有必然联系。石家庄市福利院设立"婴儿安全岛"后5个月里，收到弃婴75人，2009年和2010年同期为105人和83人，弃婴量是不升反降的；同样，天津福利院、贵阳福利院都有相似的情况。在美国，洛杉矶自2002年实施安全港法案后，非法弃婴量逐年下降，从5年前的每年13人降为2人。另外，"婴儿安全岛"可大大提高弃婴存活率。石家庄市福利院设置"婴儿安全岛"前，弃婴存活率不足50%，设置"婴儿安全岛"后，弃婴存活率上升至70%；德国汉堡2000年至2005年数据显示，被非法遗弃的婴儿存活率仅为25%，弃婴保护舱接收的22个弃婴存活率则为100%。由此可见，"婴儿安全岛"在保护儿童生命方面发挥着积极有效的作用。

表3-4 部分国家设立"婴儿安全岛"的经验

国家	形式	内容	备注
美国	安全港法案	安全弃婴：约50个州规定了安全弃婴。婴儿出生72小时内，父母可以把孩子匿名送到诸如消防队、医院、警察局、救援队等"避风港"	美国倡导安全弃婴，婴儿应放置在安全的场所，对非法弃婴予以严惩，以谋杀论罪
		非法弃婴：儿童存活，监护人判虐待儿童罪6年徒刑，杀死婴儿判谋杀罪15年至终身监禁	
意大利	弃婴轮盘	1198年，第一个弃婴轮盘在教会医院罗马萨西亚圣灵医院设立	意大利弃婴岛历史最久，历史上的婴儿摇篮曾多达2000个
	生命摇篮	母亲在医院产子后可选择要或不要孩子。如果选择不要，医院不会登记母亲的任何身份信息，也不需要孩子母亲签署任何文件，直接在婴儿出生资料上填写"不愿透露姓名女子的孩子"。每位弃养母亲产子后60天内可改变决定	相比之下，意大利对弃婴行为是最宽容的。母亲产子时即可选择是否遗弃，遗弃反悔后还可接回孩子
德国	弃婴保护舱	报警装置将直接通知院方或警方，专人会前来将婴儿带走	德国对此有很大争议，政府对弃婴箱设置尚无统一的法律规范
		母亲反悔后可在8周内联系医院DNA测试后接回弃婴，政府为其行为保密，不需承担法律责任	
日本	弃子台	二战后出现弃子台，设于东京都济生会中央病院	收留战争孤儿
	弃婴窗口	2007年日本南部熊本市慈惠医院"鹳之摇篮"弃婴箱，影响较大。弃婴收容费用由当地政府和国家共同负担	日本对弃婴行为争议颇大，电视上曾有大辩论。鹳之摇篮6年接收92名弃婴

民政部出台政策文件，在全国范围内大力推广"婴儿安全岛"模式。2013年7月，民政部办公厅印发了《关于转发中国儿童福利和收养中心开展"婴儿安全岛"试点工作方案的通知》（民办函〔2013〕234号），要求各省确定1～2个试点，由儿童福利机构设立"婴儿安全岛"。目前，全国范围内已有20余个"婴儿安全岛"投入使用。总体来看，"婴儿安全岛"的设立利大于弊，改善了婴儿被遗弃后的生存环境，提高了弃婴存活率，实现了"生命至上、儿童利益优先"的设立初衷。

广州市安全岛被迫暂停，一定程度上暴露出我国儿童福利制度的困境。2014年3月16日，广州市社会福利部门暂停了正在试点中的"婴儿安全岛"，原因是短时间内接收的弃婴数量超出福利院承受的极限。广州"婴儿安全岛"是全国第一个暂停工作的，自1月28日投入使用，在不到50天内，"婴儿安全岛"接收到262名弃婴，其中男婴148人、女婴114人，全部患有不同程度的疾病，占前三位的是脑瘫、唐氏综合征和先天性心脏病。弃婴行为背后的无奈之痛，也从侧面反映了我国社会公共救济、慈善救助以及法律制度等方面的不足和滞后。

"婴儿安全岛"的探索应该继续进行，现在的问题是配套太慢、普及太慢。要减轻广州的压力，应该加快推进"婴儿安全岛"，在周边城市建立更多的试点。"安全岛"的试点工作要坚持下去，必须全国一盘棋，区域步调一致，均衡推进。广州"婴儿安全岛"短期接受弃婴压力过大、不得不暂停"安全岛"工作，其原因较为特殊，一方面，广州交通发达、流动人口多，另一方面，现有"婴儿安全岛"试点还太少，分布不平衡，整个华南地区仅广州一地试点。其实在福建厦门、江苏南京等流动人口较多的地区，"安全岛"接收的弃婴也较多。而最早设立"婴儿安全岛"的石家庄福利院年接收弃婴人数并未出现大幅上涨，天津、河南安阳等地的"安全岛"也并未出现弃婴激增现象。内蒙古乌兰察布"婴儿安全岛"设立近一年仅接收4名弃婴。

（三）重病重残儿童救助保障制度亟待建立

缓解弃婴问题需要从源头上解决好病残儿童医疗和康复问题，具体措施可从以下几方面着手。

第一，各地儿童福利院都应建立"婴儿安全岛"。"安全岛"是人道主义措施，旨在保障儿童生命权。应该在全国各地儿童福利院加快普及"安全岛"，为弃婴建立最后的保护伞，这样也可以避免大量弃婴涌向广州、南京这样的大城市。

第二，调整儿童福利制度，完善儿童大病医保政策。弃婴现象屡禁不止，关键在于社会的解决和接纳机制尚存问题。在更多城市设立"婴儿安全岛"之前，当务之急应该完善儿童大病医保政策，提高实际报销比例，并优先将儿童大病纳入特殊病种门诊统筹和重大疾病住院统筹中。

第三，为重残儿童及其家庭建立津贴制度。目前，我国重残儿童缺乏津贴补助，政府应主动承担这部分群体的养育责任，应建立以困难程度为标准的重残儿童及家庭津贴制度。社会救济应覆盖到家庭，借此提高父母抚育孩子的能力，从而达到帮助儿童成长的目的，从根本上解决弃婴问题。

第四，鼓励慈善组织积极参与儿童救助。慈善组织在重病重残儿童救助方面拥有巨大的社会资源。政府可以采取采购服务的方式给予更多支持，帮助慈善组织建立重病重残儿童救助工作机制，让更多慈善组织参与到重病重残儿童救助与服务中来。

第四章
儿童营养改善与困境儿童津贴稳步发展

一 农村儿童营养改善计划全面推广

（一）卫生部门贫困地区儿童营养改善项目受益儿童达 40 万人

2012 年 10 月卫生部试点实施"贫困地区儿童营养改善项目"，截至 2013 年 12 月底，受益儿童数量已经达到 40 万人。2012 年优先选择 8 个贫困片区的 10 个省份的 100 个县作为试点，由中央财政提供项目经费 1 亿元。项目主要内容是向 6 个月到 2 岁的婴幼儿每天提供 1 包富含蛋白质、维生素和矿物质的营养包。同时开展儿童营养知识的宣传和健康教育，努力改善贫困地区儿童营养健康状况。为贯彻落实《中国儿童发展纲要（2011—2020 年）》和《中国农村扶贫开发纲要（2011—2020 年）》，改善贫困地区婴幼儿营养和健康状况，提高儿童家长科学喂养知识普及程度，2013 年，国家卫生计生委与全国妇联继续合作在集中连片特殊困难地区实施贫困地区儿童营养改善项目，并下发《2013 年贫困地区儿童营养改善项目方案》，项目范围已经扩大到 21 个省份的 300 个县，中央财政专项补助经费也增加到 3 亿元。

5 岁以下儿童的营养状况是衡量整个人群营养状况的最敏感指标，也是人口素质的基础。国际上通常将 5 岁以下儿童营养状况作为衡量一个国家经济社会发展的重要指标。有研究表明，从怀孕到 2 岁期间的母婴营养会影响人一生的健康。这一时期的营养不良给儿童带来的近期和远期危害是不可逆转、不可弥补的。近期危害主要是体格和智力发育迟缓，患病率和死亡率上升。远期危害主要是智力发育滞后，学习和工作能力下降，患心血管疾病、糖尿病、高血压等慢性疾病的风险增加。改善儿童营养和健康状况将直接关系到中国未来人口素质、经济社会发展进程和国际竞争实力。

我国儿童营养改善面临五大挑战，农村儿童营养问题突出。根据 2012 年卫生部发布的《中国 0～6 岁儿童营养发展报告（2012）》，我国儿童营养改善面临以下问题：一是儿童营养状况存在显著的城乡和地区差异，农村地区，特别是贫困地区农村儿童营养问题更为突出。农村地区儿童低体重率和生长迟缓率约为城市地区的 3 至 4 倍，而贫困地区农村又为一般农村的 2 倍。2010 年，贫困地区农村尚有 20% 的 5 岁以下儿童生长迟缓。二是农村地区儿童营养改善基础尚不稳定，呈现脆弱性，容易受到经济条件和突发事件的影响。三是 2 岁以下儿童贫血问题突出。2010 年，农村儿童贫血患病率 6 到 12 月龄高达 28.2%，13 至 24 月龄为 20.5%。四是流动、留守儿童营养状况亟待改善。2009 年农村留守儿童生长迟缓率和低体重率均显著高于非留守儿童，约为非留守儿童的 1.5 倍。五是超重和肥胖问题逐步显现，不仅城市地区儿童肥胖问题日益突出，农村地区也逐渐呈现。2010 年，城市和农村 5 岁以下儿童的超重和肥胖发生率分别为 8.5% 和 6.5%。同时卫生部也正在协调有关部门落实学龄前儿童营养与健康干预项目，争取尽快将其纳入重大专项，让农村地区的孩子，尤其是贫困地区的儿童尽快享受到这一政策。

2012 年的《哥本哈根共识》确定减少学龄前儿童营养不良是关系全球发展的重大问题，投资于学龄前儿童营养改善是成本效益最好的投资。2012 年 5 月 14 日公布的《哥本哈根共识》的专家组提出的排序第一位是降低 5 岁以下儿童慢性营养不良的综合干预；第二位是疟疾综合治疗补贴；第三位是儿童计划免疫覆盖；第四位是学龄儿童驱虫。解决营养问题特别是儿童营养问题的排序处于"共识"前列，且位置不断上升。《哥本哈根共识》由地处丹麦的哥本哈根共识中心公布，它自 2004 年起，每 4 年发布一次，旨在对世界发展中重大问题的解决提出投资的排序，为决策者和慈善家的投资指出优先方向，其排序具有较高的国际声誉。共识中心专家组由世界级著名的经济学家组成，8 人中至少有 3～5 人是诺贝尔奖获得者。

（二）农村学生营养改善计划受益学生扩大到 3300 万人

截至 2013 年 8 月底，"农村学生营养改善计划"覆盖 13.57 万所学校，受益学生近 3300 万人。全国有超过 1/3 的县实施了学生营养改善计划，超过 1/4 的农村义务教育学生享受营养补助政策。22 个试点省份的 699 个国家试点县（包括新疆兵团 19 个团场）9.59 万所学校提供免费午餐，受益学生 2243.21 万人。19 个省份的 529 个县开展了地方试点工作，覆盖学校 3.98 万所，受益学生 1002.01 万人。国家试点县累计支出营养膳食补助中央专项资金 175.40 亿元，占已下达资金的 61.1%。其中：中央专项资金使用率达到 70% 的省份有 3 个：西藏（80.6%）、河北（75.6%）、广西（72.4%）；中央专项资金使用率不足 50% 的省份有 5 个，分别是重庆（49.1%）、陕西（49%）、宁夏（46.4%）、吉林（44.8%）、黑龙江（31.7%）。

中国已经成为世界第四大实施学校供餐项目的国家。2013 年 11 月 14 日，中国学生营养与健康促进会、联合国世界粮食计划署（WFP）在京召开"学生营养改善与学校供餐研讨会"，邀请了包括国内外专家、有关部门、营养改善计划试点省（县）、社会公益组织、企业、新闻媒体在内的 160 余名代表，以"各国农村学校供餐情况"和"发挥各方力量改善学生营养状况"为议题，重点围绕农村学生营养改善工作的组织实施、供餐模式选择，以及如何结合食物供给特点与学生营养健康需求，有效开展学校供餐展开交流和探讨。会上联合国世界粮食计划署全球政策项目和创新司司长在致辞中指出，中国的学校供餐项目在短时间内就迅速铺开，通过三年时间，中国就已经成为世界第四大学校供餐项目实施国家，为中国最不发达地区的孩子们提供了优质的学校供餐服务，对其他地区和国家而言，都是非常难得的宝贵经验。另外，他还介绍了学校供餐的好处之一，可作为一种广泛的社会保障投资项目。一方面，开展学校供餐为家庭确保子女接受教育提供了支持，提升了人力资本；另一方面，学校供餐还有助于打破贫困、饥饿的恶性循环。从短期来看，学校供餐为学生家庭提供了直接资助。学校供餐项目通常是社会福利计划的一个重要组成部分，不仅存在于美国等许多发达国家，在一些中等收入国家也是如此。而在低收入国家，如何根据其财力和能力进行成本效益评估，成为他们所面临的一大挑战。此外，事实证明，学校供餐项目在困难的条件下相对更易于开展，特别是某些国家经济脆弱的时候，因为此时学校供餐往往是唯一可行的干预措施。自2008年经济危机以来，已有38个国家在这种情况下实施了学校供餐项目。不单是低收入国家，在经济衰退中遭受重创的欧洲国家也越来越关注学校供餐项目。最近两年，西班牙、葡萄牙和希腊已经加强了学校供餐项目，英国最近也宣布即将在本国实现学龄儿童全覆盖。

世界上很多国家都建立了校餐制度，通过国家立法的方式，来改善贫困儿童的营养水平。家庭贫困对于儿童的身心发育和学校教育会产生巨大影响，而学校供餐则是解决儿童贫困和营养问题、促进儿童心智发育以及提高入学率和学生保有率的重要手段。

1988年芬兰政府颁布的《基础教育法》中要求学校每天必须为学生提供"有组织、有监督、营养平衡的免费午餐"。芬兰政府为全体中小学生（包括高中）提供免费午餐，费用由中央财政和地方财政共同负担。芬兰免费午餐有三种形式，一是自办食堂，学校自聘员工；二是地方政府开设中央食堂，按时将所需食品送往各学校；三是政府委托私人公司为学校提供午餐。

在法国，学校午餐的收费标准灵活多样，根据家庭收入不同和用餐天数不同，学生的餐费也有所差别。2010～2011学年，巴黎市政府将学生的家庭收入从每月234欧元到每月2500欧元以上分为8个档次，学生每餐价格也据此分为8档，吃同样的饭菜，最高收费5欧元，最低仅为0.13欧元。阿尔萨斯市政府规定，学生可以预先按照每周用餐次数缴纳全年的费用，小学生最高收费标准是413欧元，中学生为429欧元，单独吃一餐的费用为10欧元。

英国早在1906年就颁布了《教育（供餐）法》允许地方教育部门向当地公立学校的贫困学生提供校餐，使那些贫困学生不因饥饿而辍学。1921年英国政府改革了《教育法》，规定地方教育部门可以向那些接受校餐的儿童家长收取费用，也可以向那些无力支付费用的家庭提供免费餐。1934年由农业部负责实施的"牛奶进校园计划"，政府每年资助50万英镑，使得瓶装奶的价格下降，有力保证了儿童的营养需求。第二次世界大战期间，英国政府迫于战争需要全面推广校餐。1944 年制定的《教育法》强制要求地方政府向中小学生提供校餐和校园奶。中央政府主动承担了供餐的全部运行费用，以及地方政府供餐 70% 以上的经常性支出。1940 年 5 月，在食品大臣洛德·伍尔顿主持下，英国政府启动了"廉价牛奶项目"，向在校儿童以"优惠的价格或免费"每天提供 1 品脱牛奶。

可以看出，政府在推动建立校餐制度中扮演着重要角色，各国不同时期的国情有差别，因此校餐制度也有差异。国际社会校餐制度的先行发展为我国学生营养餐制度的逐步完善提供了可以借鉴的范例。

与世界 90 多个实施学校供餐的国家相比，中国政府项目具有独特优势。2012 年 10 月，世界银行、联合国世界粮食计划署和儿童发展伙伴组织的联合考察组在实地考察广西都安县、青海乐都县农村学生营养改善计划实施情况后，便做出了这样的评价。在"免费午餐"的民间组织推动"国家农村学生营养计划"政策出台后，由政府组织实施项目的优势逐步展现出来，主要表现在：一是地方政府组织有序，教育、卫生和财政各部门分工明确。中央的政策与规章制度公示于每一所政策覆盖的学校，确保计划执行的规范性与统一性。二是政府出资雇用专职厨师与食堂工作人员，是有效的教育投资。学校教师没有因学校供餐而耗费太多的时间与精力，教学质量不受负面影响。三是寄宿制学生膳食补助水平已高于同等收入的发展中国家。综合"营养改善计划"与"贫困寄宿生生活补贴"两项政策，寄宿制小学生每日补助约合 1 美元，非寄宿制小学生补助标准约合 0.5 美元。中国农村非寄宿制小学生标准与同等收入水平的发展中国家相近，而寄宿制小学生的膳食补助标准已高于这些国家。四是寄宿制学校有利于学生获得公平的教育机会，也有利于营养改善。通过寄宿，可以更好地锁定受益人群，进行更好的设施配套，给予更好的补助政策，这也许是目前条件下最好的帮助处境最不利的学生的途径。五是寄宿制小学的营养改善效益更高。寄宿制小学拥有更好的营养改善配套设施，如厨房、厨具等，拥有更高的膳食补助。由学校食堂提供一日三餐，每餐平均成本 0.33 美元。由于小学生一周内均在学校用餐，基本可保证每日一餐中有肉，这种做法更具有营养价值与效益。国际经验证明，学校供餐中保证学生摄取适量肉类，对教育效果有积极影响。

二　困境儿童福利津贴制度基本建立

（一）孤儿津贴全面实施且发放标准逐步提高

2010 年，中国第一个由中央财政支持的孤儿福利制度确立。2010 年
11 月 16 日，国务院办公厅正式印发《关于加强孤儿保障工作的意见》（国
办发〔2010〕54 号），民政部与财政部也随之联合下发《关于发放孤儿基
本生活费的通知》（民办发〔2011〕13 号），孤儿基本生活费制度基本确
立，标志着中国社会福利大门已经打开。2010 年出台的《关于加强孤儿保
障工作的意见》，明确要求建立孤儿基本生活保障制度，各地要按照不低
于当地平均生活水平的原则，合理确定孤儿基本生活最低养育标准，并建
立自然增长机制。2014 年初，全国基本实现机构集中养育孤儿每人每月
1000 元、社会散居孤儿每人每月 600 元的最低养育标准（中国政府网，
2014）。

2010~2013 年中央财政共安排孤儿基本生活保障补助资金 97.3 亿元。
根据民政部、财政部官方数据和部分媒体信息推算，2010 至 2011 年，中
央财政下拨孤儿补助资金额度相同，均为 25.2 亿元，2012 年下拨 24.3 亿
元，2013 年下拨 22.6 亿元。各年度下拨专项资金与当年孤儿数见图 4 - 1。

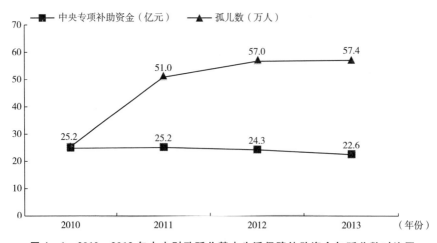

图 4 - 1　2010~2013 年中央财政孤儿基本生活保障补助资金与孤儿数对比图

孤儿基本生活费的发放有效促进了孤儿数据统计和福利保障工作。图4-1中使用的统计年鉴数据显示，2010年与2011年的孤儿数有很大差距，从25.2万人上升为51.0万人。据民政部消息，在发放2010年度孤儿基本生活费的过程中，各地对孤儿人数开展了新一轮统计。截至2010年底，全国共有失去父母、查找不到生父母的孤儿65.5万人，较2008年统计的71.2万人，减少了5.7万人（中国政府网，2011）。可以看出，各地在中央下达发放孤儿生活费的通知后，都加强了对孤儿数据的统计和儿童福利证的发放工作，对孤儿的保障进一步落实到人，从数据统计和制度层面给予了更有力的保障。针对一些地方的孤儿数据不够真实准确的情况，2013年，民政部办公厅发出《关于进一步做好孤儿数据统计工作的通知》（民办函〔2013〕166号），要求各地民政部门准确把握并严格执行孤儿认定标准，坚持做好孤儿数据的审核、审批工作，确保每名孤儿都能纳入保障并真实有效，严禁谎报、虚报。2013年7月，民政部组派6个检查组，分赴辽宁、江苏、江西、河南、湖北、湖南、广东、广西、四川、贵州、云南、甘肃12个省区，对中央财政2010～2012年下拨的孤儿基本生活费补助资金使用管理情况进行专项检查。检查的重点包括中央财政专项补助资金的使用、发放是否符合"专款专用"原则，是否存在虚报、截留、挪用等问题；地方各级财政安排配套资金是否到位，孤儿基本生活最低养育标准是否达标；孤儿医疗康复、教育、成年就业、住房等相关政策的落实情况；儿童福利机构的安全保障情况等。

孤儿基本生活费发放标准逐渐提高。2011年上半年，民政部、财政部就孤儿基本生活费提标工作进行了认真研讨，财政部下拨该年度孤儿基本生活费中央补助资金时，对东、中、西部地区孤儿的补助分别由2010年的月人均180元、270元、360元，提高到200元、300元、400元。提标幅度主要考虑了2010年中国城乡居民人均可支配收入增长情况和CPI增长情况。部分省市也不断调整和提高孤儿养育标准，目前基本达到集中供养孤儿不低于月人均1000元、散居孤儿不低于600元的标准。

2013年以来部分省市孤儿养育标准上调，最高标准达到每月2203元。河北、江西、山东、四川四省和内蒙古自治区满洲里市、江苏省苏州市、

浙江省宁波市、福建省厦门市、广东省深圳市和茂名市、广西壮族自治区
南宁市及云南省楚雄州大姚县六市一县分别对孤儿养育标准进行了上调，
散居孤儿月人均补助标准分别从 600 元上调到 650 元至 1344 元不等，
集中供养孤儿月人均补助标准分别从 1000 元上调到 1082 元至 2203 元不等，详
见图 4－2。

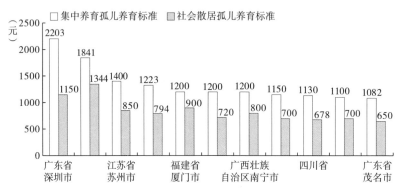

图 4－2　调整后的孤儿养育月人均标准示意图

深圳于 2014 年 1 月起对孤儿养育标准进行了第二次调整，标准增幅在
15% 左右。社会散居孤儿每人每月 1150 元（含低保金），福利机构集中养
育孤儿则不再一刀切给予同一标准，而是采取 0～1 岁的每人每月 1817 元，
1～3 岁的每人每月 1720 元，3～6 岁的每人每月 1712 元，6～14 岁的每人
每月 2048 元，14 岁以上每人每月 2203 元。孤儿最低养育标准包含伙食
费、服装被褥费、日常用品、教育和康复费（不包括儿童大病医疗救助费
和寄养家庭劳务费）。

内蒙古自治区满洲里市为落实自治区"8337"发展思路，进一步提高
孤儿基本生活养育标准，切实保障孤儿基本生活，体现党和政府对孤儿的
关怀，提升孤儿群体的幸福指数，从 2013 年 1 月 1 日起提高孤儿基本生活
养育标准。散居孤儿基本生活养育标准由原来每人每月 1200 元提高到
1344 元，提高幅度为 12%，提高标准为 144 元/月。集中供养孤儿基本生
活养育标准由原来每人每月 1500 元提高到 1841 元，提高幅度为 22.7%，
提高标准为 341 元/月。

由于地方财政困难，云南省楚雄州大姚县尚无一所儿童福利院，都靠

分散供养和敬老院供养，为解决孤残儿童生活难，全县先后四次提高孤儿定补标准，自 2013 年 1 月 1 日起，机构抚养孤儿基本生活养育标准提高为每人每月 1323 元，散居孤儿基本生活养育标准每人每月 794 元。标准分别提高了 323 元、194 元，全县 108 名孤儿从中受益。2013 年以来，全县共发放孤儿基本生活补助金为 86.79 万元。

随着孤儿保障工作的不断深入，对孤儿基本生活费专项资金的管理需求进一步加强，各地分别转发或出台政策要求加强孤儿基本生活费专项资金管理。其中安徽省颁布详细的社会救助资金绩效考核指标，对孤儿保障工作的目标任务、资金落实、实施效果、制度建设、规范管理五大类提出 16 项绩效考评指标，采用定性和定量相结合的方法，进行全面的综合考评，以确保项目效益。

（二）受艾滋病影响儿童津贴制度初步建立

2009 年民政部下发的《关于进一步加强受艾滋病影响儿童福利保障工作的意见》（民发〔2009〕26 号），对三类受艾滋病影响儿童（包括艾滋病致孤儿童、父母一方感染艾滋病或因艾滋病死亡的儿童、携带艾滋病病毒或感染艾滋病的儿童）的基本生活保障标准均提出明确的意见。由于配套资金来源未明确，中央财政没有补助资金，各省级、市级财政难以落实资金。

2010 年《国务院办公厅关于加强孤儿保障工作的意见》（国办发〔2010〕54 号）和 2012 年民政部会同财政部制定的《关于发放艾滋病病毒感染儿童基本生活费的通知》（民发〔2012〕179 号），中央财政配套对艾滋病致孤儿童和携带艾滋病病毒或患有艾滋病的儿童这两类儿童进行了明确的经费保障，艾滋病致孤儿童全部参照孤儿标准进行了补贴。2013 年，有 15 个地区颁布了艾滋病病毒感染儿童基本生活费相关的政策，其中 14 个地区出台了相关基本生活费的标准（福建省在 2012 年出台相应标准），北京地区虽未颁布相关规定，但在实际管理过程中对艾滋病患病儿童参照机构内孤儿养育标准执行。对艾滋病病毒感染儿童发放基本生活费的地区中，北京、天津、上海的津贴标准位居前三（见表 4-1）。

表 4 - 1 各地区艾滋病病毒感染儿童津贴发放标准

地 区	艾滋病病毒感染儿童津贴标准（元）
北 京	1600
天 津	1560
上 海	1400
青 海	1000
内 蒙 古	900
浙江宁波	860
陕 西	800
吉 林	700
福 建	600
江 西	机构养育：1100；亲属养育：700
河 南	机构养育：1000；亲属养育：600
四 川	机构养育：1000；亲属养育：600
贵 州	机构养育：1000；亲属养育：600
安 徽	参照孤儿基本生活费
辽 宁	参照孤儿基本生活费
海 南	参照孤儿基本生活费
广 东	参照孤儿基本生活费

为了保护受艾滋病感染儿童及其家庭的隐私，并实现生活费发放的动态管理，部分省区市提出要加强信息管理制度建设。

内蒙古自治区要求县级人民政府民政部门建立完善的感染儿童档案（含感染儿童及监护人基本情况、基本生活费领取使用情况等），做到一人一档，信息完整，有据可查。同时，要将感染儿童基本生活费的审批、发放工作与儿童福利信息系统建设结合起来，建立感染儿童电子档案，录入孤残儿童信息系统。

四川省提出建立艾滋病病毒感染儿童健康档案，开展对感染儿童及其父母的医学随访和健康体检，将符合艾滋病抗病毒治疗条件的儿童及其父母纳入艾滋病抗病毒治疗和管理的范围。

上海市规定艾滋病病毒感染儿童基本生活费的受理、审核、审批程序直接由区县民政部门负责，确定专人保管相关信息。通过规范的程序，对受艾滋病病毒感染儿童的信息保密采取了可操作化的措施，并对信息受理和停发的信息录入时间做了明确规定，实现动态管理。为实现动态管理，上海市还规定受理、停发等必须在申请人提出申请后的 5 个工作日内录入和更新儿童福利信息管理系统的信息。

上述情况表明，多数地方对艾滋病致孤及感染艾滋病毒这两类受艾滋病影响儿童发放了津贴，但对"父母一方感染艾滋病或因艾滋病死亡的儿童"，目前仅有河南、广西两地实行专项补助政策，而其余地方则将此类儿童纳入了城市低保或农村五保救助范围。

从 2004 年开始，河南省对受艾滋病影响儿童进行制度性生活救助。从 2012 年 10 月 1 日起，河南省将艾滋病患者生活定量补助标准由每人每月 20 元提高到每人每月 200 元，所需资金由省财政负担 80%，市县财政负担 20%。艾滋病患者生活定量补助不计入家庭收入，不影响患者本人及家庭成员按照规定应予享受的城乡低保待遇。截至 2012 年年底，37205 名艾滋病患者在纳入低保的基础上，每人每月发放定量补助；全省已有艾滋病患者的家庭成员 12.6 万人享受到低保；全省 3944 名艾滋病致孤儿童全部纳入孤儿保障范围，享受散居孤儿最低每人每月 600 元、机构养育孤儿最低每人每月 1000 元的养育标准；6239 名因艾滋病导致的单亲家庭未成年子女每人每月享受 200 元的生活救助。

云南自 2011 年起将艾滋病致孤儿童（由于患艾滋病而失去父母一方或双亲的 14 岁以下儿童，含已感染和未感染艾滋病病毒的儿童）100% 纳入了云南孤儿保障制度。艾滋病致孤儿童救助主要采用家庭寄养、学校半集中供养，以及家庭分散寄养和模拟家庭的集中救助等模式。其中，家庭寄养每月补助 600 元，机构供养每月补助 1000 元。此外，云南省政府安排专项资金，为艾滋病致孤儿童每人每月分别发放 120 元和 150 元的生活补助和营养补助，对沿边定居受艾滋病影响的儿童和艾滋病致孤儿童每户每年发放 1000 元的补助。

（三）困境儿童津贴范围呈扩大之势

民政部积极争取将事实无人抚养的儿童纳入国家保障范围。2013 年 12 月 5 日在国务院新闻办举行的新闻发布会上，民政部强调在对我国儿童实行分类救助保护制度的基础上，积极争取将事实无人抚养儿童纳入保障。据介绍，事实无人抚养的儿童主要是指父母一方死亡，另一方放弃了监护责任，即俗话说的"爹死娘嫁人"的儿童，或者父母一方服刑，另一方离异，放弃对儿童的监护责任等情况。在学术上这部分人被称为"亚孤儿"，他们也生活在困境中。在 2011 年，民政部下发了《关于开展事实无人抚养儿童数据统计的通知》（民福善字［2011］48 号），其中的数据统计标准对事实无人抚养儿童的范围进行了界定。事实无人抚养儿童包括三种情况：一是父母失踪或弃养，即父母不提供抚养费，且不照料儿童两年以上，查找联系不到；二是父母服刑，即父母为服刑人员，刑期在两年以上，目前至少还有一年刑期；三是父母重度残疾，即父母持残疾人证，为 2 级以上重度残疾患者。2014 年 3 月全国"两会"上，民政部副部长窦玉沛在接受记者采访时指出，根据民政部一项抽样统计，全国除了 57 万孤儿，还有 60 多万事实上无人抚养的"亚孤儿"，下一步将积极争取逐步将这些孩子纳入保障体系。

北京、安徽、江苏、浙江、宁夏、青岛等地分别将其他困境儿童纳入津贴保障范围。为解决补缺型儿童福利制度的不足，已有部分地区采取措施积极推进适度普惠型儿童福利制度，探索建立重残儿童、患病儿童津贴，将除孤儿、艾滋病病毒感染儿童之外的其他困境儿童纳入保障范围。

北京市《关于发放孤儿基本生活费有关事项的通知》对孤儿基本生活费的发放范围进行了明确和拓展，包括：（1）具有北京市户籍，未满 18 周岁，失去父母、查找不到生父母的未成年人。（2）具有北京市户籍，未满 18 周岁，父母双方同时出现死亡、失踪、服刑、重度残疾等任意一种情况的未成年人，视同孤儿。

浙江省印发《探索建立普惠型儿童福利制度"先行先试"试点实施方案》，在试点地区海宁市建立重度残疾儿童、大病儿童医疗康复补贴制度，参照社会福利机构内养育孤儿基本生活标准发放生活补贴，另加每月 30 元营养费，对困境儿童家庭每月发放 100～150 元补贴。

山东省 2011 年印发的《山东省人民政府办公厅关于加强孤儿保障工作的意见》中，就将因父母重度残疾或服刑等事实上无人抚养的儿童纳入孤儿范畴。2013 年山东省财政安排孤儿基本生活保障补助资金 1.04 亿元，除保障 1.5 万名机构养育和社会散居孤儿基本生活外，还将 3100 多名父母重度残疾或服刑、携带或感染艾滋病病毒儿童等三类事实无人抚养儿童纳入保障范围。

广东省汕头市向全市 650 名形同孤儿但不能认定为孤儿的困境儿童（父母一方死亡，另一方失踪；父母双残或重病等），每月发放 300 元生活补助，先行 3 年。目前汕头市公益基金会已募集善款约为 384 万元，将用于资助这 650 名困境儿童。此次的救助对象均在 18 周岁以内，这些儿童主要集中于汕头潮南、潮阳两区。其中潮南区 302 人，潮阳区 203 人。首次补助款发放从 2013 年 10 月算起至 12 月，每个救助对象可领取 900 元。2014 年起每人每月可领取补助款 300 元。每人均设有银行卡，每月补助款将以银行汇款的方式打入其卡中。

2010 年 11 月 15 日，宁夏回族自治区政府办公厅印发《关于建立全区孤儿养育津贴制度的通知》，孤儿养育津贴制度自 2011 年 1 月 1 日起实施。《通知》明确，孤儿养育津贴的发放范围包括社会散居孤儿和儿童福利机构供养的孤儿，其中社会散居孤儿指父母双亡的孤儿和事实无人抚养的孤儿。发放标准为：父母双亡的孤儿养育津贴发放标准为每人每月 700 元，事实无人抚养的孤儿养育津贴为每人每月 500 元，儿童福利机构供养的孤儿养育津贴为每人每月 1000 元。社会散居孤儿养育津贴一律采用银行卡形式发放，儿童福利机构孤儿养育津贴采取财政拨入机构账户，由机构统筹安排孤儿养育的方式。孤儿养育津贴所需资金由中央和自治区、市、县（市、区）财政统筹解决，专户管理，专款专用，事实无人抚养孤儿养育津贴资金不再从低保资金中支出。

江苏省昆山市对重残儿童按低保标准的 100% 发放生活津贴。同时对重残儿童在基本医疗保险支付以外的自付部分康复费用进行补助，2013 年用于重残儿童康复训练的补助费用达 205.8 万元，104 名重残儿童受惠。对于患有重症尿毒症等 13 类重症疾病的儿童，家庭困难的生活上按低保标准（2013 年为 660 元/月）的 120% 发放生活补助，同时在实施参保儿童保费补助的基础上，实行医疗费用实时救助、年度救助的阶梯式医疗救助，救助额度不设上限。另外突破原来医疗费用报销目录，对目录外的自费住院医疗费用，进行适度补助，为重病儿童的治疗康复保驾护航。对于父母重残、患重病的家庭，生活收入无来源的，其家庭成员包括儿童都按最低生活保障标准（2013 年为 660 元/月）的 120% 发放生活补助。对于父母双方服刑在押的以及父母一方死亡另一方因其他情况无法履行抚养义务和监护职责的儿童，纳入孤儿保障体系，按孤儿生活保障标准发放生活费。

孤儿基本生活保障制度需要进一步扩展。我国孤儿生活保障制度作为第一项由中央财政支持的儿童福利津贴制度已经建立起来。然而，孤儿生活保障制度在操作中由于严格的认定标准和条件，将部分儿童排除在制度保障范围之外。一是对孤儿资格的认定过严，"孤儿是指失去父母、查找不到生父母的未满 18 周岁的未成年人，由地方县级以上民政部门依据有关规定和条件认定"，这样就使得事实无人抚养的儿童即事实孤儿（如父母服刑、爹死娘嫁人）等急需救助的儿童被排除在外；二是对发放程序的规定很苛刻，"社会散居孤儿申请孤儿基本生活费，由孤儿监护人向孤儿户籍所在地的街道办事处或乡（镇）人民政府提出申请，申请时应出具孤儿父母死亡证明或人民法院宣告孤儿父母死亡或失踪的证明"。根据我国《民法通则》第二十三条规定的宣告死亡的条件，法院受理利害关系人的申请后，最长需要五年时间才能宣告死亡，这样高的门槛势必使孤儿认定成了难为之事。

我国孤儿认定条件过于严格，不利于对孤儿的保护和救助。《国务院办公厅关于加强孤儿保障工作的意见》（2010）中规定，孤儿是指失去父母、查找不到生父母的未满 18 周岁的未成年人，由地方县级以上民政部门依据有关规定和条件认定。对于如何审核认定孤儿身份，《民政部财政部关于发放孤儿基本生活费的通知》（2010）中规定，申请人要出具孤儿父母死亡证明或人民法院宣告孤儿父母死亡或者失踪证明。各地根据中央规定，对于孤儿认定和津贴发放又有各自的细则。以河南省为例，《河南省民政厅关于做好孤儿身份核查及登记管理工作的通知》（2011）中关于孤儿的认定条件为"具有河南省城乡常住户口，丧失父母的未满 18 周岁的未成年人、查找不到生父母的弃婴和未满 18 周岁的未成年人，或父母双方一方死亡另一方查找不到的未满 18 周岁的未成年人。其中，'丧失父母的未满 18 周岁的未成年人'指父母双方均已死亡或均被宣告死亡的未满 18 周岁的未成年人；'查找不到生父母的弃婴'认定参照《中国公民收养子女登记办法》有关规定办理；'查找不到生父母的未满 18 周岁的未成年人'指生父母被宣告失踪的未满 18 周岁的未成年人；'父母双方一方死亡查找不到另一方的未满 18 周岁的未成年人'指父母双方一方死亡或被宣告死亡、另一方被宣告失踪的未满 18 周岁的未成年人"。

表 4 - 2　世界部分国家孤儿人口情况统计表（2008 年）

国家和地区	各种原因致孤儿童估计值		总儿童数（18 岁以下）	总人口数	人均国民总收入
	万人	百分比（%）	万人	万人	美元
全世界	15300	7	221819	673415	8579
非　　洲					
尼日利亚	1200	16	7452	15121	1160
南　　非	340	19	1829	4966	5820
肯尼亚	260	14	1918	3876	770
北美洲					
美　　国	210	3	7703	31166	47580
加拿大	5	1	691	3325	41730
拉丁美洲和加勒比地区					
墨西哥	150	4	3783	10855	9980
秘　　鲁	55	5	1061	2883	3990
亚　　洲					
印　　度	3100	7	44696	118141	1070
日　　本	<0.1	<0.1	2076	12729	38210
菲律宾	190	5	3679	9035	1890
韩　　国	36	3	1037	4815	21530
大洋洲					
澳大利亚	8	2	490	2107	40350
新西兰	4	3	107	423	27940
欧　　洲					
德　　国	38	3	1391	8226	42440
法　　国	<0.1	<0.1	1366	6204	42250
英　　国	49	4	1312	6123	45390
乌克兰	80	10	821	4599	3210

数据来源：《2010 年中国统计摘要》。

根据联合国儿童基金会《世界儿童状况》（2009）报告中的统计标准，致孤儿童包括因任何原因失去双亲或单亲的 0～17 岁儿童。根据现有统计数据，孤儿占儿童人口总数的平均水平为 7%，而我国孤儿覆盖范围占儿童人口比例不到 0.2%。总体而言，世界各国对孤儿和事实无人抚养儿童都采取了一定的保护措施，在缺少普惠制儿童福利的国家，对孤儿和事实无人抚养儿童有特殊规定，在执行普惠制儿童福利的国家，对孤儿和事实无人抚养儿童有增量支持（如英国的监护人津贴）。①美国将单孤儿童也纳入孤儿保障范围，但补贴标准为双孤儿童的 40%，其孤儿覆盖范围达到儿童总数的 3%。英国对事实无人抚养儿童的定义包括：双亲死亡；父母一方死亡，另外一方找不到；父母离异，一方死亡，另外一方不承担抚养责任；父母未婚，母亲死亡，不知道父亲是谁；父母一方死亡，另外一方在监狱服刑两年以上，仍在服刑；父母一方死亡，另外一方长期住院（如根据法庭命令入精神病院），对这种类型的家庭在儿童津贴的基础上，增加了监护人津贴费用。日本的特殊儿童抚养津贴覆盖范围则更为广泛，包括：（1）父母离婚或婚姻解体，（2）父亲死亡，（3）父亲残疾，（4）不知道父亲在哪里，（5）父亲入狱超过一年，（6）被父亲遗弃超过一年，（7）母亲非婚生儿童，（8）原因不明被父母遗弃的儿童；此外，还有以下情况：（1）父母解除婚姻的儿童，（2）母亲死亡的儿童，（3）母亲处于一定残疾状态的儿童，（4）母亲生死不明的儿童，（5）其他（母亲遗弃一年以上的儿童、母亲被拘禁一年以上的儿童等）。

扩大孤儿生活保障津贴发放范围，让更多的困境儿童受益是保护有特殊需要儿童利益的当务之急。孤儿救助对象的条件和核定过于严苛，根本上限制了国家对困境儿童的救助力度。现实中，孤儿人口数逐年增长，儿童伤害类事件频发，各类困境儿童需求亟待满足，然而国家财政补助资金的数额却逐年减少。现阶段我国困境儿童有数百万之多，其中，以孤儿和重度残疾儿童为主，也包括长期服刑或强制戒毒人员的未成年子女。现有儿童保障政策救助对象以孤残儿童为主，受救助对象范围和救助内容的限制，使得有很多需要救助的困境儿童被排除在外。

---

① 尚晓援：《事实无人抚养儿童基本生活保障制度研究》，2011 年 12 月。

三　重病重残儿童康复补贴政策逐步完善

（一）地方探索建立大病儿童津贴制度

儿童大病医疗保障逐步提高，但患病儿童生活与营养津贴匮乏。尽管随着我国城居保和新农合等基本医疗保障制度的建立，我国儿童大病医疗保障进一步提高。但由于治疗费用高、报销流程长、报销仅限于医疗范围尤其是医保目录范围内，很多大病儿童家庭为了给患儿看病都捉襟见肘，更没有能力为儿童提供营养，对儿童的基本生活和术后康复造成了很大的影响。一些经济条件好的省市，如浙江省则通过对重残儿童、大病儿童发放生活补贴和营养费的方式减轻家庭负担。

2013 年，民政部试点建设适度普惠型儿童福利制度，对重病儿童和残疾儿童的福利政策有了明确规定。在试点地区如浙江省，建立了重度残疾儿童、大病儿童医疗康复补贴制度，参照机构内养育孤儿基本生活养育标准发放生活补贴，同时每人每月另加 30 元营养费。其他地区也不断完善大病儿童津贴制度，有效缓解患儿家庭因病致贫的困境。

浙江省江山市给重残儿童、重病儿童每人每月发放 30 元的医疗包干费，对重残儿童的家庭、履行社会散居孤儿监护责任的家庭，每月每人发放 100 元的护理、监护补贴。同时，对于依法收养儿童福利机构内养育的重残儿童家庭，每人每月发放 150 元补助。

浙江省海宁市对于重残儿童，按低保家庭儿童基本生活费标准的50% 给予福利补贴；对于年度住院费用超过 5 万元导致家庭经济困难的大病儿童，其医疗费用扣除各类保险后给予 60% 以上医疗救助；对于有康复需求的儿童，市儿童福利院、残联、培智学校等机构为他们提供康复服务。

（二）残疾儿童筛查康复措施得到加强

我国 0～6 岁残疾儿童 167.8 万人，早期康复工作机制初步建立。2013年 10 月，中国残疾人联合会印发《0－6 岁儿童残疾筛查工作规范（试行）》。方案提出，残疾给儿童及其家庭和社会带来沉重的经济和精神负担，儿童残疾已成为各级政府、有关部门和全社会面临的问题和挑战。长期以来，党和政府高度重视预防出生缺陷和减少儿童残疾工作，通过加强三级预防策略及相关的医疗、康复干预，预防和减少了残疾的发生，减轻了残疾的严重程度。儿童期是人身心发展的关键期。通过进行早期康复，多数儿童可以重建生活自理、学习以及社会交往的正常能力，康复效果显著。但是，我国残疾儿童早期筛查、早期诊断、早期干预的工作机制尚未有效建立，大多数残疾儿童不能在发现残疾后的第一时间接受康复训练，贻误了早期康复训练的最佳时机。根据 2008 年修订的《残疾人保障法》关于"建立健全出生缺陷预防和早期发现、早期治疗机制"的规定，为加强三级预防工作，建立早期筛查、治疗和康复的工作机制，中国残联和国家卫生计生委委托中国疾病预防控制中心、妇幼保健中心组织相关专家制定了《0 - 6 岁儿童残疾筛查工作规范（试行）》，作为 0～6 岁儿童残疾筛查工作管理人员、专业技术人员的工作手册。《规范》内容包括适用范围、相关部门和机构职责、0～6 岁儿童残疾筛查范畴（视力、听力、肢体、智力和孤独症五类）、评估和早期干预路径、工作要求、转介和信息管理等，并附以五类残疾儿童筛查技术规范。《规范》推进儿童残疾早期筛查工作机制的建立，将 0～6 岁儿童残疾早期筛查、转介、早期干预纳入基层卫生服务内容，在儿童健康检查中规范开展儿童残疾筛查，推动卫生妇幼保健网络和残疾儿童康复服务网络的对接，标志着将在全国范围内建立残疾儿童早筛查、早干预、早治疗、早康复工作机制，是儿童残疾预防和康复领域的重大突破。

中国残联实施《0 - 6 岁贫困残疾儿童康复救助项目》以来，有 21.5 万名残疾儿童得到帮助。2010 年以来，实施贫困聋儿人工耳蜗、助听器抢救性康复项目，资助 5970 名聋儿免费植入人工耳蜗，资助 13500 名聋儿免费配戴助听器；实施救助项目资助 9.9 万名脑瘫儿童进行机构康复训练，资助 1.5 万名贫困肢体残疾儿童实施矫治手术；实施救助项目资助 8.2 万名智力残疾儿童进行机构康复训练，同时培训儿童家长。

北京等地出台康复补贴办法，保障了残疾儿童的康复权利，并解决了他们在康复中的特殊困难，促进残疾儿童平等地接受教育和实现就业。

《北京市残疾儿童少年康复补助办法》（2011 年修订），规定具有北京市户籍、年龄不满 16 周岁、持有残疾人证的残疾儿童少年，在康复服务定点机构接受康复训练与服务，配发辅助器具，均可享受康复补助。《办法》扩大了原有补助体系的适用年龄范围，提高了补助标准。其中，年龄从 7 周岁扩大到 16 周岁以下。补助标准在原来每人每年 1000 元的基础上上调，确保每人每月 500 元保障水平，对超出部分再按比例给予补助。具体的补助规定为：残疾儿童少年接受康复训练与服务，每月康复费用不足（含）500 元的，按照实际发生费用给予补助；每月康复费用超过 500 元的，在社区卫生服务机构接受康复服务，其超出部分按照实际发生费用的 70% 给予补助；在康复服务指定机构接受康复服务的，其超出部分按照实际发生费用的 50% 给予补助。每人每月补助总金额：视力残疾儿童少年最高不超过 500 元，肢体、智力、听力言语残疾儿童少年最高不超过 1500 元，精神、多重残疾儿童少年最高不超过 2000 元。享受最低生活保障及城市重残人生活补助家庭的贫困残疾儿童少年，还可免费在康复救助定点机构接受康复训练与服务。同时，新修订的《办法》将经费结算周期由一年缩短为半年。

陕西省制定残疾儿童生活津贴制度，保障残疾儿童基本生活。陕西省从 2014 年 1 月 1 日起，一、二、三级残疾儿童每人每月将获得 100 元生活补贴。统计数据显示，截至 2013 年的 9 月 30 日，该省办理一、二、三级证件的残疾儿童有 2.1 万多名。补充通知规定，凡持有陕西省户籍且持有第二代《中华人民共和国残疾人证》，残疾等级为一、二、三级的 18 周岁以下（不含 18 周岁）生活困难的残疾儿童，生活补贴按每人每月 100 元的标准发放，对于已享受残疾人生活补贴的残疾儿童补贴标准由每人每月 50 元提高至 100 元；残疾人（含残疾儿童）生活补贴的补贴人数与陕西省残疾人人口基础数据库相衔接，享受下一年度生活补贴的残疾人为当年 9 月 30 日前已办理《中华人民共和国残疾人证》的残疾人；残疾儿童生活补贴所需资金由各级财政预算安排，省和市、县（市、区）财政按人均每月 100 元各负担 50%。

借鉴国际经验，扩大儿童养育津贴制度范围和额度。根据国际经验，儿童福利一般包括现金给付和服务支持两种形式。现金给付是普遍形式，不但种类繁多，水准也相当高，而且各国各有侧重，给付项目也不尽相同。不过，"儿童津贴"在大多数国家都有，它不仅是当今世界最为普遍的儿童福利措施，其水准也在一定程度上反映了各国的儿童福利状况。英国的儿童津贴主要包括儿童福利金、家庭津贴、监护人津贴、法定怀孕雇员工资、单亲津贴等。日本的给付项目主要有儿童扶养津贴、育儿津贴，其中育儿津贴是指儿童出生后一年内，父母可领取每月2000日元的津贴。法国的现金给付种类包括育儿津贴、婴幼儿津贴、遗儿津贴、单亲津贴、特别教育津贴（对象仅为未满20岁的残疾儿童）、特别抚养津贴、新学年津贴（6~16岁的所有儿童）和在宅儿童保育津贴等。瑞典的儿童抚养津贴针对婴幼儿家庭，津贴额相当于一般儿童标准生活费用的一半左右；住宅津贴主要是根据儿童数量、所得水准和该地区市场价格决定给付额度。美国的给付项目有抚养儿童家庭援助、住宅津贴。在加拿大，若小孩的父母均工作，又不能付日托全费，可以申请日托津贴。我国目前仅对孤儿、两类受艾滋病影响儿童给予了现金补助，给予其他困境儿童的补助刚开始试点探索。参照国际经验，未来应在儿童养育津贴上不断扩大项目种类、提高补助额度，响应我国计划生育政策调整，通过儿童福利津贴制度的不断建立和完善，转变家庭养育子女意愿与理念，帮助儿童更好地成长。

第五章
儿童福利机构与服务走向规范

一 儿童福利机构加强基础设施建设和标准化服务

儿童福利机构基础设施及服务逐步走向标准化、精细化的道路。儿童福利机构标准化是在儿童服务提供及管理过程中，对现实的或潜在的服务和管理问题，制定共同、可重复使用的规则，通过标准化的运用，达到儿童福利机构服务质量目标化、服务方式规范化、服务过程程序化，从而使儿童获得优质的服务。民政部、国家发改委发布的《儿童福利机构设施建设指导意见（试行）》（民发〔2007〕76号）对儿童福利机构的设施建设提出标准化建设的要求；地方上儿童福利服务质量规范也相继出台，对儿童福利服务提出规范化管理和标准化评估要求。儿童福利机构和服务的标准化，意味着儿童福利服务从探索阶段走向了推广阶段。各地的有益经验经过系统化加工，逐渐形成可操作的模式，有望向全国范围推广。

（一）儿童福利机构基础设施建设加快步伐

民政部提出"2015年前人口50万的县每县将有一所儿童福利机构"的目标。2013年，民政部对全国个人和民办机构收留孤儿的情况进行了全国大排查。排查结果显示，全国现有"孤儿"57万名。截至2013年3月，民政部门儿童福利机构养育10.9万名，全国共有收留孤儿弃婴的个人和民办机构878家，共收留孤儿弃婴9394名，得到民政部门监管并领取最低生活保障或孤儿基本生活费的4654人，约占总数的49.5%。民政部部长李立国表示，"十二五"期间，全国500多个人口超过50万的县，每个县都会建起一所独立的儿童福利机构，将基本能满足目前弃婴现象造成的儿童救助。民政部和国家发改委已经确定在 2014 年人口比较多的县要做出投资安排。从 2013 年开始，国家将既利用中央基础建设预算投资，又继续利用彩票公益金，加快儿童福利机构的基础设施建设。

1. 《儿童福利设施建设规划二期》已编制

2013 年 12 月，国家发改委和民政部共同编制了《儿童福利设施建设规划二期》（以下简称《规划》），根据各地经济发展水平、人口规模、孤儿数量、儿童福利设施状况和相关工作情况，以及有关政策等因素综合平衡，分省匡算，分年确定各省中央投资额度和支持项目数量。要求各地按照《规划》要求，以及中央预算内投资管理和建设程序要求，认真做好项目储备及前期准备工作，加强对《规划》实施的监督检查，确保建设质量，提高资金使用效益，适时开展评估工作。目标是在中央和地方的共同努力下，利用 3～5 年时间，初步建成布局合理、功能完备、管理规范的基层儿童福利设施网络，确保孤儿得到妥善安置和良好抚育。

2. 地方福利机构推进基础设施建设

地方儿童福利机构建设取得新进展，推动儿童福利机构的基础设施建设，为儿童福利服务提供基础条件。部分地区儿童福利机构建设不仅在机构数量上取得新的进展，机构基础设施建设也取得了长足进步。

截至 2013 年 1 月，陕西省 11 个市（区）和 5 个县均设有儿童福利机构，全省共有儿童福利机构 16 家。过去因为经费和福利机构建设不足，也出现过一些民办收养所，但是按照国家规定，不允许个人兴办儿童福利机构，如果要办，必须征得当地民政部门同意，与民政部门共同建设。现在陕西省已基本撤销民办收养所。从 2013 年起，陕西省在"十二五"规划期间，将至少新建 15 家儿童福利机构。2013 年年底，陕西省宝鸡市儿童福利院争取国家和地方福利方面的资金支持，建立了上万平方米的新型养育楼，总面积 13674.2 平方米，占地 2620 平方米，设有家庭养育模式房、特教学校、康复训练室、儿童体育活动室、阅览室、多媒体教室等功能室和洗衣房、食堂附属设施的新型养育楼顺利封顶。项目建成后将极大改善孤残儿童及弃婴的生活条件。

2014 年 6 月，四川省遂宁市儿童福利院正式投入使用。遂宁市儿童福利院属 2009 年民政部"蓝天计划"项目，位于遂宁市安居区，占地约 42290 平方米，建筑面积 5188.1 平方米，设有床位 200 张。福利院实行分类分区管理，贯彻"养、教、治与康复并重"的方针，设置了图书阅览室、手工制作室、活动室、电教室、音乐室、特殊教室、放映室、心理肢体康复室等功能室。

2014 年 1 月，山西省朔州市新建的社会儿童福利院正式启用，共占地 40 亩，有 5 个建筑单体，分别为老年康复楼、老年生活楼、儿童康复楼、儿童生活楼、食堂。老年生活楼有 116 张床位，儿童生活楼有 200 张床位。目前该院有 80 余名孤残儿童，40 多位孤寡老人。

2014 年 5 月，黑龙江省哈尔滨市儿童福利院拟成立附属医院的申请报告获得哈尔滨市卫生局批复，哈尔滨市儿童福利院设施和功能将得到进一步完善，具备为福利院内及全市特困家庭孤残儿童救治及康复的医疗资质。

（二）中央和地方完善儿童福利服务规范和标准

《国民经济和社会发展第十二个五年规划纲要》明确要求，我国应围绕基本民生需求，初步建立社会管理和公共服务标准体系，健全完善各标准子体系；建立健全基本社会服务标准体系，构建社会福利等服务标准体系，加快残障人、孤残儿童、困难群体等对象急需的国家标准与行业标准研制，重视与支持地方标准及服务机构标准建设，进一步完善基本社会服务标准体系总体框架。

《民政部关于建立儿童福利领域慈善行为导向机制的意见》（民发〔2014〕19 号）和《民政部关于进一步开展适度普惠型儿童福利制度建设试点工作的通知》（民函〔2014〕105 号）提出了"扩大儿童福利范围，推动儿童福利由补缺型向适度普惠型的转变，建立健全城乡一体化、制度保障化、服务专业化、惠及所有儿童的儿童福利制度和服务体系"的目标要求。服务专业化成为儿童福利发展的重要内容。

我国福利服务标准化的建立已有一定基础。2010 年 10 月，国家标准化管理委员会发布了《公共服务标准化指南》（征求意见稿），内容包括公共服务标准化的范围、类型、制定、实施以及评价和改进等。《公共服务标准化指南》成为建立儿童福利机构通用基础标准体系、服务提供标准体系、服务保障规范标准体系、服务评价及改进标准体系的基础。但儿童福利服务标准化建设仍需进一步完善。

1. 民政部发布《儿童福利机构基本规范》，进一步细化照料标准

2013 年 5 月，民政部起草《儿童福利机构基本规范》并向社会征求公众意见。2013 年 12 月，民政部发布并实施《儿童福利机构基本规范》（以下简称《规范》），以此作为针对儿童福利的民政行业标准。《规范》对儿童福利机构提出一系列要求，涵盖机构基本要求、人员、机构管理、儿童管理、环境与设施设备、安全、服务内容等方面。

相比 2001 年的《儿童福利机构基本规范》，本次《规范》在儿童的照料标准上进一步细化，并将儿童照料分为卫生照料、晨晚间照料、饮食饮水照料、排泄照料等多个方面，对每个方面都做了极为细致的规定，首次对家庭寄养、儿童管理、人员配备等进行了明确规范。

《规范》要求，今后在福利机构中，工作人员与儿童比例应为 1∶1，而在寄养家庭中，寄养家庭应有稳定的经济收入，寄养儿童人数也不得超过 2 名，并须接受定期考核等。《规范》明确，儿童福利机构要根据儿童各年龄阶段的生长发育特点，定期进行体检。6 个月内的婴儿每月体检一次，6~12 个月的婴儿每 3 个月体检一次，1~3 岁的幼儿每 6 个月体检一次，3 岁以上儿童每年体检一次。体检内容包括身高、体重、头围、胸围等，必要的化验检查及生长发育评估等。

2. 第二批民政标准化建设试点单位确定

2014 年，民政部发布《民政部关于开展第二批民政标准化建设试点的通知》（民函〔2014〕20 号），确定北京市第二福利院、本溪市儿童福利院、九江市儿童福利院等 94 家单位为第二批民政标准化建设试点单位（名单附后），试点周期为两年。

《通知》要求各试点单位要以实现"管理规范、服务质量良好、服务对象满意度高"为目标，抓紧制定试点实施方案，从标准计划编制、标准制定、标准实施、自我检查评估等方面推进试点工作；要系统梳理本单位工作职能，全面把握社会管理与公共服务对标准化工作的实际需求，围绕管理服务的各个环节，编制好本单位的标准体系表，加大标准宣传力度，促进民政管理服务更加程序化、规范化、高效化，进一步提高民政管理服务效能，创建管理与服务品牌。另外，各级民政部门要立足实际，统筹推进标准化建设试点工作，采取切实有力措施，为标准化建设试点单位提供政策和资金支持，确保试点工作顺利进行。省级民政部门要加强对标准化试点工作的指导，认真研究解决试点工作中出现的问题和困难，适时对试点单位开展督促检查，争取尽快形成一批具有辐射作用和推广价值的试点合格单位，为民政系统标准化建设工作提供经验借鉴和示范引领。

3. 深圳实施《儿童福利机构服务规范》

2014 年，深圳开始实施《儿童福利机构服务规范》。2013 年，深圳已出台《孤残儿童家庭寄养评估规范》，这是国内首个家庭寄养方面的标准化指导性技术文件。上述两个规范对于促进当地儿童福利服务和评估工作具有重要作用。

《儿童福利机构服务规范》由深圳市民政局和深圳市社会福利协会联合编制，于 2014 年 1 月 21 日正式发布，2014 年 2 月 1 日起实施。文件内容包括 8 个部分，分别为：适用范围、规范性引用文件、术语与定义、组织管理、设施设备、儿童管理、服务要求、评价与改进，重点规定了儿童福利机构日常服务要求的内容。其中，服务内容要求涵盖婴幼儿和儿童日常护理照料服务、医疗保健服务、康复治疗服务、教育教学服务和安全防护服务五大服务项目，对服务的具体内容、事项提出明确规定和详细说明。作为标准化指导性技术文件，《规范》将在进一步规范儿童福利机构服务行为、提高孤残儿童抚育水平、保障孤残儿童权益方面发挥积极的指导和推动作用。

由于《规范》在属性上是推荐性标准，不具有强制性，因此标准的贯彻落实上以鼓励使用、推荐使用为主。接下来，相关部门将加大宣传力度，针对所涉及的技术内容开展业务培训，提供技术指导，使标准采用单位能正确适用标准文件，深圳市民政局配套出台相关政策措施，并开展监督检查，对贯彻标准较好并取得实效的单位进行表彰。

4. 湖北出台《湖北省儿童福利机构服务质量规范（试行）》

2013 年 8 月，湖北省出台了《湖北省儿童福利机构服务质量规范（试行)》，这是湖北省出台的儿童福利机构第一个服务规范文件。儿童福利机构的管理服务工作得到进一步规范，儿童福利机构精细化、标准化、专业化服务水平将进一步提高。

该《规范》内容全面、系统，包括范围、规范性引用文件、术语和定义、服务内容、质量控制、基本要求及评价与改进7个部分，重点对儿童福利机构日常服务内容、服务要求和质量控制进行了明确规定。其中，服务内容涵盖婴幼儿生活照料服务、保健与日常护理服务、日常教育服务、日常医疗保健服务，学龄前（期）儿童和青少年生活照料服务、日常护理服务以及脑瘫、弱智儿童等患儿康复保育服务、康复训练服务、早期干预复查服务等共27个大项，对服务的具体内容和事项都提出了定量化和定性化的实施标准，并逐条逐项做了详细说明。同时，为了不断提高儿童福利机构的服务质量，要求儿童福利机构对制定标准运行的有效性和效率进行评价，每年至少一次申请政府机关或相关部门确认，提出纠正和预防措施，保持儿童福利机构服务的持续改进和提高。

该《规范》具有一定科学性、系统性、适用性和可操作性，使湖北省儿童福利机构管理服务工作有了完整的参照标准和考核体系，它的出台标志着湖北省儿童福利业管理服务科学化、规范化、制度化建设又上了一个新台阶。

5. 江苏省《儿童福利机构社会工作标准研究》项目启动

江苏省《儿童福利机构社会工作标准研究》项目启动，将推动儿童福利机构社会工作专业化、规范化、标准化。2013年11月6日，国家标准委、江苏省质监局、南京市质监局、南京市科学技术委员会共同启动了国家质检公益性行业科研专项《儿童福利机构社会工作标准研究》。

为进一步推动儿童福利机构社会工作专业化、规范化、标准化，南京市标准化研究院联合中国人民大学共同申报了《儿童福利机构社会工作标准研究》项目，于2013年1月获得国家质检公益性行业科研专项立项。经过前期调研，于2013年正式启动。项目将历时两年，在调研和分析现状及需求的基础上，结合实际情况，首次在我国儿童福利社会工作领域构建标准体系框架，拟研制一批国家标准，完成一批研究报告，这些研究成果将有助于借鉴国际儿童福利社会工作经验，发展本土化的儿童福利事业；有助于规划我国的儿童福利机构社会工作，提升儿童福利机构社会工作的服务水平，提高全社会对儿童福利机构社会工作的关注度。南京市标准化研究院将持续关注儿童福利社会工作标准领域的研究，特别是家庭寄养和社会工作督导两个重要环节的理念、方法和技术，让"一切为了孩子，为了孩子的一切"变得更加具体和丰满。

6. 福建省《儿童福利机构日常照料规范》项目通过民政部审核

2014年2月，由福建省三明市儿童福利院起草的《儿童福利机构日常照料规范》通过民政部审核，成为福建省首个获得民政部立项的儿童福利机构标准。三明市《儿童福利机构日常照料规范》于2012年11月作为全省标准获省质量技术监督局批准发布，2013年2月1日开始实施。该标准对福利机构儿童日常照料术语、场所设施、膳食护理、安全防护等做了细致规范，并以附录形式编入《常见疾病的儿童抚育指导》《残疾儿童护理指导》等相关专业知识。

二　儿童福利机构，规范寄养工作

（一）民政部拟制定家庭寄养管理办法

为进一步规范家庭寄养工作，更好地保障寄养儿童权益，民政部组织起草了《儿童家庭寄养管理办法》（以下简称草案），并拟以民政部部门规章的形式印发。2013年6月，民政部发布《关于征求〈儿童家庭寄养管理办法〉（草案）相关意见建议的通知》。要求各地要高度重视，组织力量研究草案，提出针对性意见建议。通知称，要将草案印发各级儿童福利机构，全面征求儿童福利机构和一定比例寄养家庭的意见建议。民政部提出有条件的地区，要体现儿童参与的原则，听取适龄寄养儿童的意见建议。

民政部要求各地对本地寄养儿童的数量、寄养工作情况、寄养管理中存在的问题进行调查摸底。调查摸底工作要与安全生产检查工作相结合，对寄养家庭尤其是距离儿童福利机构较远、寄养条件较差的寄养家庭进行排查，切实掌握寄养工作情况。

对于备受关注的家庭寄养儿童方面的问题，上述征求意见稿中规定要有严格的审核程序。寄养家庭要有常住户口和固定住所，有稳定的经济收入且家庭成员人均收入不低于当地人均收入，家庭成员须无犯罪记录。寄养家庭可寄养的儿童人数被限定在 1~2 名。

所谓儿童家庭寄养，是指将民政部门监护的儿童，委托在符合条件的家庭中养育。家庭寄养是有利于孤儿和弃婴回归家庭、融入社会的一种照料方式。根据 2004 年起施行的《家庭寄养管理暂行办法》，一个家庭需具备一定的经济、身体条件，才能获得民政部批准成为寄养家庭。具体包括，主要照料人为 30~65 岁，身体健康，初中以上文化水平，有当地常住户口和固定住所。同时，家庭人均收入处于当地中等水平以上，家庭成员无犯罪记录等。如果满足上述条件，寄养家庭就可以与县级以上民政部门或寄养服务机构签订协议，明确寄养期限、主要照料人、权利义务等。民政部还规定，一个家庭不得寄养超过 3 名儿童。根据现行规定，寄养家庭除了要保障儿童的安全、提供生活照料，还要为其安排义务教育，定期向寄养服务机构反映儿童成长情况等。

2014 年 5 月 4 日，为规范家庭寄养工作，根据《中华人民共和国未成年人保护法》，民政部研究起草了《家庭寄养管理办法》（征求意见稿），正在向社会公开征求意见。

与 2004 年 1 月实施的《家庭寄养管理暂行办法》相比，此次《家庭寄养管理办法》（征求意见稿）在鼓励家庭寄养措施、规范寄养家庭程序、明确寄养家庭义务、强化儿童福利机构职责等方面均做出了更加详细的规定。具体包括六个方面。一是制定家庭寄养鼓励措施。各级人民政府民政部门应当会同有关部门采取措施，鼓励、支持符合条件的家庭参与家庭寄养工作。二是明确寄养儿童范围。未满 18 周岁、监护权在县级以上地方人民政府民政部门的孤儿、查找不到生父母的弃婴和儿童可以被寄养。需要长期依靠技术性照料的重度残疾儿童，不宜安排家庭寄养。三是规范寄养家庭义务。寄养家庭应当定期向儿童福利机构反映寄养儿童的成长状况，并接受其探访、培训、监督和指导。此外，寄养儿童在寄养期间不办理户口迁移手续，不改变与民政部门的监护关系。四是规定强制解除情形。寄养家庭或其成员有歧视、虐待寄养儿童行为的以及寄养家庭借机对外募款敛财的，儿童福利机构应当解除寄养关系。五是限制开展异地家庭寄养。开展异地家庭寄养，应当经过共同上一级人民政府民政部门同意。寄养儿童的监护责任由寄养儿童户籍所在地县级以上地方人民政府民政部门承担。不得跨省、自治区、直辖市开展家庭寄养。六是强化寄养家庭责任。寄养家庭成员侵害寄养儿童的合法权益，造成人身财产损害的，依法承担民事责任；构成犯罪的，依法追究刑事责任。

儿童收养问题曾在2013年初引发社会关注。1月4日，河南省兰考县爱心人士袁厉害私人收养的7名儿童，因为住所发生火灾而不幸丧生。在此后召开的"两会"上，民政部长李立国肯定了民间组织在弃婴、孤儿养育上的作用，同时也强调，对不具备养育条件的民间组织，民政部门要接手管理。

（二）地方探索孤残儿童寄养工作规范化

"类家庭"是为给孤残儿童提供类似家庭的成长环境而开辟的一种新的养育模式，是类似于家庭，集寄养、看护、教育于一体的、融入社区的、无"家"可归的流浪儿童之"家"。它是指在条件合适的社区购买1~2套住房，以每套房为"据点"建立一个"类家庭"，每个家庭看护若干名流浪儿童。在社区招聘或招募富有爱心和耐心，且具有心理卫生知识的管理人员或志愿者担任父母的角色，负责孩子们的饮食起居，对他们进行心理纠正和观念引导。目前，"类家庭"养育模式已经在北京、天津、山西、安徽、四川等地陆续开展。

1. 深圳《孤残儿童家庭寄养评估规范》出台

由深圳市民政局和深圳市社会福利协会联合编制的标准化指导性技术文件《孤残儿童家庭寄养评估规范》（以下简称《规范》）于2013年12月23日经深圳市市场监管局批准正式发布。《规范》为国内首创，是目前国内家庭寄养领域发布的第一个技术标准文件，对于进一步规范该市孤残儿童家庭寄养评估工作，提高家庭寄养工作质量，保障被寄养人权益，将发挥积极的指导作用。

《规范》主要起草单位是深圳市民政局和深圳市社会福利协会。家庭寄养是指经过规定的程序，将民政部门监护的儿童委托在家庭中养育的照料模式。该标准规定，根据开展家庭寄养工作的先后顺序将家庭寄养评估分为寄养前评估、寄养过程评估和寄养终结评估三大类，每类评估都有相应的程序和指标。具体而言，寄养前筛选评估应审查寄养申请人是否同时满足下列条件：寄养申请人应具备深圳常住户口，在深圳有固定住所；被寄养儿童入住后，人均居住面积不低于20平方米；家庭成员人均月收入水平在3000元以上；家庭成员未患有传染病、精神疾病以及其他不利于被寄养儿童成长的疾病；家庭成员无不良嗜好和犯罪记录；主要照料人年龄在30～65岁；主要照料人有（或相当于）初中以上文化程度；主要照料人具有照料儿童的能力和经验；家庭成员中无人反对或不愿意接受被寄养儿童等。该标准还规定，若寄养期间发生侵害被寄养儿童权益的事件，儿童福利机构应与之解除寄养关系，并追究相关责任。

2. 天津市尝试流浪儿家庭寄养

天津市救助管理站正在尝试流浪儿童家庭寄养、流浪未成年人职业培训等新的救助方式，让救助形式更丰富，更符合受助人的具体需要。流动救助是天津救助的一项特色服务，经过不断完善与创新，形成了24小时救助与救助网络化相结合的新模式，仅流动救助一项服务每年可为8000余人提供临时性救助。此外，天津救助站根据直辖市人口流动性强的特点，在天津火车东站、北站、西站，大胡同商业街，和平路金街，大悲院商业街，天津市天环长途客运站，梅江会展中心，体育中心，友谊路天津大礼堂等10个重点地段保持经常性流动救助，给受助者提供便利。

流浪未成年人的救助工作存在一定的特殊性。对此，天津市"儿保中心"开辟了家庭寄养渠道，经过相关考察与认证后，儿保中心与社会爱心人士签订寄养合同，将流浪儿童领回家中寄养，让流浪儿童感受家庭的温暖和温馨，开"儿保中心"社会化助养儿童的先河。2012年初，经过双方的共同努力与协商，儿保中心中身体、智能健全的未成年流浪儿童，到西青区团委举办的青年创业培训班上课，学习理论和技能，为今后重返社会奠定基础，为他们真正解决后顾之忧。

3. 洛阳市设立家庭寄养服务站对社工进行专业培训

2014年3月3日，香港海星基金会和香港浸信会爱群社会服务处的专家前往洛阳，来到洛阳市儿童福利院的3个家庭寄养服务站，为工作人员进行社会工作培训。这一活动有助于提升孤残儿童在寄养家庭的生活质量，提高寄养儿童的幸福指数。

早在 2003 年，洛阳市儿童福利院就开始尝试家庭寄养，让福利院的 10 名孤残儿童进入 5 个家庭寄养，效果良好。2003 年年底，香港主流梦工场基金会联合《洛阳日报》报社，在市儿童福利院率先发起孤残儿童家庭寄养体制改革，并在瀍河回族区北窑社区建立家庭寄养服务站。2004 年，福利院相继在瀍河回族区瀍河回族乡下园村、洛龙区李楼镇桃园村设立 2 个家庭寄养服务站。每个服务站配有特教老师、康复老师、按摩师等专业人员。

洛阳市的 35～60 岁，身体健康，有稳定收入，文化程度在初中以上的人士，可提出孤残儿童寄养申请。根据孩子残疾程度，福利院对寄养儿童每人每月的抚养费按 550 元、600 元、650 元三种标准补贴。每个寄养服务站利用半个月的时间，采取集中授课、示范讲解、观看录像等形式，使寄养家庭的家长明确其责任、义务，并学习护理知识与技能。每个寄养服务站每月召开一次家长会，工作人员和寄养家庭的家长利用这个机会，相互指出不足，提出建议；3 个服务站内的护理人员定期换岗，以便发现工作中的问题和不足，及时改进。11 年来，累计 382 名孤残儿童进入 215 个家庭生活，感受到了家庭的温暖。在寄养服务站的帮助和指导下，先后有 55 名脑瘫儿童实现站立，25 名儿童实现行走。

4. 南京市儿童福利院征寻"爱心妈妈"

为了让孤残儿童重获家庭温暖，南京市 2015 年将在市社会儿童福利院全面推行"类家庭"养育模式，面向全社会征寻"爱心妈妈"。

南京市儿童福利院接受弃婴的人数每年都在 160 人至 180 人左右，大多数弃婴都是新生儿。目前院里有 600 多个孩子，98% 以上为残疾儿童。对于这些孩子的照顾，除了传统的"养、教、治"，还注意"情、能、智"方面的发展。南京市儿童福利院被国外家庭或机构领养的有 1080 人，从"类家庭"里出来的孩子收养成功率高。

2006 年 12 月，南京市社会儿童福利院"新和家园"项目开始尝试"类家庭"养育，在社会公开招聘"养父母"，每个家庭养育 4 个孩子，妈妈必须是全职的。"类家庭"养育模式是由福利院提供住房，像真正的家庭一样，配备的"妈妈"要负责照料孩子们的日常生活、护理和早期教育。现在有 7 对"父母"和 28 个不同程度的孤残儿童住在一起。8 年来，

7 个家庭在福利院专门开辟的"类家庭"区，共养育了几十名孤儿，但这样的规模显然不够。2015 年儿童福利院将从后宰门整体搬迁到祖堂山附近，那里已经规划了 16 户类家庭，将寄养 64 个残疾儿童，每户家庭面积 90 平方米，设置了父母房、备餐室、起居室、儿童房、卫生间等。2014 年，福利院开始接受 2015 年的"类家庭"报名申请，在全社会征集爱心妈妈。

5. 苏州市福利院推广"类家庭"养育模式

2013 年 8 月，苏州市福利院对外发布公告，为 18 个"类家庭"招募 18 对驻院爱心"爸妈"。从 2000 年开始，苏州市福利院启动家庭寄养模式，让一些孤残儿童寄养在社会家庭中。13 年来，446 名孤残儿童有了温暖的家，有了"爸爸""妈妈"，也有了充满爱的家庭生活。这些寄养儿童在性格、情感及智力上都优于非寄养的孩子。

考虑到一些孩子不符合寄养条件，苏州市社会福利院首次推行"类家庭"养育模式，在新建的总院里设计建造了专门用于"类家庭"养育的 18 套住房，让符合条件的孩子在享受到专业的医疗、康复、特教服务的同时，也能体验亲情和家庭生活氛围。此次招募的"爱心父母"必须是已婚夫妇，有爱心，有养育和照料孩子的经验，且能常驻照顾孩子；并且必须身体健康、遵纪守法，无犯罪记录、无不良生活嗜好，家庭关系和睦；夫妻双方均需具有初中或初中以上文化程度。按照约定，至少在未来一年时间内，除免费住房外，符合条件并被招募驻院的爱心夫妇每月还能拿到 1500～2000 元的报酬。

6. 北京市家庭寄养孤儿将得到鼓励

2013 年 8 月，北京市民政局公布了一系列涉及民生的新政策，包括规范孤儿家庭寄养，制定鼓励家庭寄养转收养等相关政策；建立与市住建委、公安、法院等部门的婚姻登记信息共享机制；试点民政系统社会组织改革等方面。

北京市将对现行孤儿家庭寄养办法予以修订。据市民政局介绍，目前本市孤儿家庭寄养主要集中在远郊区县，在大兴和延庆设有家庭寄养服务机构，共寄养市属儿童福利院儿童 392 名，其中大兴寄养儿童有 98 名，延庆寄养儿童有 294 名。此外，各区县所属福利院也有部分儿童采取家庭寄养方式进行抚养。

北京市自1996年起实行孤儿农村家庭寄养，一是因为福利院床位、设施有限；二是希望孤儿能回归家庭，获得亲情的温暖。目前，北京市正对远郊区县家庭寄养现状进行调研，发现存在孤儿康复、受教育不够等问题。今后，将修订现有孤儿家庭寄养办法，寄养家庭的居住面积、人均收入水平以及家庭成员受教育程度等硬性标准都将纳入其中，以提高寄养家庭的整体水平，让寄养儿童获得更好的照顾。

第六章
中国儿童福利示范区实现模式创新

农村地区儿童福利的推进一直是我国儿童福利事业发展的难点，撤点并校、大量儿童家长离家打工等引申出的问题给农村儿童福利带来了更大的挑战。建立符合我国经济发展水平的儿童福利体系是当务之急。2010 年 5 月，由民政部社会福利和慈善事业促进司、联合国儿童基金会和北京师范大学中国公益研究院共同开展的中国儿童福利示范项目正式启动，在 5 个省区（包括山西省、河南省、四川省、云南省、新疆维吾尔自治区）选取了艾滋病高发的贫困少数民族地区作为试点区，就是要在最困难的地区探索出一套可以为所有儿童托底的基层儿童福利服务体系。

经过 4 年的实践，示范区儿童福利服务体系已初步建立，为我国基层儿童福利发展提供了宝贵经验。中国儿童福利示范项目"在村中设立儿童福利主任"的创新做法得到了广泛的认可，并被联合国儿童基金会编入《世界儿童状况报告》，向全球进行推广。

一 监测与执行系统：儿童福利服务的技术支撑

儿童拥有生存权、发展权、受保护权和参与权，这些权利体现在儿童养育、教育、医疗等不同方面，且相互影响，因此，只有综合型的儿童福利服务才能全方位保障儿童权利。在实际生活中，儿童的一项权利被侵犯，往往是因为另一项权利的丧失。例如，"因病致贫，因病返贫"，贫困家庭的儿童更容易遭遇家庭暴力等等。单一的提供某一项福利服务，不但不能彻底解决儿童的困境，还会大量浪费人力、物力资源。

中国儿童福利示范项目在 5 个项目省区开展了集保护、关爱、预防、治疗、康复为一体的儿童福利服务，通过儿童家访、儿童之家活动、社区宣传、大龄青年培训、服务链接等方式为儿童提供生活、教育、医疗、保护等多方面的保障。项目建立了完善的信息发现、反馈机制，确保所有困境儿童都享受到足够的福利服务。

由于示范区对儿童提供了综合的福利服务，儿童脆弱性明显降低。2010 年，项目区儿童新农合参合率仅为 83.8％，2012 年进行项目中期评估时的参保率为 98.5％，2013 年新农合参保率已达到 99.7％。自项目启动，共计 2826 名儿童在儿童福利主任的协助下上了户口；3000 余名儿童申请到了最低生活保障；1400 余名青年接受了职业技术培训。

（一）示范区监测和发现机制提供儿童综合信息

在示范区，村儿童福利主任作为儿童福利服务直接提供者，通过儿童定期家访和儿童之家活动获取儿童健康、学习、家庭环境、社会支持等方面的信息，建立儿童信息库；之后便对儿童信息进行分析分类，将所有儿童分为普通儿童和困境儿童两大类，困境儿童又被分为孤儿、事实无人抚养儿童、贫困儿童、大病儿童、残疾儿童、受艾滋病影响儿童、受虐待儿童和其他类型儿童八类。项目组在实践中发现，困境儿童往往无法被单一地划分为某一类，通常是多种困境类型并存。因此，儿童福利主任就需要综合考虑儿童个人及家庭情况，保证为困境儿童全面定位。

完成困境儿童分类定义后，则需要综合考虑儿童需求。对于每一位困境儿童，都有可能出现以下九类需求：

- 儿童户籍需求：户籍登记手续办理等；
- 生活保障需求：孤儿津贴手续办理等；
- 医疗卫生需求：新农合手续办理、大病儿童社会资源转介等；
- 学校教育需求：贫困、残疾儿童就学支持等；
- 儿童之家需求：儿童之家集体活动、家长培训等；
- 临时救助需求：大病儿童医疗救助、家庭救助等；
- 就业培训需求：青年培训、残疾儿童技术培训等；
- 心理支持需求：儿童、家庭心理咨询等；
- 其他需求：法律援助等。

确定儿童需求需要考虑儿童本人、儿童家庭、儿童福利主任三方面的意见，判断才能保证全面准确。儿童需求可能会伴随儿童状况随时变化，这就需要儿童福利主任进行实时监测。在示范区，儿童福利主任会根据儿童困境的严重程度，定期进行家访，及时更新儿童信息，以便于准确判断儿童需求的变化情况。

这样的监测、发现机制能够准确、及时地获取儿童综合信息，保证不遗漏任何重要信息，为儿童综合福利服务递送打下了良好基础。

（二）示范区反馈机制为儿童综合福利服务提供准确信息

中国儿童福利示范区项目村的儿童福利主任负责将儿童需求反馈至对应的政府部门或者社会组织，在这些政府部门或组织的服务范围内寻找符合儿童需求的服务，之后协助儿童获取服务，并监督服务提供方的服务递送效果。中国儿童福利示范项目采用这种"一对多"的反馈机制，有效地避免了由于信息分散导致的服务重叠或者服务不全的情况，所有服务信息由儿童福利主任汇总，既保障了服务内容，又提高了递送效率。

示范区已经形成了"儿童家庭—儿童福利主任—服务提供部门"这种有效的反馈链条，使三个环节之间信息、服务传递顺畅。儿童福利主任在这一链条中起到了上传下达的重要作用。

（三）示范区人才建设机制为儿童综合福利提供保障

为了能够较好地为困境儿童提供综合福利，示范区所有儿童福利服务工作者都需要接受不同内容的培训，以便于综合分析儿童的困境状况；也需要了解政府、社会组织资源状况，才能综合利用这些资源，为儿童提供服务。中国儿童福利示范项目邀请五所大学的五位专家教授作为项目专家，一位专家对口一个项目省区，为省、州、县、村级所有儿童福利服务工作者提供专业支持。

专家会根据培训对象不同提供不同的培训内容。村儿童福利主任学习的内容较多，从儿童成长的生理、心理和环境特点，儿童照顾、儿童社会工作、儿童之家的建设、运行和管理，到工作规范等一系列儿童福利服务的基础知识。县、州、省级儿童福利服务工作者接受的培训主要围绕儿童观、儿童权利、儿童福利工作管理等内容。

项目提供专业支持的方式主要有三种：一是在寒、暑假由项目专家带领研究团队赴各对口项目县开展现场培训；二是项目专家通过项目QQ群、电子邮件等形式进行不定期的工作沟通、答疑解惑；三是由县民政局项目管理人员对村儿童福利主任开展小型培训，这类小型培训的内容主要为普及儿童相关政策和儿童福利主任相互分享工作经验。除了以上三类常规培训，项目还会提供大型的交流学习活动。2012年和2013年，项目组织儿童福利管理人员赴香港、台湾地区进行交流考察，学习这两个地区先进的儿童福利理念和方法。

项目培训不仅仅是为了提高现有儿童福利服务工作者的能力，更是为了让项目区加强自身能力建设水平，具有造血功能。因此，自2013年起，项目培训将重点逐步转向为培训者的培训，在项目区培养可以为其他儿童福利服务工作者进行培训的人，为基层儿童综合型儿童福利可持续性发展做好准备。

中国儿童福利示范项目重视基层儿童福利服务工作者的能力建设，是为了保障综合福利服务递送更加顺畅。经过四年持续的培训，项目区儿童福利服务工作者，特别是村儿童福利主任专业化水平大幅提高，为儿童综合福利提供了保障。

（四）示范区儿童福利工具为儿童综合福利提供技术支持

中国儿童福利示范项目儿童福利工具包括硬件工具和软件工具两类：硬件工具包括笔记本电脑等设备，软件工具即各项工作中用到的工具表格。

通过项目实践发现，现代化办公工具不但能够提高儿童福利主任的工作效率，还可以对儿童福利工作产生积极影响。儿童福利主任利用现代化办公工具了解了其他地区儿童福利服务情况，开阔眼界，提高自身工作能力。项目启动后，我们逐步为村儿童福利主任配备了照相机、平板电脑和笔记本电脑。儿童福利主任用照相机记录了每天的工作，既可作为工作资料留存，又可进行项目宣传，让更多的人了解项目。平板电脑和电视则是进行儿童福利宣传的有效工具，儿童福利主任在儿童家访和儿童之家活动中利用平板电脑和电视向儿童及家长播放宣传片、培训视频等。笔记本电脑主要作为儿童福利主任项目管理工具，将工作记录电子化，有助于儿童数据统计分析工作的进行。

从开展项目基线调研起，项目就在不断开发各类工具表格。目前，有13个表格供儿童福利主任日常使用。这些表格根据儿童福利主任不同工作内容分类。不仅类别明确，还相互关联。

• 儿童档案信息表：记录项目村全体儿童及家庭基本信息，帮助儿童数据的统计分析。

• 儿童福利主任家访记录表：记录儿童家访过程、儿童变化。

• 儿童之家信息表：记录儿童之家基本信息。

• 儿童之家物品登记表：固定资产登记，用于管理及成本评估。

• 儿童之家使用登记表：记录儿童之家活动，统计使用频率。

• 儿童之家活动记录表：统计活动频次、活动人员构成。

• 儿童之家开放日志：记录活动过程，总结工作经验。

• 儿童之家活动意见反馈表：了解儿童需求，帮助改进工作。

• 儿童之家活动自评表：记录儿童福利主任组织活动情况的自我评价。

• 儿童之家主题活动方案设计表：记录主题活动过程，规范组织流程。

• 儿童之家活动观察表：评估活动中儿童福利主任的工作质量。

• 儿童福利服务需求评估表：记录困境儿童需求，帮助进行儿童需求分析，服务方案设计。

• 个案服务记录表：记录个案管理过程，帮助儿童福利主任总结经验，专家督导。

二 多部门合作机制：儿童福利服务的组织架构

综合型儿童福利包含不同方面的内容，涉及多个提供服务的部门，若要将综合服务递送到每一位儿童，需要在这些部门间建立有效的服务递送机制。在我国偏远的农村，由于经济和交通相对滞后，基层公共服务支持力度有限，服务点距离家庭也相对较远，因此服务递送问题更加突出。一方面许多家庭不了解政府的各项政策服务，也不清楚该向谁寻求帮助；另一方面，由于村里没有专门负责儿童福利工作的专员，上级各部门也无法了解每一名儿童具体的需求。这种断层导致了服务需求与供给不对接，服务不能成功递送的局面。

为了解决这一现状，中国儿童福利示范项目在示范区同时实践了"县政府牵头、多部门联动"和"县—乡—村"两种多部门合作的儿童福利服务递送机制，实现了服务递送的"最后一公里"。这两个递送机制一个为横向链接，一个则是纵向链接，横向的部门合作确保了儿童福利服务内容的全面性，纵向的部门合作确保了儿童福利服务递送的高效性。

（一）同级多部门联动机制

中国儿童福利示范项目均在县级成立领导小组，以县政府为主导单位、民政局为执行和协调单位、多部门配合的形式在示范区开展儿童福利服务工作。以河南省洛宁县为例，在县政府的统一领导和民政局的协调下，各部门分工明确，提供不同类别的福利服务。

● 教育局：负责开展困境儿童就学状况调查研究，进行学龄困境儿童普查统计，组织困境儿童入学，并落实困境儿童助学保障政策。

● 总工会：负责资金筹措、贫困学生信息采集、资助贫困职工和农民工家庭的学生。

● 卫生局：负责落实困境儿童医疗保障优惠政策。

● 人口计生委：负责组织乡（镇）计生服务中心对符合政策的不孕不育症家庭进行摸底统计鉴定，出具证明。协助民政部门进行收养工作，组织开展优生优育知识宣传和咨询工作，并免费开展孕前优生健康检查。

● 财政局：建立稳定的经费保障机制，及时拨付相关专项资金和工作经费。

● 司法局：依法保护困境儿童的人身、财产权益。对涉及困境儿童的维权案件优先受理，并提供无偿法律服务。对困境儿童减免收养、遗产继承、财产分割等手续的费用。

● 公安局：治安大队负责加强与民政部门沟通协调，指导各派出所对孤儿、弃婴、弃儿办理常住户口登记或者迁移手续。刑警大队及各辖区派出所要负责受理捡拾弃婴案件，并协助民政部门进行弃婴安置工作。刑警大队要严厉打击遗弃婴儿、儿童和利用孤儿从事违法犯罪活动，并配合民政部门查找精神病儿童、流浪儿童、来历不明儿童的亲属，协助遣返。

● 农业局：负责保障农村困境儿童的土地承包权益。配合民政部门对困境儿童登记，并定期进行工作检查。设立困境儿童土地承包经营权保障情况举报电话，接受社会监督。处置困境儿童土地承包经营权相关事件，并帮助困境儿童依法维权。

● 残联：开展 0～6 岁残疾儿童抢救性康复工程，对聋儿免费配备助听器和耳蜗；对脑瘫儿童进行康复训练；对孤独症儿童进行免费康复训练；对贫困残疾学生提供现金资助；对贫困残疾儿童免费发放轮椅、配备普及性假肢。

● 团县委：负责开展希望工程项目，进行网络救助，争取上级有关困境儿童救助的资金、物资等；组织志愿者活动，并为困境儿童提供免费职业技术培训。

● 妇联：负责建立贫困女童信息档案，为特困女童进行社会筹资，对困境女童提供生活学习等方面的资助，组织妇女志愿者团队为困境儿童提供各类服务。

● 人力资源和社会保障局：负责制定培训计划，做好大龄困境儿童就业指导和再就业培训，实现就近就地就业，并对用工单位进行用工监督。

● 乡（镇）政府：建立乡（镇）困境儿童救助中心，设立专项工作办公室，主要负责辖区各项福利工作的部署和落实；建立健全困境儿童档案，上传下达工作信息；督促、帮助和监管各村儿童福利主任工作；推进困境儿童救助政策的落实。

● 民政局：负责所有儿童福利服务的总协调，并负责为困境儿童提供基本生活保障，落实相关政策福利。

以洛宁县项目区为代表的同级多部门联动模式在示范区运转顺利，各部门职责分明，为递送综合型儿童福利服务提供了制度保障。

（二）多层级部门服务递送机制

1. 村级——儿童福利主任

除了县级多部门间有效的合作，还需要建立从县到村的服务机制，即走完"最后一公里"。中国儿童福利示范项目参考我国赤脚医生的做法，将老方法用在新领域，在村一级设置了儿童福利主任职位，作为县级政府部门与儿童家庭之间的桥梁。这个职位的设置是我国基层儿童福利事业的一大创新，探索了可以适用于全国的基层儿童福利服务递送方法。

儿童福利主任负责在最基层落实国家福利政策，将信息、服务和资源带给每一位儿童。在开展村儿童福利工作时，儿童福利主任主要有四项主要职责。

- 熟悉本村儿童及其家庭基本情况，监测全体儿童及其家庭状况。
- 对处于困境的家庭和儿童进行家访和慰问。
- 为有特殊需求的儿童及其家庭提供服务或协调相应支持。
- 对村儿童之家进行管理，利用儿童之家组织开展社区活动。

项目在这四项职责基础上再次细分，对儿童福利主任岗位进行更加明确的定位。现在，儿童福利主任在项目村儿童福利工作开展方面起到了巨大的作用，获得了儿童、家庭、村委会及各级政府的高度认可。

2. 乡/镇级——困境儿童救助中心

在部分项目村，县项目办公室在乡/镇一级加设儿童福利示范项目办公室，负责统筹管理各项目村项目活动情况，汇总后统一上报县项目办公室，形成了"县—乡—村"三级递送体系。三级部门间信息、服务传递程序清晰，责任分明，提高了基层儿童福利服务递送的效率。仍以河南省洛宁县为例，他们在乡/镇一级设置困境儿童救助中心，负责落实县委、县政府有关政策；对困境儿童信息收集、建档、上报进行管理和监督，定期巡访困境儿童家庭。

（三）政府与社会力量互补机制

在中国儿童福利示范区，除去地方政府横向与纵向的合作机制外，还动员社会组织、慈善机构以及企事业单位、个人，加入儿童福利保障网络，提供多样化的资源与服务。社会力量的参与大大丰富了项目区的儿童福利服务内容，同时社会力量速度快、专业强的优势，也提高了儿童福利服务的质量。

河南省洛宁项目县与洛宁县聋哑学校、周口科技职业学院、漯河高级技工学校、河南省沁阳慈善职业技术学校和洛阳慈善职业技术学校等院校签订合作协议，为残疾、贫困等困境儿童提供教育机会。香港"主流梦工场"基金会、美国国际希望基金会、儿慈会、瑞银基金会和儿童乐益会等社会组织也入驻洛宁，开展以儿童保护为主的儿童福利活动。

在四川省凉山州布拖县，濮存昕爱心基金"让孩子笑起来"项目关注大龄女童卫生健康状况，通过提供培训及卫生用品来普及女性卫生常识。

救助儿童会、儿童乐益会在云南省三项目县开展的儿童关爱和发展项目也有效地促进了当地儿童心理健康发展。并且，村儿童福利主任通过丰富的培训也提高了开展儿童福利服务活动的能力。

三 基层儿童福利服务体：儿童赤脚社工体系的探索

中国儿童福利示范项目在村里设置儿童福利主任职位，建立村儿童之家，基本解决了基层儿童福利服务递送问题。儿童福利主任搭建起了县、乡镇级政府与儿童家庭之间联系的桥梁，将信息和服务有效递送。儿童之家则是儿童福利服务的基地，开展儿童与亲子活动，弥补儿童早期教育的不足；开展儿童福利相关培训，提高家庭养育能力；开展社区宣传，增强农村的儿童权利意识。

有了儿童福利主任和儿童之家，使项目区基层儿童福利服务递送过程变得完整，大大提高了服务递送效率。

（一）明确儿童福利主任工作内容，在村级递送普惠型儿童福利

村儿童福利主任这一岗位的设置是为了填补村委会儿童福利相关专职人员的空缺，缩短乡镇一级政府与儿童家庭间的距离，使信息传递无障碍。一方面，儿童福利主任负责对全体儿童及其家庭提供儿童照顾和发展方面的科学指导，另一方面，儿童福利主任对特殊困难儿童及其家庭开展

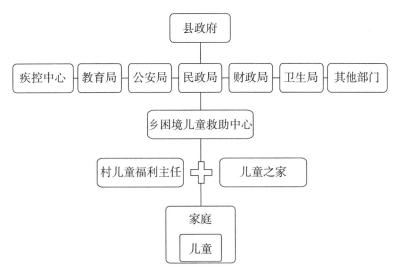

图 6 - 1　基层儿童福利服务体系图

干预和救助工作。一般来说，他们要做的是：

• 每月访视儿童，甄别需要帮助的困境儿童；收集并更新所有儿童数据，填写表格并上报；

• 督促家庭给儿童及时登记户口，办理医疗保险、大病保险等手续，送适龄儿童上学；

• 协助贫困儿童、孤儿和大病儿童申请补贴、救助和辅导，为孤儿家庭协调补助，为失学儿童协调上学或职业培训，为残疾儿童协调进行康复及接受特殊教育等；

• 组织开展儿童之家活动，开展家庭养育、儿童早期发展、儿童社会保障等方面宣传教育；

• 向乡民政专干或县民政局汇报工作，为困难儿童及其家庭提供转介服务；链接社会资源；

• 为受虐待和被忽视的儿童协调保护，当儿童处于紧急状况时，每天探访，积极协助直至解除紧急状况。

除了以上六个方面工作外，儿童福利主任还会根据困境儿童的具体情况提供个性化服务。儿童福利主任可以保证将服务延伸到每一名儿童的身边。在项目村，有了儿童福利主任，儿童需求可以及时得到反映，并以最快速度找到最合适的服务方案，基本实现了儿童福利的适度普惠。

（二）确定村儿童之家定位，建立农村基层儿童福利服务基地

"儿童之家"是中国儿童福利示范项目的重要组成部分，它不仅是一个为儿童提供游戏活动的场所，更是基层儿童福利服务递送与儿童权利倡导的平台。儿童之家主要功能包括：（1）组织儿童活动、提供知识培训，弥补农村早期教育空缺；（2）提供儿童日常活动场所，减少儿童意外伤害事件；（3）提供儿童养育、福利、权利等知识培训；（4）开展儿童福利理念社区倡导。儿童福利主任作为儿童之家的管理者，利用儿童之家的平台对所在村的儿童、家庭、社区递送儿童福利服务。服务可分为直接递送和间接递送两种。直接递送指儿童福利主任直接提供服务，例如儿童集体活动、亲子活动、儿童权利宣传等；间接递送指对于儿童福利主任无法直接提供的服务，儿童福利主任可以邀请外部资源负责开展，例如邀请交通局开展儿童安全教育，邀请医生开展儿童营养卫生培训等。

中国儿童福利示范项目将儿童之家设置在村委会或者村小学等儿童聚集的地方，方便儿童参加活动，也利于进行社区宣传。120 个儿童之家平均面积在 30～60 平方米，可供 17～33 名儿童同时使用，项目要求儿童之家每周至少开放两天，基本可以保证村里儿童每 1～2 周参加一次儿童之家活动。

（三）开发基层人力资源管理机制，示范农村儿童社会工作建设

中国儿童福利示范项目通过实践开发了基层儿童福利服务工作者管理机制，从入职选拔到监测评估，为农村儿童社会工作人力资源发展提供了经验。村儿童福利主任的选拔本着有文化、爱孩子、能说当地语言和普通话、能使用电脑和现代信息技术等条件进行。经过三年的项目实践，证明项目起始所确定的儿童福利主任选拔标准基本能够满足儿童的需要。项目组在实践中发现，如果村儿童福利主任来自所在工作的村，会更容易掌握本村儿童信息，更容易提供服务，也更容易被儿童所接受。在项目启动时，由于项目村儿童社会工作普及程度较低，很难找到具有社会工作专业背景的儿童福利主任，因此并未在专业程度方面提出要求。随着我国社会工作的进步，未来可以考虑将社会工作专业背景作为入职标准。

日常工作中，儿童福利主任须向县、乡级民政专干汇报工作，定期召开儿童福利主任工作会议，并制定了轮班值班制度，以此来进行儿童福利主任团队建设和工作督导。除了儿童福利主任的工作需要督导，县级民政专干的工作也需要评估。在项目中，我们称这些县级民政专干为项目主任。项目开发了"儿童福利主任考核表""项目主任考核表""参与培训人员个人反馈表"等各类工具表格，用于对儿童福利主任和项目主任进行专业化、标准化的评估。

　　项目区儿童情况及儿童福利工作在全国具有普遍性，在设计项目文本和工具时，我们也充分考虑了这些资料的可复制性。项目的所有工具除了项目使用外，也可以为其他地区的儿童社会工作制度建设提供参考。

第七章
儿童慈善与社会服务全面进步

一 儿童公益项目不断创新

（一）儿童类慈善公益项目形式渐趋多样

公益慈善组织的项目和活动往往配合政府政策倡导。如2013年9月，教育部、公安部、共青团中央、全国妇联四部门联合发布了《关于做好预防少年儿童遭受性侵工作的意见》（教基一〔2013〕8号）。同月，全国妇联主办、中国妇基会等百家公益组织联合发起了"大篷车"儿童性侵害预防教育大讲堂。大讲堂围绕预防儿童被虐待和性侵的宣传培训、心理援助、紧急救援等方面展开。这在全社会形成了一股关注儿童安全、强调儿童保护的热潮，产生了巨大的良性影响。此外，公益慈善组织力量对大病儿童、残疾儿童、贫困儿童给予了大量支持，成了政府力量的有益补充，如诺基亚（中国）有限公司、儿童乐益会、中国社会福利基金会开展"手牵手计划"，为中国0～6岁农村贫困儿童提供优质的早期养成与教育服务；南京中脉科技有限公司联合中国关心下一代工作委员会等开展"朝阳计划——青少年健康守护行动"，在中西部地区建设校卫生室、开展校医培训。

在公益活动方面，关怀留守儿童的活动注重人性化、形式不断创新。2014年春节前后，各地涌现出一系列关怀留守儿童的公益活动。青岛自2002年起推出"车递儿童"服务，为儿童提供火车"伴护"服务，保障儿童乘车过程中的安全。王永、陈伟鸿、赵普、郎永淳、邓飞等人发起"公益顺风车"，为开车有空座和买票有困难的两类群体牵线搭桥，使包括留守儿童家长在内的更多人春节顺利回乡。贵州与北京的共青团市委合作开展公益活动，组织留守儿童乘坐"顺风飞机"与外地家人团聚。总体来说，关怀留守儿童的公益活动形式不断创新，更加贴近实际也更加人性化。

慈善力量逐步进入社区。中国儿童少年基金会在内蒙古通辽开展"社区儿童成长家园"项目，创建安全的、虚拟家庭式的、学习共同体型的成长乐园。阿迪达斯集团、联合国儿童基金会在湖北、湖南、河北等省开展儿童早期发展社区家庭支持项目，建立早期育儿服务中心，开展包括托管、启蒙、家庭育儿指导等服务。安利（中国）日用品有限公司捐赠10万元善款，计划在南京部分社区设立"金陵爱心之家"，用于帮扶社区中贫困、身患残疾的儿童。金陵爱心之家由《金陵晚报》牵头，南京爱心之旅指导，依靠社区和社会的爱心力量帮助贫困、身患残疾的儿童。该活动是儿童福利服务进入社区的有益尝试。

表 7－1　2013 年 7 月至 2014 年 5 月儿童领域部分公益项目

关注领域	时　间	地　区	组织者	项目内容
综　合	2014 年 5 月	北　京	联合国儿基会、民政部、北京师范大学中国公益研究院	中国福利示范项目"投资儿童，放飞梦想"宣传活动
大病救助	2013 年 10 月	北　京	北京妇女儿童发展基金会、海峡两岸皮肤医学暨医学美容交流学会	中国留守儿童银屑病公益救助工程　留守儿童银屑病患者的公益救助行动
	2013 年 11 月	江　苏南　京	紫金信托	"厚德 3 号公益信托计划"捐助、救助困难家庭中罹患大病的儿童
	2014 年 4 月	河　北石家庄	石家庄市红十字会	2014 年度红十字贫困大病救助
儿童保护	2013 年 9 月	全　国	全国妇联主办，中国妇基会等百家公益组织	"大篷车"儿童性侵害预防教育大讲堂
	2013 年 10 月	全　国	伊利集团	"伊利方舟工程"西部留守儿童安全培训
	2014 年 3 月	四　川	北京市西部阳光农村发展基金会、NGO 备灾中心	儿童灾害教育项目提高家庭、学校和社区的应灾能力，减轻或消除灾害对儿童的伤害

续表

关注领域	时 间	地 区	组织者	项目内容
儿童发展	2013 年 7 月	山 西	中国儿童少年基金会	"春蕾计划·关爱留守流动女童健康成长"公益项目
	2013 年 9 月	内蒙古通 辽	中国儿童少年基金会	"社区儿童成长家园"项目 创建安全的、虚拟家庭式的、学习共同体型的成长乐园
	2013 年 11 月	深 圳	深圳市润锦众成投资咨询有限公司	"关爱儿童公益基金"孤残儿童集中收养、保育护理、康复治疗、特殊教学等工作
	2013 年 12 月	全 国	中华阮姓文化研究会、中华少年儿童慈善救助基金会	爱阮助困专项基金为孤儿、流浪儿和生活上有特殊困难的少年儿童提供医疗救助和生活救助;为青少年教育培训和成才就业资助
	2014 年 1 月	陕 西	儿童乐益会	农村儿童发展项目帮助4898 名陕西省儿童开展体育和游戏类活动
	2014 年 2 月	云 南昆 明	昆明市财政 春蕾少年儿童基金会	春蕾计划关注贫困女童上学问题
	2014 年 2 月	湖 北武 汉	国务院扶贫办 丹麦绫致基金	中国贫困片区儿童减贫与综合发展试点项目全面关爱贫困儿童
	2014 年 3 月	甘 肃陇 西	中国残疾人福利基金会与世界宣明会	"集善残疾儿童助养项目"重点对 0~14 岁的残疾儿童提供帮助
儿童健康	2014 年 1 月	湖 北恩 施	雀巢集团	雀巢健康儿童全球计划传播正确营养健康知识,实施健康儿童营养计划
儿童教育	2013 年 7 月	湖 南	中国儿童少年基金会	"儿童先天性外科疾病"专项救助项目 留守流动女童的心理健康教育,尤其是性健康教育

续表

关注领域	时 间	地 区	组织者	项目内容
儿童教育	2013 年 9 月	四 川 万 源	诺基亚（中国）有限公司、儿童乐益会、中国社会福利基金会	"手牵手计划"为中国 0 至 6 岁农村贫困儿童提供优质的早期养成与教育服务
	2014 年 1 月	湖 北 湖 南 河 北	联合国儿童基金会，阿迪达斯集团	儿童早期发展社区家庭支持项目建立早期育儿服务中心，开展包括托管、启蒙、家庭育儿指导等服务
医疗康复	2013 年 10 月	山 东 青 岛	康宝莱（中国）保健品有限公司	"天使听见爱"项目人工耳蜗植入手术救助
	2013 年 11 月	中西部	南京中脉科技有限公司、中国关心下一代工作委员会等	"朝阳计划——青少年健康守护行动"在中西部建设校卫生室、培训校医
	2014 年 2 月	河 北 石家庄	石家庄慈善总会	"天使之家"脑瘫儿童康复慈善基金关爱脑瘫儿童
	2014 年 4 月	全 国	阿里巴巴集团	"百万堆友，爱在来往"来往扎堆百万公益基金支持自闭症儿童教育康复

（二）儿童类慈善捐赠理念与形式创新

1. 个人受捐者以捐款成立救助基金

2013 年 3 月，13 岁的河南少女闫倩玉为救被困大火中的母亲，被大面积烧伤。经过媒体和网友的宣传，闫倩玉得到了大量社会捐款，但仍不幸去世。2013 年 8 月，其家庭用善款余额成立"闫倩玉烧伤儿童救助基金"，是专门救助烧伤儿童的民间基金。《闫倩玉烧伤儿童救助基金管理办法》（征求意见稿）提出，闫倩玉基金将设立管理委员会，办公室设在南阳市慈善总会，日常事务由办公室主任负责。正常情况下，每季度召开一次全体会，年终召开一次总结会，开展救助活动时一例一会或多例一会。

闫倩玉家庭用剩余善款设立基金，实现了社会爱心的有效传递，各方的行为也体现了现代慈善的规范性。为闫倩玉进行医治后，善款仍有结余。参考相关法律、法规和爱心人士捐款初衷意见，南石医院公布了剩余善款的处理办法：闫倩玉父母因大火烧伤，现在创面依然没有愈合，需要后续治疗，而且家里房屋被烧，经济上极其困难。征求部分爱心人士意见后，医院从善款中拿出 2 万元，用于倩玉父母的治疗，最终剩余善款为1972342 元。剩余善款成立"闫倩玉贫困儿童救治基金"，存放有关慈善机构，并制定详细具体使用办法和标准流程，由相关部门和大额捐赠者一起监管、使用。基金充分尊重捐赠人的意愿，如有退捐意向，捐赠者可于 15日内持有效身份证件到南石医院财务科办理，或通过网络、电话直接联系，医院将按比例做好退还工作。

2. 新婚慈善成婚礼"新风俗"

2013 年 12 月 31 日晚，在长子蔡镕骏、长媳吴慧琳结婚典礼上，盼盼食品集团董事长蔡金垵向晋江市慈善总会捐赠善款 1000 万元，加上 2013年 12 月 28 日向福建省光彩事业促进会捐赠 2000 万元，合计捐赠达 3000万元。蔡金垵、蔡金钗兄弟以双亲蔡开盾、杨秀摘的名义向晋江市慈善总会捐赠的这笔善款，将主要定向于家乡教育慈善事业等项目。

2013 年年底，利郎（中国）有限公司总裁王良星也在儿子结婚大喜之日，通过晋江市慈善总会，为下设在该总会的"王孝沛先生、林淑娥女士慈善基金"增添善款 1000 万元。据了解，王孝沛先生家族先后捐赠慈善公益事业约 5000 万元（不含此次捐款），定向投入教育、老人福利等慈善公益事业项目。

2014 年 1 月，湖南长沙的朱贤和谭钟毓这对新婚夫妇将 10 万元礼金全部捐赠给了芒（杧）果 V 基金，用于建立冰冰火灾伤患儿童援助公益项目。2014 年 2 月，山东省潍坊市新人李国松和张春燕举行了一场节俭婚礼，公交车接送，婚宴全素食，把婚礼省下来的钱在潍坊市慈善总会设立了 2 万元新婚基金，用来救助贫困母婴。2014 年 2 月，宁波一对新人在婚礼上决定把收到的礼金全部捐出。新人全家捐出 200 万元，其中礼金为 80万元，另外 120 万元是新娘父亲补齐的。

新婚慈善成为部分新人婚礼中的一项"新风俗"，开风气之先。新婚慈善也不限于经济条件较好的家庭，部分新人举办朴素婚礼，将礼金用于基金设立。

3. 微基金继续在各地发展

近年，微基金继续在各地兴起，逐渐发挥着重要的作用，慈善微基金包括五大种类：一是企业冠名基金，主要是基金会、慈善总会等与中小企业签订协议，进行冠名，本金可全捐，也可留在单位，只将基金的增值部分捐给慈善事业，捐赠比例参照银行存款利率。二是团体慈善微基金，以团体形式签订协议，可自筹资金，自定救助项目，由基金会方面进行资金监管。三是社区慈善微基金，依托社区，定向用于社区慈善自捐自助的方式，公开透明，由慈善机构监管。四是个人（家庭）冠名基金，以个人或家庭为基金单位，并以捐赠者本人命名。适用于个体、民营、个人（家庭）为提高子女的道德水平和慈善意识而建立的基金。五是特色慈善微基金，面对目前社会存在的特殊病症群体而建立的基金。如针对自闭症的"小蜜蜂基金"、针对血友病的"小葵花基金"、针对白血病的"小天使基金"等，由社会各界定向捐赠，设立专用账户，专款专用。

以山东省青岛市为例，截至 2014 年 4 月，青岛市共设立慈善微基金超过 2000 家，年募捐额已达 4800 万元。青岛市慈善微基金的特点包括：起点低，规模小，最低起点是 1 万元，根据协议可分 5 年连续捐赠（每年捐 2000 元）；面向广大市民、家庭、网友、草根社团、中小企业等；透明公开，可根据捐赠人的意愿定向捐赠，直接与受捐人面对面，信息公开、透明，便于监管，阳光操作。

4. 多地推动冠名基金，鼓励慈善捐赠

2009 年 3 月，江苏省南京市慈善总会在国内率先推出"个人慈善冠名基金"。认捐者最低认捐 1 万元，就可拥有以自己名字冠名的慈善基金。"基金"的认捐方式，既可一次性全额注入，也可一次认捐、分年到位（最长不超过 20 年，即每年 500 元）。南京市慈善总会介绍，截至 2014 年 2 月，个人冠名基金共吸引了近 500 位爱心市民参与，认捐总额达 723 万元，其中学生本人及家长为孩子认捐的比例超过 70%。

2013 年 4 月，山东省聊城市慈善总会出台小额冠名基金管理办法，规定凡是个人（家庭）捐 5000 元以上，中小企业捐赠 5 万元以上的，就可以个人名字、家庭称谓或企业名称建立慈善基金。小额冠名基金可以个人

或家庭名义设立，基金规模起点为 5000 元，可一次性到账，也可分期到账。中小企业捐赠 5 万元以上（含 5 万元）可获基金冠名权。捐赠过程中，捐赠者可根据自身情况续约，追加本金，扩大基金数额。当出现其他情况捐赠方无力履行协议时，可经双方协商，根据捐赠人意愿撤销基金，资金由慈善总会统筹管理。需要救助的，市慈善总会优先给予救助。协议到期后，剩余资金转入日常捐赠。聊城市慈善总会负责人表示，为保证公开透明，基金的日常管理接受捐赠者审计和财政部门以及社会的监督。捐赠者对小额冠名基金的管理使用具有知情权、参与权和支配权。对符合慈善救助条件的困难群体，捐赠者想将基金捐给谁就捐给谁，钱怎么花的可随时查。捐赠者可以跟受赠者见面，面对面捐赠。捐赠者也可以把基金委托给市慈善总会统筹使用，用于实施助医、助残、助学、助困、助孤、助老、赈灾等项目。资金使用后及时向捐赠者反馈救助实施情况。市慈善总会给捐赠者开具正规收据，持收据可享受税务部门有关公益性捐赠税前扣除的政策。根据捐赠者的意见，市慈善总会在新闻媒体和总会网站公布，进行褒扬，宣传个人和企业的慈心善举。

2013 年 10 月 15 日，河北省石家庄市慈善总会设立的"小额冠名慈善基金"和"冠名慈善基金"启动，在当天的首批"小额冠名慈善基金"签约仪式上，共有 55 名爱心市民（包括家庭）和 2 家中型企业、11 家小型企业及社会各类组织成了首批被冠名的捐赠者。根据捐赠人意愿和要求，已有 24.3136 万元慈善基金用于救助智障儿童、脑瘫儿童、大病家庭、弃婴和公益慈善援助项目。按照石家庄市"小额冠名慈善基金"的规定，个人 100 元，企业和各类社会组织 1000 元均可在慈善总会设立冠名基金，捐赠人可自行确定捐助项目、捐助对象并享有基金的知情权、监督权。市慈善总会不从小额冠名慈善基金中提取任何费用。

2013 年 11 月 6 日，浙江省绍兴市慈善总会正式推出小额慈善冠名基金，受到了社会的广泛关注，截至 2014 年 3 月，已有 33 个单位和个人签约建立了小额冠名基金 312.85 万元，实施项目 15 个，受助对象 667 人。

（三）儿童类公益捐赠关注儿童教育和儿童医疗

随着公益事业的发展，企业、公益组织等社会力量逐渐成为我国儿童福利的重要组成部分。2013 年 6 月至 2014 年 5 月，儿童类慈善捐助呈现出如下特点：（1）从捐赠总额和笔数来看，千万元以上捐赠超过 20 笔，至 2014 年 5 月底，平均每月有两笔千万元以上捐赠；（2）从捐赠流向来看，儿童公益捐赠对残疾儿童医疗康复领域、儿童教育领域关注较多；（3）从捐赠方式来看，以企业捐赠为主，基金会捐赠次之；（4）从捐赠接受者来看，基金会接受捐赠所占比重最大；（5）从捐赠趋势来看，捐赠在 9 月和 12 月达到两个高峰，两个时段分别为儿童入学时间和自然年年底，捐赠在 2 月即过年期间达到全年中的最低点。

表 7 - 2　2013 年 6 月至 2014 年 5 月关涉儿童领域民间慈善捐赠情况

捐赠方	金额（万元）	受赠方	活　动	地点
中华慈善总会	6552	云南大理	"慈善医疗阳光救助工程"大理捐助仪式上捐赠总价值 6552 万元的医疗设备	云南大理
苏宁电器	3695	中国宋庆龄基金会、中国扶贫基金会等	苏宁 23 周年慈善捐赠活动	江苏南京
香江社会救助基金会、澳门明德慈善会等	3063	广东省妇联、省妇女儿童基金会等	大爱同行——2013 广东关爱妇女儿童慈善汇	广东广州
杭州师范大学附属医院、浙江省慈善总会	3000	省内 0~70 岁家庭贫困的心脏病患者及部分省外贫困患者	浙江省慈善总会设立冠名基金"心希望慈善金"	浙江杭州
宁波慈善总会	2589	雅安市儿童福利院项目	雅安市儿童福利院项目（援建）	四川雅安
中国儿童少年基金会	2405	四川省妇联	中国儿童慈善活动日——美丽中国爱心行	四川雅安
韩红爱心慈善团队	2375	新疆地区儿童	"韩红爱心·启福"百人援疆公益行	新疆
湖南皇爷食品有限公司及董事长张刚强	2100	湖南省青少年发展基金会	捐赠活动	湖南

捐赠方	金额（万元）	受赠方	活　动	地点
晋煤集团、晋能集团晋城公司、山西兰花集团等近百家单位	2100	晋城市	晋城市全区教育暨第29个教师节表彰大会	山西晋城
徐绍村（个人）	2000	上海市希望工程办公室	将房产捐出，最终捐款额为2000万元	上海
世界宣明会	2000	3000名残疾儿童及残疾人家庭子女	集善残疾儿童助养项目	湖北荆州
深圳爱学宝科技有限公司	1500（物品）	中小学贫困学生、班主任老师及学校	"爱学宝"情系教育、爱心助学公益捐赠活动	河南
百特医疗用品贸易（上海）有限公司	1300	中国儿童少年基金会	捐赠活动	全国
深圳市斯尔顿科技有限公司	1200	湖南省卫生厅	中国"视觉2020行动"捐赠140台总价值1200多万元的"儿童视力筛查仪"	湖南长沙
各界爱心人士	1093.69	中国乡村儿童联合公益基金	2013美丽童行·中国乡村儿童联合公益慈善夜	北京
林定强等10位侨商	1070	福建省华侨公益基金会	侨乡公益事业	福建
盖瑞·普莱尔高尔夫慈善邀请赛拍卖晚宴	1011	艾滋病孤儿	盖瑞·普莱尔高尔夫慈善邀请赛拍卖晚宴举行，共筹款800万元人民币	上海
郑州祝福房地产开发有限公司	1000	郑州慈善总会	成立"祝福儿童血液病康复基金"	河南郑州
上海沪烟草集团	1000	上海市慈善基金	"爱我中华"慈善教育专项基金捐助仪式暨"知识改变命运"大型慈善报告会	上海
杭州娃哈哈集团有限公司	1000	杭州市"春风行动"	杭州市"春风行动"	浙江杭州

续表

捐赠方	金额（万元）	受赠方	活　动	地点
王良星（利郎有限公司总裁）	1000	晋江市慈善总会王孝沛先生、林淑娥女士慈善基金	王良星儿子结婚典礼	福建晋江
建德市农村信用联社	1000	建德市地方慈善总会	成立"建德市农村信用合作联社公益慈善基金"，每年增值收益部分用于本市困难学生的慈善助学及其他急需的困难救助	浙江建德
杜南发	1000	马甲镇慈善会贞保林乃基金	基金利息用于发展孔子文化，奖教、奖学、助学，帮助辖区内困难群众	福建泉州
中国人权发展基金会	1000	西藏中小学	为西藏中小学捐建500所数字图书馆	西藏
中国三星	1000	中国青少年发展基金会	捐赠活动	北京
中石化四川销售有限公司	1000	四川达州市慈善会	情暖桑梓中石化四川销售有限公司千万爱心助学行动	四川达州
湖南邦盛集团	1000	邵东县昭阳小学	捐赠活动	湖南邵东

二　政府购买儿童福利服务较快发展

（一）民政部鼓励社会力量参与困境儿童的救助和服务

政府购买儿童福利服务面临契机和转型。2014年"两会"前后，"政府购买服务"问题受到较多关注。据《中国政府采购报》记者统计，至少有26份政府工作报告提及政府购买服务，占所有省份的近八成。2014年的政府工作报告提出，要创新政府管理理念和方式，健全决策、执行、监督机制，推进政府向社会购买服务的改革。《2014年中央财政支持社会组织参与社会服务项目实施方案》对社会服务提出一系列新要求，为儿童提供福利服务的社会组织需在方向性和专业性上进行调整，才可应对接下来的挑战。

在救助困境儿童上，公益组织相较于政府有其自身的优势，即公益组织能够救"急"、救"大"还有救"难"。其中，救"急"是指对于某些迫切需要解决的问题，公益组织能够更快地作为，效率更高；救"大"则是指提供帮扶的力度更大，比如"天使妈妈"基金曾在一天时间里为一个急需救助的孩子募集40万元善款，帮助其解决了手术费的问题；救"难"则是相较于政府，公益组织能够运用专业知识和技能解决一些更为复杂的问题，例如一对一的心理干预、抚慰工作等。

2014年2月17日，民政部发布《关于建立儿童福利领域慈善行为导向机制的意见》（民发〔2014〕19号）（以下简称《意见》），探索对事实无人抚养儿童、残疾儿童、患大病重病儿童、患罕见病儿童、流浪儿童、流动儿童、留守儿童、贫困家庭儿童的救助和服务。《意见》旨在引导社会力量确定服务对象，指导社会力量界定工作内容，鼓励社会力量从事医疗救助，协助社会力量争取资源支持。我国目前已建立了孤儿基本生活保障制度、艾滋病病毒感染儿童基本生活保障制度、流浪儿童救助保护制度，随着儿童福利制度由补缺型向适度普惠型转变，各类困境儿童群体成为救助和服务的重点。儿童福利覆盖范围逐步向事实无人抚养儿童、残疾儿童、患大病重病儿童、患罕见病儿童、流动儿童、留守儿童、贫困家庭儿童等群体延伸。目前，对大病患儿进行医疗费用的救助是大部分慈善组织所采取的救助方式。此次《意见》鼓励社会力量兼顾经济援助和服务支持，既帮助儿童解决基本生活方面的需求，也满足儿童在教育、医疗、安全、心理健康、社会融入等方面的需求。《意见》要求民政部门向关爱儿童的慈善组织和慈善项目做出倾斜，加大向社会力量购买服务的力度，对于社会力量在服务儿童过程中形成的成功模式和有效经验及时提升为政策法规。社会力量开展的慈善活动是政府儿童福利工作的有益补充。

社会力量进入儿童福利领域开展慈善活动已卓有成效，同时还存在着以下一些问题：

一是专业服务人才，特别是专业医疗康复人才缺乏。目前，儿童大病医疗救助是社会力量的引导重点，除鼓励对该领域的捐助外，还应重视专业服务人才培养，以更好地开展护理型、服务型项目。二是不同社会力量之间缺乏统筹。社会力量各有专长，如缺乏统筹，将导致交叉救助和重复救助，救助力度在儿童群体和地域上不平衡，造成社会资源的浪费。应统筹考虑捐助资金、物资和提供志愿服务等多种慈善形式。

（二）政府购买社会组织服务将全面推广

推广政府购买服务是当前我国深化改革的一项重要举措，对于加快转变政府职能、提高公共服务供给水平和效率、加快服务业发展、扩大有效需求、促进就业具有重要意义。近年来各地积极探索政府购买服务工作，取得了积极成效。特别是《国务院办公厅关于政府向社会力量购买服务的指导意见》（国办发〔2013〕96号）发布后，财政部发挥牵头作用，加强工作指导和政策研究，积极推进地方和中央部门开展工作，各地也建章立制，部署新一年试点，初步形成了中央和地方共同推进改革的良好氛围。

2012年、2013年，财政、民政等部门发布《中央财政支持社会组织参与社会服务项目资金使用管理办法》（财社〔2012〕138号）和《民政部关于印发〈2014年中央财政支持社会组织参与社会服务项目实施方案〉的通知》（民函〔2013〕340号）。2013年11月12日，《民政部关于印发〈2014年中央财政支持社会组织参与社会服务项目实施方案〉的通知》（民函〔2013〕340号），要求在项目申报工作中，要优先考虑面向民生、面向群众、面向基层的项目；优先考虑在特定领域发挥独特作用、具有典型示范作用、具有重大社会影响或做出特殊贡献的社会组织；优先考虑有地方财政资金、福彩资金和社会资金资助的项目；优先考虑上年度项目实施中管理规范、执行有序、效果显著的项目。在项目立项后，各地要审查、汇总、报送立项单位的纸质申报材料，及时召开立项单位项目工作会议，指导其尽快启动项目执行。

2014年中央财政支持的项目预算总资金为2亿元，项目主要资助社会组织开展以下领域的社会服务活动。一是社会救助服务。资助低收入家庭、重特大疾病患者、五保户和失去劳动能力者，为贫困人群、灾区群众提供生活救助、照料、物质和技术支持，在西部地区、少数民族地区、边远山区等地资助城乡贫困人员改善生产和生活条件，改善教育文化条件，改善医疗卫生条件和生态环境；将社会工作引入社会救助服务领域，为低保家庭提供心理疏导、日间照料、病患护理、社会融入、促进就业等方面的服务。二是社会福利服务。以满足老年人养老服务需求、提升老年人生活质量为目标，向老年人提供生活照料、康复护理、医疗保健、紧急救援和社会参与等服务；资助孤儿、弃婴的收养、治疗、康复活动，资助对流浪儿童和特殊困难的残疾儿童的援助保护活动；为残疾人提供包括生活照料、医疗救护、精神慰藉在内的服务和物质保障，资助少数民族地区、贫困地区改善残疾人生活条件，融入社会生活。三是社区服务。以社区为依托，以社区居民为服务对象，开展社区和谐、社区卫生、社区帮教、法律援助、优抚对象保障、特殊群体照料、农民工子女服务等项目。四是专业社工服务。以城市流动人口、农村留守人员、老年人、儿童青少年、残疾人、社区矫正人员、优抚对象和受灾群众等特殊群体为重点服务对象，针对需求提供的包括困难救助、矛盾调处、人文关怀、心理疏导、行为矫治、关系调适、资源协调、社会功能修复和促进个人与环境适应等专业服务项目。

政府购买儿童福利服务涉及方面多、范围广，产生了较好的社会效果。《民政部 2013 年度福利彩票公益金使用情况公告》数据显示，2013年，民政部共安排中央级项目 18200 万元，采取委托部直属单位或者向社会力量购买服务等形式开展老年人福利、残疾人福利、儿童福利和相关社会公益项目。福彩公益金为儿童福利机构管理及专项技能培训项目投入1012 万元。该项目是 2012 年的延续性项目。为提高儿童福利机构工作人员专业素质，提升儿童福利机构管理服务水平，民政部委托专业机构开展孤残儿童护理员（考评员、高级、中级、初级）、特殊教育本科学历教育、康复特教、脑瘫、心理、营养配餐师、院长等培训项目。2013 年，共完成了 62 期 2950 人次的培训。为孤残儿童高等教育助学工程投入 508 万元，通过高等院校单独招生、提前录取的方式使全国儿童福利机构中的应届孤儿高中毕业生接受三年全日制大专教育，并提供上学期间的学费、伙食费、住宿费、生活费、材料费、考级费、实习费等费用。2013 年"助学工程"资助孤残儿童学生 327 名，包括 2013 年入学的学生 110 人，2012 年及 2011 年入学的 217 名孤残儿童在校生。为大龄孤儿学历教育项目投入 600 万元；2013 年年度内，共资助学历教育孤儿分三个年级共计 280 人。为全国儿童福利信息系统（二期）项目投资 800 万元，重点建立全国儿童福利综合信息平台，包括建立亲属监护养育孤儿子系统、孤残儿童家庭寄养子系统、弃孤儿童医疗救助信息子系统、福利机构儿童康复子系统等，实现中央、省、市（地）、县（区）四级以及地方儿童福利机构等 5000 多名用户的信息互动，为儿童福利事业发展提供全面的信息化支撑。为涉外送养儿童寻根回访及中国文化教育项目投入 200 万元，资助 227 名被国外家庭收养儿童来华寻根回访。为中西部省区适龄孤儿职业技能教育项目投入 1000 万元，资助河北、河南、广西、贵州、云南、陕西、甘肃、青海、宁夏等 9 省区经民政部门认可的 15～18 周岁的孤儿参加职业技能教育（培训），使适龄孤儿具备一技之长，自立自强。该项目承担孤儿学员在定点职业院校接受培训期间与学习直接相关的费用，包括学杂费、实训费、伙食补贴、住校费、交通补贴等，2013 年招收培训孤儿学员 793 名。此外，福彩公益金还向社会公益类项目投入 5200 万元。

《2014 年中央财政支持社会组织参与社会服务项目实施方案》对申报项目的社会组织做出了要求，包括：在民政部门登记成立，且 2012 年年检合格；有正在开展实施的社会服务项目；有相应的配套经费来源；有完善的组织机构；有健全的财务制度和独立的银行账号；有健全的工作队伍和较好的执行能力；有开展实施社会服务项目的经验，具有良好信誉；申报专业社工服务的，应为民办社会工作服务机构或社会工作行业组织，并确保项目组专职工作人员中有 1 人以上取得全国社会工作者职业水平证书或具备社会工作专业背景。

政府将鼓励大胆探索，加强分类指导，积极探索多元化、多样化的模式和路径。这对社会组织而言是重要契机。2014 年 1 月，财政部副部长刘昆在全国政府购买服务工作会议上提出，2014 年政府购买服务工作将在全国全面推广，力争"十二五"时期初步形成统一有效的购买服务平台和工作机制，2020 年在全国建立比较完善的政府购买服务制度。首先，政府购买服务将规范市场准入，培育市场主体，解决好"向谁买"的问题。购买服务的承接主体包括依法在民政部门登记成立或经国务院批准免于登记的社会组织，依法在工商管理或行业主管部门登记成立的企业、机构等社会力量。鼓励事业单位参与提供公共服务，积极培育发展社会组织，大力支持社会组织开展社会服务活动。其次，健全购买机制，完善购买程序，解决好"怎么买"的问题。对公共服务项目中符合政府采购竞争性条件的，宜统一纳入采购程序，并在既有框架下给一些"宽免"政策，对不符合竞争性条件的，允许采取委托、特许经营、战略合作等合同方式进行购买，确保服务购买环节顺畅高效。最后，加强绩效管理，完善监督机制，解决好"买得值"的问题。要抓紧建立健全购买服务信息平台，实行信息公开，大力推进预算绩效评价工作，加强财政监督，确保人民群众享受到更加优质高效的服务，确保财政资金和财务人员"两个安全"。

结语
全面建设现代儿童福利制度

2013 年我国人均 GDP 达到 6700 美元，儿童福利发展已具备良好的经济基础，提高儿童福利保障水平势在必行。儿童福利不仅关系到社会的和谐稳定，而且关系到国家的未来。目前，全面建设儿童福利制度的条件和时机已经成熟，应加快步伐进入全面建设儿童福利的新时代。

一　构建困境儿童分类保障制度

推进困境儿童分类认定，将全体困境儿童纳入保障范围。2010 年起，我国已经建立了面向孤儿、艾滋病病毒感染儿童的福利保障制度，但我国认定孤儿的标准较为严格，未能将事实无人抚养儿童等困境儿童纳入保障范围，对其他类别的困境儿童还未开展认定和保障工作。2013 年民政部开展的适度普惠型儿童福利制度试点中，将保障扩大到孤儿、困境儿童和困境家庭儿童，尽管该试点只覆盖了 50 个市（区、县），但从分类认定上将大部分的困境儿童纳入了保障范围。因此，推进困境儿童分类认定工作，是推进儿童福利保障制度的基础。应按照父母是否健在、父母是否失踪、父母是否服刑、父母及儿童是否有重度残疾、父母及儿童是否患有重大疾病、家庭经济状况 6 个维度对困境儿童进行具体界定，对不同类别的儿童根据其需求、困难程度、保障方式等进行界定，以便开展福利保障工作。

推进建立覆盖全部困境儿童的津贴保障制度。目前父母双方死亡或父母双方失踪的孤儿在全国层面得到基本生活津贴的保障，部分困境儿童（父母双方服刑、父母双方重度残疾、父母双方患有重大疾病）在极小范围内（部分省份的个别市区）被纳入保障范围，其他大部分困境儿童未被基本生活津贴制度所覆盖。应继续延续各地扩展事实无人抚养儿童范围的做法，将津贴保障范围扩大至更多的事实无人抚养儿童并逐步覆盖全部困境儿童，可针对不同困境情景下的儿童类别，制定不同层次的保障水平。首先，将事实无人抚养儿童纳入孤儿保障范围，扩大孤儿津贴发放范围；其次，建立重残重病儿童津贴保障制度，将大病、重残儿童纳入保障范围；再次，将父母残疾或患有大病、家庭贫困的儿童纳入保障范围，加强各地社会救助制度与儿童福利保障制度的衔接，同时依据城乡居民最低生活保障标准和孤儿养育标准，建立儿童最低生活保障津贴标准，对贫困家庭儿童进行差额补贴；在经济发展达到发达国家水平的地区，建立面向全体儿童的福利津贴制度，让每个儿童都能够在政府的财政支持下、在各自的家庭中茁壮成长。

二 加强儿童医疗卫生体系建设

普及"婴儿安全岛"，完善"婴儿安全岛"接受弃婴的规章制度。"婴儿安全岛"是地方福利机构保护弃婴生存权的大胆创新和探索，在国外，为弃婴提供庇护的做法已较为成熟，但在我国尚属新生事物。广州市由于交通发达、流动人口多，加上周边城市都没有"婴儿安全岛"的试点，使得广州"婴儿安全岛"接收的弃婴短期内激增而暂停试点，但这并不意味着"婴儿安全岛"的探索应该暂停。相反，应该积极为"婴儿安全岛"配备相应资源，并尽快在全国各地普及"婴儿安全岛"，避免弃婴拥向大城市。同时，完善"婴儿安全岛"接收弃婴的规章制度，对于违反法律、恶意弃婴的父母应留取证据，一方面，保障弃婴的生存权，另一方面，对恶意弃婴等行为要依法追究责任。当然，要从根源上解决这一问题，还需要从儿童医疗、重残重病儿童津贴等多项福利制度的建设着手，才能系统解决这一问题。

做好婚检、孕检工作是从源头上减少弃婴行为的最有效手段之一，需尽快健全和落实全国范围内的免费婚检和孕检制度。国家卫生和计划生育委员会数据显示，我国每年新生缺陷儿超过90万名。从目前福利机构收养的病残儿童看，绝大部分与遗传性疾病和母亲怀孕期间用药不当，以及生活方式不好有关。现在的医疗技术可以通过婚检检测出一些遗传性疾病，对不宜生育的夫妇提出合理避孕的建议；可以通过孕检检测出胎儿的健康状况，对胎儿患有疾病的孕妇劝导其终止妊娠，降低缺陷儿童的出生率。自 2010 年开始，国家免费孕前优生健康检查项目在 18 个省（区、市）的 100 个县开展。2011 年，试点实施区域扩大至 31 省（区、市）220 个县。陕西省实施免费婚前检查、孕前筛查，2005 年至 2012 年，出生人口缺陷发生率由 12.5‰ 下降到 10.4‰，婴儿死亡率由 0.242‰ 下降到 0.119‰。需要尽快健全和落实全国范围免费婚检和孕检制度，从源头上降低缺陷儿童出生率。

将新生儿疾病筛查纳入到基本公共卫生服务中，并对筛查后发现的大病患儿及时进行治疗和救助。除了婚检和孕检外，新生儿疾病筛查是进行早期干预、预防重大疾病的另外一项重大举措，但目前我国总体筛查率偏低，仅40%，而且地区发展不平衡，东部地区新生儿疾病筛查率能够达到 80%，而西部地区则只有 21.7%。鉴于新生儿疾病筛查的重大意义，上海、青海、云南、安徽等地将新生儿疾病筛查纳入当地的基本公共卫生服务，实现了免费筛查。我国早在 1994 年的《母婴保健法》中就提出医疗保健机构要逐步开展新生儿疾病筛查，但该项目迄今尚未纳入基本公共卫生服务范围，这就使得新生儿疾病筛查仅在部分经济发达或重视该项工作的地区展开。应将新生儿疾病筛查纳入基本公共卫生服务范畴，并将疾病筛查后的治疗和康复所需的主要药物列为基本药物目录，对筛查后发现重大疾病的贫困家庭及时予以救助，真正实现早发现、早治疗。

尽快出台措施实现城镇新生儿"落地参保"。新生儿的特殊性使得需要有针对性的政策和措施，才能让他们及时享受基本医保报销，目前我国的城镇居民基本医疗保险尚未出台具体措施，使得大量城镇新生儿未被医疗保险所覆盖，一旦患病医疗费用需家长全部负担。城居保应尽快实施新生儿"落地参保"政策，真正实现基本医保的全覆盖。

延续"儿童优先"的政策设计理念，提高未成年人医疗保险报销比例和封顶线，并优先将儿童类重大疾病纳入重大疾病统筹。在 20 世纪 50 年代到 90 年代，儿童医疗保障隶属于公费医疗、家属劳保和农村合作医疗，在随后的医保改革中，儿童完全淡出公共医疗卫生政策的视野，极大地忽视了儿童的医疗需求和政府在儿童医疗保障中的主体地位。长期以来，我国在制定相应社会政策时，也并没有专门针对儿童的社会保障、社会福利或救助政策。但随着我国成为联合国《儿童权利公约》的成员国，儿童优先、儿童利益最大化的理念已越来越多地被接纳。无论是贫困儿童的基本生活还是儿童教育，都出台了相应的有针对性的救助政策。在医疗卫生领域，从2010年国家开始实施重大疾病医疗保障试点以来，优先将两类儿童大病（儿童急性白血病和先心病）纳入重大疾病医疗保障范围，到2013年，国家又新增两类儿童大病（儿童苯丙酮尿症和尿道下裂症），体现了在该领域中对儿童的重视和儿童优先的理念。而部分地区也延续了这一政策出台的理念，在国家规定的病种基础上，优先将儿童类重大疾病或慢性病纳入重大疾病医疗保障和特殊病种门诊统筹范围。但仍有部分发病率高、社会影响大的儿童大病（如脑瘫等）未在国家层面被纳入大病保障范围。在医疗保险报销方面，目前基本医保的报销比例较低，一些地区如重庆、北京、长沙等地则提高了儿童的报销比例和封顶线，对儿童予以倾斜。未来的医疗保险政策需延续儿童优先的理念，一方面，提高儿童的医疗保险报销比例和封顶线；另一方面，优先将儿童类慢性病和重大疾病纳入特殊病种门诊统筹和重大疾病住院统筹，优先保障儿童的医疗需求，将《儿童权利公约》的要求进一步落实。

三 完善儿童监护干预和儿童保护机制

南京女童饿死等事件暴露我国儿童监护干预制度的缺陷。南京两名女童饿死事件中，其监护人早已丧失监护能力（父亲入狱、母亲吸毒），当作为儿童监护第一责任主体的父母不具备养育子女的能力时，国家需通过法律规定干预措施，包括应急措施、监护权转移、指定寄养或收养、发放家庭津贴等，承担起儿童监护的责任。

国家目前已着手构建儿童监护权转移制度，应尽快出台相关政策法规，并加快儿童庇护机构和专业人员等配套的建设。国外早已建立了成熟的儿童监护干预制度，美国《儿童虐待预防与处理法案》规定，公民遇到疑似儿童虐待的情形，有义务向儿童福利机构举报；行政机构在发现虐待儿童案件后会第一时间介入，并启动后继调查、提起对监护人诉讼；日本《民法典》规定未成年子女的亲属或检察官有权请求法院剥夺父母亲监护权。我国监护干预制度的法律规定严重滞后且不具有可操作性，2014 年 3 月，最高人民法院、公安部、民政部联合召开家庭监护失当未成年人监护权转移工作座谈会，表示国家开始着手儿童监护权转移的制度建设，应尽快出台政策法规，建立多部门联动机制对父母不能履行监护责任的家庭进行干预，并健全儿童庇护机构，加强对专业工作人员的培养。

针对儿童性侵多发生在留守儿童和流动儿童的情况，需要建立全社会参与的儿童监督和儿童保护机制，建立专业化、职业化的儿童福利工作队伍，并尽快推进儿童福利立法，解决目前法律政策碎片化和落实难的问题。儿童性侵害成为 2013 年最受社会关注的犯罪问题之一。为此，教育部、最高人民法院等纷纷采取了措施：教育部等四部门联合发布《关于做好预防少年儿童遭受性侵工作的意见》，强调把好教职工入口关，大力整治校园性侵事件，同时加大公安机关介入力量，大力整治学校及周边安全隐患，对女生宿舍聘用女性管理人员等。最高人民法院、最高人民检察院、公安部和司法部联合发布《关于依法惩治性侵害未成年人犯罪的意见》，该项政策是我国首次在司法层面针对性侵犯未成年人做出的专题规定，针对性强，标准清晰，是司法层面保护儿童权益的重大突破。然而，在新的社会环境下，预防儿童性侵面临许多新问题，如在近期发生的儿童性侵事件中，留守儿童和流动女童是主要的受害者。2010 年，我国有 6102 万名留守儿童和 3581 万名流动儿童，数量巨大，这些对儿童保护工作提出了新的挑战。针对性侵多发生在留守儿童和流动女童的情况，还需建立全社会参与的儿童监督和儿童保护的发现机制，并建设专业化、职业化的儿童福利工作人员队伍，对儿童进行适当的性知识方面的教育，提高儿童自我保护的意识。

四　推动早期教育和特殊教育发展

对儿童早期教育的投入能够有较高回报，应加大公办幼儿园和企业幼儿园规模，并给予民办幼儿园更多财政支持。儿童早期发展对于一个国家的长期发展有最高的回报率，对儿童早期发展每投入1美元，回报可以超过7美元，我国应积极探索一条具有中国特色的儿童早教发展途径。首先，是完善法律法规、让保障儿童健康在国家层面有比较完善的运行规则，同时，儿童早期发展需要多部门参与，政府牵头，各部门明确分工，加强沟通协调。其次，须加强医疗机构、妇幼保健院和服务能力建设，推动卫生事业发展；积极推进儿童早期发展机会的均等化，对贫困地区提供经费支持、疫苗接种等服务。再次，加大国家公办幼儿园和企业幼儿园的规模，同时从政策和财政上支持民办幼儿园的建设与发展，满足我国儿童入园的巨大需求。最后，教育是将人口负担转变为人力资源的重要途径。三中全会把教育改革列为重点目标，中国目前的财政投入有17.6%投入教育。除强调学校和早教机构的职责外，还应重视家庭对儿童发展的作用。

我国儿童早期发展存在很大程度的不平衡，应更加关注0～3岁婴幼儿早期教育的规划和发展。我国0～3岁婴幼儿早教发展起步较晚，随着日益增长的家庭早教需求和巨大市场潜力，近年来以市场服务为目的的早教发展迅猛。然而，由于准入门槛底、缺乏监督管理，导致亲子班等早教机构的整体服务质量良莠不齐，专业人员技能水平偏低。目前，政府和社会力量正在开拓婴幼儿早期教育和发展的有效途径：国家卫生计生委将婴幼儿早教纳入工作框架，在全国多地建立起示范性早期教育发展中心；老牛基金会引进国外儿童发展的成功模式，在呼和浩特、北京等地建立儿童博物馆。为儿童的幼年投资，就是为人类发展和经济发展投资，这已经成为全球共识，国际组织和各国政府都在采取行动，设计实施投资儿童早期发展的方案。幼儿发育的早期阶段是儿童极为重要的阶段，大脑对外部环境刺激最敏感的时期，它将决定着接下来的青少年和成人阶段。为此，我国应特别加强对0～3岁婴幼儿早期教育和发展工作的支持和管理，引导市场服务力量，发挥公益主导作用，建立起有利于0～3岁婴幼儿早期教育健康有序发展的长效机制。

特教师资准入制度需与调整特教教师待遇相结合，才能系统提升特教师资力量。2014年，教育部发布《特殊教育提升计划（2014—2016年）》

为解决适龄未入学残疾儿童的就学问题，提出要加强特殊教育师资队伍建设，却对特教师资的激励政策未做明确具体的规定，虽然《特殊教育提升计划（2014—2016 年）》提出要研究建立特殊教育专业证书制度，逐步实行特殊教育持证上岗，将特殊教育相关内容纳入资格考试，但相应的行业准入制度需与特教师资的待遇考核、晋升制度结合起来，才能增加特教师资的吸引力，解决因特教师资的缺乏而导致的随班就读这一模式式微的问题。

将特殊教育纳入整个教育体制进行规划，并对适合随班就读的残疾儿童设定评估标准，在此基础上提出的残疾儿童入学目标才能更加切实可行。普通学校附设特教班就读和随班就读是安置残疾儿童的重要方式，在世界各国，以附设特教班就读和随班就读为表现形式的融合教育都是特殊教育的主要方式，但这一方式的实行需要一系列软硬件的支持，如资源教室、相应的师资队伍等。我国提出要以随班就读的安置方式为主，并在不同阶段设置相应的残疾儿童入学率的指标，但对相应的资源配置未提出详细和明确的要求，从而使得随班就读这一安置形式在实践中难以实现，导致特殊教育在校学生数量出现一定的反复。因此，除了对残疾儿童入学率提出相关要求外，更应该配备相应的资源，以将残疾儿童的入学和所需资源情况纳入整个教育体系去进行考量和设计，使残疾儿童更好地融入现有教育体制，而非简单提倡"随班就读"。此外，并非所有残疾儿童都适合"随班就读"，国家还需在调研的基础上，科学设计适合随班就读的残疾儿童标准，并予以硬性要求，才能让随班就读这一方式更科学和更持续地展开，提高残疾儿童入学率也才更加可行。

提高对特殊教育的重视程度，增加财政投入并为随班就读和融合教育制定系统化解决方案。如前文所述，我国财政性特殊教育经费不仅总量上不到美国特教经费的 1/10，财政性特殊教育经费占整个财政性教育经费的比例，也远远落后于美国，说明对特殊教育的重视程度还不够。未来即使不能增加整体的财政性教育经费投入，也应增加财政性特教经费的比例，提高对特殊教育的重视程度。在扩大普通学校随班就读规模的同时，加强特殊教育资源教室和普通学校特教师资的建设，并针对特教老师制定具体的激励政策，实现特殊教育随班就读模式的可持续发展。

五　推进普惠型儿童福利制度建设

中国儿童福利示范区项目通过设置儿童之家和儿童福利主任，为全体儿童提供普惠型、综合型的儿童福利服务。2010 年，民政部社会福利和慈善事业促进司、联合国儿童基金会和北京师范大学中国公益研究院共同开展了"中国儿童福利示范区项目"，该项目在四川、河南、新疆、云南以及山西五省区 12 个县的 120 个村开展试点。在试点地区建立了儿童之家，由儿童福利主任和项目主任队伍递送集保护、关爱、预防、治疗、康复为一体的儿童福利服务，通过儿童家访、社区宣传、儿童之家活动等方式为儿童提供生活、教育、医疗、保护等多方面保障，跨越了儿童福利服务递送路程的最后一公里，确保所有困境儿童能享受到应有的福利服务。联合国儿童基金会将中国儿童福利示范区创新"儿童福利主任"的模式评为全球典范工程，并于 5 月 14 日在北京师范大学英东学术会堂召开"缩小差距，推进公平——让儿童福利零距离"创新论坛，对这一创新进行总结和推广。

综合儿童福利服务使项目区儿童的脆弱性明显降低。自中国儿童福利示范区项目启动以来，共有 2826 名儿童在儿童福利主任的协助下办理了户籍手续；3027 名儿童申请到了最低生活保障；1400 余名大龄儿童接受了职业技术培训。从 2010 年到 2012 年年底，项目区儿童新农合参合率从 83.8% 上升到 98.5%，残疾儿童就学率从 59.4% 提高到 84.5%，学龄儿童辍学率从 4% 下降到 2%。

目前一些地区探索建设儿童福利指导中心，但其职责仅限于散居孤儿相关服务方面。除了"五省十二县"的试点地区以外，浙江瑞安、江苏无锡、湖北黄石、福建泉州也开始建设儿童福利指导中心。现有的儿童福利指导中心的职责大多限定在落实相关孤儿政策，如为散居孤儿建档造册、对散居孤儿养育情况进行监督指导、落实相关孤儿优惠政策等。

未来，需要在全社会构建以社区为基础的儿童福利服务递送体系，才能更好地推进普惠型儿童福利制度的建设和实施。未来需在目前的基础上，借鉴"中国儿童福利示范区"项目设置儿童福利主任的经验，普遍设立儿童福利社会工作岗位；将儿童福利服务指导中心的建设从试点地区扩展到全社会；将服务对象从散居孤儿扩展至全体儿童尤其是重残重病等困境儿童；将服务内容从目前的孤儿相关政策的落实扩展至所有儿童政策和福利服务的落实，全面构建儿童福利服务的递送体系，让全社会的儿童尤其是需要救助的困境儿童及时享受国家各项儿童福利政策的利好，从而全面推进普惠型儿童福利制度的建立和实施。

六　建立儿童福利发展评估制度

我国有 2.79 亿 18 岁以下的儿童①，他们是家庭的核心，也是社会关注的焦点。近年来，随着国家加大对儿童福利的重视程度，儿童福利事业也得到了快速发展。但由于各地经济发展水平和理念的不同，各地的儿童福利发展水平也不尽相同。如何让儿童福利发展水平与各地的经济发展水平相匹配，以实现国家层面的建立与中等经济发展水平相适应的儿童福利制度的目标，需要全面了解各地儿童福利发展的实际情况，并据此及时对各地的儿童福利发展状况进行指导。

采用"指数"评价儿童福利发展状况是国际上较为通用的做法。为了解各个国家儿童福利的发展情况，国际上通常采用"指数"这一工具来评价儿童福利的发展情况，如救助儿童会（Save the Children）的儿童发展指数是对儿童的卫生情况（5 岁以下儿童死亡率）、儿童教育情况（未入学的小学适龄儿童百分比）和基本需求（5 岁以下儿童低体重的百分比）三项指标进行汇总，然后根据权重计算各国的得分；联合国儿童基金会的富裕国家儿童福利指数则是以物质福利、健康与安全、教育质量、行为与危险和住房与环境等五大标准对发达国家儿童状况进行的评估。

《中国儿童发展纲要》提出了系统且具体的儿童发展监测统计指标体系。在我国，为了推动儿童福利的发展，2011 年国务院印发的《中国儿童发展纲要（2011—2020）》中，提出了儿童发展纲要的监测统计指标体系，

---

① 　数据来源：据第六次人口普查数据，2010 年中国 18 岁以下儿童人口为 2.79 亿，占全国总人口的 21%。

该指标体系涵盖儿童健康、儿童教育、儿童福利、社会环境 4 个领域 52 项主要目标，衡量目标达标情况的可量化指标达到了 60 项。

对这些指标进行监测和评估，需要在国家层面做出制度安排。首先，建立科学的评估机制；其次，明确评估主体、评估时限、评估原则，并建立可操作的评估流程。运用"指数"这一工具评价儿童福利发展情况，有助于为地方的儿童福利事业的发展进行及时的监督和指导，以此推动儿童发展目标的实现，促进儿童福利事业的发展。

有关儿童福利的重要政策（2013.6～2014.6）

一　教育发展

教育部办公厅关于进一步做好重点大城市
义务教育免试就近入学工作的通知

教基一厅〔2014〕1号

北京、天津、辽宁、吉林、黑龙江、上海、江苏、浙江、福建、山东、湖北、广东、重庆、四川、陕西省、直辖市教育厅（教委）、各计划单列市教育局：

义务教育免试就近入学工作（以下简称入学工作）关系千家万户，备受人民群众关注。由于重点大城市优质教育资源分布尚不均衡，群众需求多元，调整需要时间，仍不同程度存在义务教育择校问题，影响了社会对基本公共教育服务的满意程度，不利于和谐稳定。为贯彻落实《教育部关于进一步做好小学升入初中免试就近入学工作的实施意见》，现就进一步加强直辖市、副省级省会城市、计划单列市（以下简称重点大城市）入学工作通知如下。

一、进一步明确重点大城市入学工作的目标任务

2014年各重点大城市应制订完善进一步规范义务教育免试就近入学的方案。到2015年，重点大城市所有县（市、区）实行划片就近入学政策，100%的小学划片就近入学；90%以上的初中实现划片入学；每所划片入学的初中90%以上生源由就近入学方式确定。

逐步减少特长生招生学校和招生比例，到2016年经省级教育行政部门批准招收特长生的初中学校所招收的特长生比例应降到5%以内。没有特长生招生方式的省份不再增设该方式。

到 2017 年，重点大城市 95% 以上的初中实现划片入学；每所划片入学的初中 95% 以上的生源由就近入学方式确定。组织考试及与入学挂钩行为得到杜绝，与择校有关的乱收费得到根治。

已经实现上述目标的城市要进一步巩固提高。

二、进一步纠正影响重点大城市入学工作的违规行为

不得违反《义务教育法》免试规定。入学工作禁止组织笔试、面试或任何变相形式的考试、考核。各重点大城市教育管理信息化水平较高，入学报名工作要在网上进行，要充分发挥全国中小学生学籍信息管理系统的作用。

不得抢夺生源和举办相关培训班。要纠正个别学校以各种学科类实验班名义招生的行为。禁止初中从小学各个年级选拔学生进行"特殊"培养，变相抢夺生源，破坏正常教育生态的行为。任何学校不得举办或参与举办各种培训班选拔生源。

保持治理择校乱收费高压态势。巩固治理乱收费成果，防止反弹。坚决查处个别学校收取择校费的行为，坚决切断收取择校生与获得利益的联系。特别要治理通知家长到指定单位缴纳各种名义的择校费的行为。择校生不得享受优质高中到校指标。

三、加强重点大城市入学工作的组织领导

制订工作方案。各重点大城市要结合实际，有针对性地确定总体及阶段性目标，制订时间表、路线图和任务书。工作方案要突出重点地区，着力聚焦主城区择校问题；突出热点学校，着力控制并逐步缩减一些名校、热点学校的择校生比例；突出重点时段，提前做好入学工作预案和政策解读工作；突出重点学段，在抓好就近入学的同时，特别抓好前期的规划、规范与引导。

狠抓工作落实。各重点大城市要将入学工作纳入教育综合督导，作为衡量区域内义务教育均衡发展成效的重要指标，建立全方位、经常化的督导检查机制，把评价考核与表彰奖励、行风评议、政绩考核紧密联系起来。要不定期开展专项治理工作，坚决查处违法违纪违规行为，追究有关单位和个人责任，进行通报和曝光，发挥专项治理的警示作用。

各重点大城市相关工作安排及责任人、联系人名单、详细联系方式请于2014年3月底前报我部基础教育一司。

2014年1月28日

教育部办公厅 财政部办公厅关于做好
2014年中小学幼儿园教师国家级培训计划实施工作的通知

教师厅〔2014〕1号

各省、自治区、直辖市教育厅（教委）、财政厅（局），新疆生产建设兵团教育局、财务局：

为进一步推动教师培训改革，充分发挥示范引领作用，现就做好2014年中小学幼儿园教师国家级培训计划（以下简称"国培计划"）示范性项目、中西部项目和幼师国培项目实施工作，提出如下要求：

一、认真做好培训调研，按需设置培训项目

各地要对"国培计划"项目实施情况进行全面调研，深入农村学校，重点听取一线教师的意见，找准项目实施中存在的主要问题，明确工作重点。要对教师教育教学行为进行诊断分析，准确把握教师培训需求，细分培训对象，有针对性地进行培训规划设计，确保项目设置的针对性和科学性。

"示范性项目"进一步凝练培训重点，旨在加强高端培训，倾斜支持体育、美育、特殊教育和优秀传统文化教育等紧缺领域教师培训，创新完善教师网络研修模式，加强专兼职培训者队伍建设。"中西部项目"和"幼师国培"项目本年度要加大送教培训力度，切实扩大培训受益面；进一步完善置换脱产研修，推动短期集中培训改革，提高远程培训质量；专设教师信息技术应用能力培训项目，促进信息技术与学科教学深度融合。

二、推进综合改革，破解重点难点问题

各地要针对项目实施中存在的培训内容针对性不强、培训方式单一和培训质量监管薄弱等重点难点问题，切实改进培训课程，创新培训模式，优化项目管理体制，推进"国培计划"综合改革。要根据教师专业发展规律，试行跨年度培训，系统设计递进式培训课程，满足教师不同阶段需求，促进教师专业持续发展。积极创新培训模式，促进教师边学习、边实践、边提升，实现学用结合。优化项目管理体制机制，改变以省级教育行政部门和培训任务承担院校（机构）管理为主局面，推动地方教育行政部门、培训机构和中小学校协同创新，齐抓共管，形成合力，确保培训质量和水平。

"示范性项目"遴选有条件的地区和培训机构先行先试，为"中西部项目""幼师国培"项目和各地教师培训综合改革探索模式。各地要结合本地实际，参照"示范性项目"做法进行改革试点。

三、推行混合式培训，提升培训实效性

要有效利用教师网络研修社区，切实推行混合式培训。各地要将网络研修社区作为项目申报的重要条件。集中培训项目要将集中面授与网络研修相结合，面授阶段要切实提升实践性培训效果，通过现场诊断，帮助教师发现问题，通过案例教学、实践观摩和情景体验等方式，帮助教师解决教育教学问题；将返岗实践作为培训的组成部分，利用网络研修社区对教师进行指导和管理，确保学以致用。远程培训项目要将网络研修与现场实践相结合，建立并完善"个人空间—教师工作坊—研修社区"一体化网络研修体系，通过建立学科组、学校、区域性教师学习共同体，做好线下研修，确保现场实践成效。

"示范性项目"深入实施网络研修与校本研修整合培训，建立校本研修良性运行机制；实施教师工作坊高端研修，将集中面授与教师工作坊研修相结合，探索骨干教师常态化培训模式。"中西部项目"和"幼师国培"置换脱产研修和短期集中培训要有效利用教师网络研修社区，进一步创新模式，提升培训效果；远程培训项目要推行网络研修与校本研修整合培训。

四、强化项目管理，确保培训质量和水平

各地要针对项目组织实施过程中存在的地方教育行政部门协调指导不够、部分培训方案质量不高、部分学员参训动力不足、经费配置需要优化和过程监管需要加强等问题，采取硬招、实招，强化项目管理，确保培训质量和水平。

1. 下移管理重心。各省级教育、财政部门要进一步明确项目管理分工，落实各方责任，建立"联合立项、分工负责、协作推进"的工作机制，强化地市和区县教育行政部门在培训立项阶段和组织实施过程的参与，确保项目管理落到实处。

2. 严格培训方案评审。各地在今年招投标时，须根据绩效评估结果，实行末位淘汰，严守底线。细化评审指标体系，公开评审标准，随机抽取专家进行评审，公正评审每一所申报院校（机构）的每一个培训方案，严把培训质量关，确保遴选高水平院校（机构）承担培训任务。

3. 激发学员参训动力。各地要细化学员选派资格条件，改进选派程序，遴选条件符合、参训积极性高的教师参训。通过建立"个人空间"和电子档案等方式，有效呈现学员学习过程及成效，完善学员评价机制。试行通过学分管理，进一步激发学员参训动力。

4. 优化项目经费配置。各地要因地制宜、统筹规划、合理分配培训经费。一般情况下，"中西部项目"置换脱产研修安排45%左右、短期集中培训安排25%左右、远程培训安排30%左右；"幼师国培"置换脱产研修安排35%左右、短期集中培训安排45%左右、转岗教师培训安排20%左右。要加强经费使用监管，确保专款专用，厉行勤俭节约。各地要落实工作经费，确保项目顺利实施。

5. 重点加强过程监管。各地要有效利用信息管理系统，实现项目申报、方案评审、组织实施和绩效考核全过程的信息化管理。建立项目实施过程监控机制，向各地定期通报监管评估结果，强化评估结果应用。

各省级教育行政部门应于本通知印发后15天内在"国培计划"网站发布招投标通知。相关省（区、市）应在4月30日前完成"中西部项目"和"幼师国培"规划方案研制和招投标工作，按相关要求报送教育部、财政部评审。对经核实在项目实施过程中，存在培训组织管理不力、参训学员满意度低、培训经费使用不当等类似问题的省份，中央财政将核减该省份当年"国培计划"专项经费。

2014 年 4 月 1 日

附件1 "国培计划（2014）"——示范性项目

为示范引领各地教师培训改革，加大教师培训模式创新力度，2014年"示范性项目"重点围绕推进综合改革、加强紧缺领域教师培训、创新完善教师网络研修、提升培训能力，开展以下培训。

一、推进综合改革

1. 骨干教师能力提升高端研修。对1600名中小学幼儿园省级骨干教师进行为期2年培训，将集中面授和网络研修相结合，其中面授每年不少于15天，网络研修每年不少于80学时。以任务驱动为主线，提升专项能力，总结教学经验，塑造教学风格，凝练教育思想，打造研修团队。面授阶段重在经验总结、问题诊断、思想凝练，明确提升目标与路径；网络研修阶段重在导师引领、课题研究、反思实践、交流研讨、成果展示、辐射引领。通过跨年度、分阶段连续递进式培训，为各地培养一批教学改革的带头人和骨干培训者。

2. 优秀青年教师成长助力研修。对1600名具有较大发展潜力的中小学幼儿园优秀青年教师进行为期3年培训，将集中面授和网络研修相结合，其中面授每年不少于15天，网络研修每年不少于80学时。通过任务驱动，提升教师教学能力、研究能力和创新能力，打造研修团队。面授阶段重在问题诊断、案例示范、情景体验，做好发展规划，明确发展路径；网络研修阶段重在导师引领、同伴交流、反思实践、课题研究、成果集结、辐射引领。通过跨年度、分阶段连续递进式培训，为各地培养一批省级骨干教师和骨干培训者。

以上两个项目列入各地培训规划，培训院校（机构）与省级教育行政部门协同实施，省级经费支持，国家立项给予资助。

二、加强紧缺领域教师培训

3. 优秀传统文化教育骨干教师培训。对150名经典诵读教育骨干教师和1000名民族地区双语教师进行诵读教育专项培训，对200名书法教育骨干教师和教研员进行专项培训，提升教师进行优秀传统文化教育的能力，推进立德树人。

4. 特殊教育骨干教师培训。贯彻落实《特殊教育提升计划（2014~

2016年）》，对1800名特殊教育学校骨干教师进行为期10天的集中培训，为全国每所特殊教育学校至少培训一名骨干教师，提高教师教育教学能力和校本研修指导能力。

5. 体育美育骨干教师培训。对3000名体育、音乐、美术等学科骨干教师和教研员进行为期10天的集中培训，将基本技能与专项技能培训相结合，重点提升教师专项技能和培训能力。

6. 幼儿园骨干教师培训。采取集中培训和远程培训相结合的方式，对52000名幼儿园骨干教师进行专项培训。其中，对2000名幼儿园骨干教师和教研员进行为期10天的集中培训，重点提升其培训能力；对50000名幼儿园骨干教师进行50学时的远程培训，提高教师的保教能力和园本研修指导能力，防止和纠正幼儿园教育"小学化"倾向，促进学前教育科学发展。

7. 骨干班主任教师研修。对1000名中小学骨干班主任教师（包括150名骨干少先队大队辅导员）和心理健康教育骨干教师进行为期10天的集中研修，提高班主任和心理健康教育教师的专业能力和素质。

三、创新完善教师网络研修

8. 网络研修与校本研修整合培训。依托教师网络研修社区，将网络研修与校本研修相结合，对50000名中小学教师进行为期一年不少于120学时的混合式培训，其中线上研修不少于80学时，线下研修不少于40学时，重点提升教师信息技术应用能力，进一步创新远程培训模式，形成校本研修良性运行机制，提高校本研修质量，促进教师学用结合，推动教师培训常态化。

9. 教师工作坊高端研修。依托教师网络研修社区，将集中研修与教师工作坊研修相结合，培养300名"种子"教师，组建100个教师工作坊，培训30000名区域骨干教师，提升骨干教师教育教学能力和培训能力，推动"种子"教师从优秀迈向卓越，打造信息技术环境下的教师学习共同体，探索骨干教师常态化培训模式。

四、提升培训能力

10. 一线优秀教师培训技能提升研修。对担任兼职教师培训者的5000名中小学幼儿园一线优秀教师和教研员进行为期10天的培训技能专项培训，重点提升培训教学和组织实施能力。对 150 名教师进行能力测评培训，开发并完善教师能力测评工具，探索基于能力测评的新型教师培训模式。

11. 培训团队研修。对 1500 名高等学校和教师培训机构骨干培训者进行为期 10 天的集中培训，提升其培训项目组织实施能力，包括培训需求分析能力、培训方案设计能力、培训课程资源开发能力、教师学习共同体建设能力等，打造高水平专职培训者队伍。

12. 信息技术骨干培训者专项培训。对 1000 名信息技术骨干培训者进行为期 10 天的专项培训，重点提升混合式培训的设计与实施能力，为各地开展中小学教师信息技术应用能力培训培养骨干管理者和培训者，推动网络研修与现场实践相结合的混合式培训的开展。

附件 2 "国培计划（2014）"——中西部项目和幼师国培项目

"中西部项目"和"幼师国培"本年度要重点关注未参训农村教师，特别是针对边远、贫困和民族地区，切实扩大培训受益面，实现对中西部农村义务教育学校和幼儿园的全覆盖。要进一步创新培训模式，变革项目管理体制机制，为"国培计划"综合改革奠定基础。

一、置换脱产研修

各地要探索高等院校与优质中小学幼儿园联合申报机制，调动培训实践基地积极性，确保"影子教师"跟岗实践质量。利用网络研修社区，为参训学员培训期间的学习和训后跟踪指导提供有效服务，要将网络研修社区作为培训机构遴选的重要条件。落实返岗实践环节，巩固和转化研修成果，探索参训学员与顶岗师范生的联动机制。进一步细分培训对象，严格学员遴选条件，推动置换脱产研修分层培训。

二、短期集中培训

要加大送教培训力度，原则上应覆盖全部项目区县，建立高等院校、区县教师培训机构和中小学幼儿园分工合作机制，采取名师示范、现场诊断、同课异构、交流研讨等方式，完善送教培训模式，提升送教培训质量。加大特殊教育教师培训力度，原则上不少于本地区特殊教育教师总数的三分之一。加大农村中小学专兼职体育美育教师培训力度，将基本技能与专项技能培训相结合，重点提升专项技能，采取送教方式强化兼职教师培训。科学、物理、化学和生物等学科教师要设置实验教学培训课程模块，提升教师实验教学技能。加大农村新建幼儿园和普惠性民办幼儿园教师、农村中小学校长和幼儿园园长、边疆民族地区双语教师、寄宿制学校班主任培训力度。积极利用网络研修社区，完善教师训后跟踪指导的有效机制。遴选有条件的院校，开展跨年度连续培训试点。

三、教师远程培训

积极推行网络研修与校本研修整合培训，实施教师信息技术应用能力提升专项培训，安排远程培训经费的50％左右。强化地市和区县教育行政部门在培训立项阶段和组织实施过程的参与，建立培训院校（机构）与地方教育行政部门、区县教师培训机构和中小学校的协作机制，健全远程培训组织管理体系，确保培训落到实处。相关省份要加强对培训院校（机构）及地方组织实施工作的过程监控和绩效评估，公布评估结果。推行教师培训选学，满足教师需求，切实避免重复培训，原则上供教师选学课程不少于规定学时的2倍。培训院校（机构）要进一步创新学员学习过程监测手段，探索利用学员互评作业等机制，激发学员学习积极性，提高远程培训效果。

教育部办公厅 国家发展改革委办公厅 财政部办公厅关于制定全面改善贫困地区义务教育薄弱学校基本办学条件实施方案的通知

教基一厅函〔2014〕26号

各省、自治区、直辖市教育厅（教委）、发展改革委、财政厅（局），新疆生产建设兵团教育局、发展改革委、财务局：

为切实落实《教育部 国家发展改革委 财政部关于全面改善贫困地区义务教育薄弱学校基本办学条件的意见》（教基一〔2013〕10号，以下简称《意见》），现就各地制定全面改善贫困地区义务教育薄弱学校基本办学条件（以下简称"全面改薄"）的实施方案有关事项及要求通知如下。

一、高度重视"全面改薄"实施方案制定工作

"全面改薄"是党中央、国务院着眼于贫困地区义务教育发展、保障教育公平而作出的重大决策。制定好"全面改薄"实施方案，是确保"全面改薄"各项工作有序开展的基础，是落实《意见》提出的各项工作任务和实现工作目标的关键环节，也是考核各地落实"全面改薄"工作情况的主要依据。只有根据实际制定出科学可行的"全面改薄"实施方案，才能使"全面改薄"有案可查，有章可循，才能做好各项工作的总体部署和合理安排，才能实现各级财政资金的统筹使用，真正做到可操作、可落实、可检查。各地要高度重视"全面改薄"实施方案制定工作，并作为落实《意见》的重要抓手，认真负责，统筹协调，确保按时保质完成。

二、"全面改薄"实施方案主要内容

（一）明确工作目标

针对贫困地区义务教育薄弱学校基本办学条件的缺口，"缺什么补什么"，实事求是地提出"全面改薄"的总体和年度工作目标，保基本，补短板，改善基本办学条件，保证办学的正常运转，缩小校际差距，推进义务教育均衡发展。工作目标将作为绩效评价的主要依据。

（二）确定重点任务

要对照《意见》提出的六项任务，逐条细化分解，形成可操作的任务列表。要根据本地不同区域的困难程度、基本办学条件缺口类别等实际情况提出全省（区、市）以及不同区域的重点工作任务。

（三）划定实施范围

各地要根据《意见》要求，结合本地实际自主确定贫困地区，做到精准扶贫。中央除通过农村义务教育经费保障机制和初中改造工程继续对"全面改薄"工作给予支持外，还将扩充农村义务教育薄弱学校改造计划支持内容，对中西部和东部部分困难省（区、市）的贫困地区予以支持。薄弱学校改造计划中央补助资金支持的贫困地区包括集中连片特困地区县、国家扶贫开发工作重点县、贫困的民族县和边境县等，各省（区、市）可以根据各县贫困程度和义务教育发展实际情况适当减少和增加贫困县（市、旗）。省会城市所辖区、经济发展水平较好且办学条件基本达标的县（市、旗）不纳入中央资金支持范围，市（州、盟）所辖区原则上不纳入中央资金支持范围。对原来不属于前述贫困县但拟纳入中央资金支持范围的，要详细说明原因和理由。

纳入薄弱学校改造计划和初中改造工程中央资金支持范围的学校必须是经国家教改领导小组办公室备案的农村义务教育学校布局专项规划中保留的学校。十二年一贯制学校和完全中学的高中部不得纳入中央资金支持范围；3000人以上县城初中和2000人以上县城小学等学校一般不纳入中央资金支持范围。办公楼、独立建筑的图书馆、礼堂、体育馆、塑胶跑道运动场、游泳馆（池）以及其他不属于基本办学条件范畴的，不得纳入实施方案。

（四）拟定实施步骤

要区分轻重缓急，确定2014~2018年每年重点解决事项和工作内容，形成可操作的工作计划，可检查的时间表和路线图。既可以以县为单位，由不同的县（市、旗）分批次实现"全面改薄"目标，也可以按建设和购置项目分类别推进，到2018年所有的县（市、旗）全部实现"全面改薄"目标。

（五）统筹安排资金

推进"全面改薄"工作，要切实落实地方为主责任，在遵循各项资金使用规范的前提下，统筹做好建设需求与中央和地方相关资金的衔接。各地要围绕工作目标和主要任务，实事求是地对所需资金进行科学合理的测算，并结合各地财力情况提出资金筹措计划。中央财政遵循"总量控制、突出重点、动态调整、包干使用"的原则对"全面改薄"工作予以支持。各地在提出中央资金使用建议时，要优先使用农村义务教育经费保障机制资金，不足部分再通过初中改造工程和薄弱学校改造计划资金予以补充。地方各级财政尤其是省级财政要加大投入力度，合理划分地方各级财政分担比例。实施方案要明确各级财政加大投入并合理统筹的具体内容，在对资金需求进行科学测算和对来源进行合理预测的基础上，分别列出2014~2018年各地"全面改薄"资金的支持内容和资金需求。安排具体项目时，中央和地方资金原则上不支持同一项目。

（六）制定保障措施

为实现实施方案所提出的各项目标，完成工作任务，各地要结合本地实际提出有效保障措施。具体措施包括强化组织领导、加强制度建设、细化项目管理、维护使用校舍信息管理系统、资金投入和使用监管、监督检查、绩效评价等，以及其他教育改革和配套措施，如教师和校长轮岗交流、办好村小和教学点等。

实施方案应对所依据的国家和地方制定的基本办学条件标准做出说明。

三、工作程序

（一）认真组织学习，准确领会精神

各省（区、市）要组织各级相关管理部门认真学习领会三部委《意见》精神和要求，认真学习领会国家教改领导小组召开的"全面改薄"电视电话会议精神，特别是要领会刘延东副总理重要讲话精神，准确把握"全面改薄"的精神实质。要精心设计摸底排查工作方案，准备相关工作文件，完善相关管理制度。在此基础上，结合本地实际，做好地方义务教育基本办学条件摸底排查和"全面改薄"实施方案制定的动员部署工作，为全面、扎实、准确地做好摸底排查和制定实施方案奠定基础。

（二）扎实开展摸底排查，形成县级初步方案

组织各县（市、旗）有序、扎实、全面地开展义务教育学校基本办学条件摸底排查，根据摸底排查结果及国家或地方制定的办学条件标准，确定薄弱学校范围，按照"缺什么补什么"原则，以满足基本办学需要为目标，提出具体工作任务并测算经费需求，结合县域内总体工作目标和任务量，分年度列出时间表和路线图，形成县级初步实施方案并按行政隶属关系逐级上报。

（三）加强审核把关，完善实施方案

在对各县（市、旗）实施方案进行认真审核并汇总的基础上，结合全省（区、市）工作实际，确定贫困县（市、旗）和薄弱学校范围，提出省级工作目标和重点任务，进行充分论证后形成省级和县级"全面改薄"实施方案。

四、有关要求

（一）加强组织领导，落实工作责任

各省（区、市）有关管理部门要加强对制定实施方案的组织领导和工作指导，明确牵头单位和责任人，层层分解工作责任，落实实施方案制定工作。各县（市、旗）也要加强对排查摸底和制定方案的组织领导，保证各项工作责任到人。省级教育部门可通过派出工作组或者专家（组）等适当方式深入各地开展巡回指导和工作督促。

（二）深入排查摸底，充分论证方案

各县（市、旗）在组织基本办学条件排查时，要深入每一所学校，特别要深入边远艰苦学校、村小和教学点等，保证实施方案优先考虑边远、艰苦学校的实际需求。在深入排查摸底的基础上，各省（区、市）要按照实事求是、量力而行的原则，综合历年统计资料以及农村义务教育学校布局专项规划，对学校、县（市、旗）提出的建设需求和资金需求进行认真审核，对总体实施方案要通过专家组、部门会商等形式进行充分论证，既要保证满足基本需求，又要防止虚报资金需求、借机搞超标准豪华建设和"大拆大建"。对不合理的任务和资金需求要坚决予以调整。

（三）加强部门协调，做好工作统筹

地方各级教育、发展改革、财政部门要密切配合，充分沟通，形成合力共同推进实施方案制定工作。省、地、县各级管理部门应加强沟通，省级部门要对市、县级部门明确要求，加强指导，及时反馈督查意见及有关信息。对制定工作不认真，前期论证不充分，导致方案执行出现重大纰漏甚至难以执行的，要及时予以纠正，必要时向同级人民政府通报。

（四）公开实施方案，强化工作落实

各省（区、市）制定的"全面改薄"实施方案一经论证确定，应当在省级教育部门门户网站等主流媒体上予以全文公开；经上级管理部门审定的县（市、旗）实施方案要在县、市级教育主管部门门户网站等主流媒体全文公开，以确保各地工作目标、主要任务、工作进展接受社会监督。实施方案一经论证和审核确定，不得随意更改。执行1~2年后认为确有必要的，可以按照各省（区、市）确定的程序进行一次适当调整。

各省（区、市）要组织学校和县级有关部门认真填写附件各项内容，按要求形成完整的省级"全面改薄"实施方案，于2014年6月30日前由省级教育、发展改革和财政三部门联合报送教育部、发展改革委和财政部，同时利用全国中小学校舍信息管理系统进行报送和管理。

2014年4月23日

教育部办公厅关于启动实施中小学校长国家级培训计划的通知

教师厅函〔2014〕9号

各省、自治区、直辖市教育厅（教委），新疆生产建设兵团教育局，6所部属师范大学，国家教育行政学院：

为贯彻党的十八届三中全会精神，落实《教育部关于进一步加强中小学校长培训工作的意见》（教师〔2013〕11号），造就一支高素质专业化中小学校长（含幼儿园园长、特殊教育学校校长，下同）队伍，教育部决定于2014年启动实施中小学校长国家级培训计划（以下简称"校长国培计划"）。

一、实施宗旨

中小学校长培训是加强校长队伍建设的重要举措。教育部实施"校长国培计划"，旨在发挥"雪中送炭"作用，为农村特别是边远贫困地区培养一批实施素质教育、推进基础教育改革发展的带头人；发挥高端引领作用，培养一批能够创新办学治校实践、具有先进教育思想、社会影响较大的优秀校长尤其是教育家型校长；发挥促进改革作用，着力推进中小学校长培训内容、方式、机制等方面改革，不断增强校长培训生机活力，提升校长培训质量；发挥示范带动作用，促进各地不断完善中小学校长培训体系，提高校长培训治理现代化水平，推动中小学校长队伍整体素质全面提升。

二、主要任务

"校长国培计划"包括中小学校长示范性培训项目和中西部农村校长培训项目。

（一）"校长国培计划"——中小学校长示范性培训项目

教育部直接组织实施面向全国中小学校长示范性培训项目，主要包括边远贫困地区农村校长助力工程、特殊教育学校校长能力提升工程、卓越校长领航工程、培训者专业能力提升工程。

1. 边远贫困地区农村校长助力工程。面向中西部地区国家级贫困县、集中连片特殊困难地区乡镇以下农村中小学校长开展培训，主要包括农村幼儿园园长培训班、农村小学校长培训班、农村中学校长培训班。通过培训，进一步提高农村中小学校长解决办学重点难点问题的能力，为各地培养一批实施素质教育、推进农村教育改革发展的带头人。

2. 特殊教育学校校长能力提升工程。面向全国特殊教育学校校长开展培训。通过培训，进一步提升特殊教育学校校长的专业水平，培养一批能够引领特殊教育改革发展的骨干校长。

3. 卓越校长领航工程。面向全国中小学校长开展高端培训，主要包括中小学骨干校长高级研修班、中小学优秀校长高级研究班、中小学名校长领航班。通过举办骨干校长高级研修班，提升校长的办学治校能力，培养一批优秀中小学校长；举办优秀校长高级研究班，帮助校长凝练办学思想、形成办学风格、提升教育研究能力，培养一批教育家型校长后备人才；举办名校长领航班，促进校长创新教育实践，引领区域乃至全国教育发展，提升教育思想引领能力，造就一批在国内外具有较大影响力的教育家型校长。

4. 培训者专业能力提升工程。面向从事中小学校长培训工作的专职培训机构、高等学校、中小学等单位管理者开展培训。通过培训，进一步提高培训者的专业素质，培养一批具有现代培训理念、较强培训能力的高素质专业化培训者。

（二）"校长国培计划"——中西部农村校长培训项目

中央财政专项支持中西部省份按照"国培计划"要求，实施农村中小学校长培训项目，对中西部农村校长开展有针对性的培训，不断提高中西部农村校长自身素质。中西部各省份要按照《教育部办公厅财政部办公厅关于做好2014年中小学幼儿园教师国家级培训计划实施工作的通知》（教师厅〔2014〕1号）中"国培计划（2014）"——中西部项目和幼师国培项目要求，拿出一定比例的经费，认真做好2014年农村中小学校长和幼儿园园长培训班实施工作。

三、工作要求

要遵循中小学校长成长发展规律，坚持"学员为本、分类施训、连续培养、注重实效"的理念开展培训，确保取得良好效果。

（一）按需科学施训

要强化需求导向，科学设计项目方案，将按需施训贯穿于项目设计、

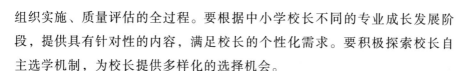

组织实施、质量评估的全过程。要根据中小学校长不同的专业成长发展阶段，提供具有针对性的内容，满足校长的个性化需求。要积极探索校长自主选学机制，为校长提供多样化的选择机会。

（二）优化培训内容

要围绕创新学校管理、深化课程改革、引领教师成长、落实立德树人根本任务等方面的专业要求，丰富优化培训课程。要以问题解决为导向，提高实践课程比例。要依托优秀中小学建立培训实践基地，促进校长在实践中锻炼成长。

（三）创新培训方式

要以校长为主体，采取多种培训方式，强化校长互动参与。要力求将集中培训和网络研修、理论学习和校本研修、课堂讲授和岗位实践有机结合，优势互补，提高培训的吸引力、感染力。要探索建设网络研修社区，推动校长网上结对帮扶、协同研修。要鼓励优秀校长建设工作室，发挥辐射带动作用。要强化跟踪指导，探索将训后跟踪指导作为项目实施重要环节，促进培训成果及时有效转化。

（四）建设培训团队

要大力建设优秀培训专家团队，拓展专家来源渠道，重点遴选熟悉教育规律、理论水平较高、实践经验丰富的教育管理干部、知名专家学者、优秀一线校长担任兼职培训者。探索邀请符合条件的海外培训者走进培训课堂，为校长带来先进教育理念、成熟办学经验。

四、组织管理

（一）加强组织领导

我部将加强对"校长国培计划"的统筹规划。教育部中小学校长和幼儿园园长国家级培训项目管理办公室要做好组织实施工作。省级教育行政部门要将"校长国培计划"纳入当地校长队伍建设总体任务，做好协调实施工作。项目承担单位主管领导要亲自负责，调配优质资源，做好培训工作。

（二）实行竞争择优

实行项目招投标等机制，择优遴选中小学校长培训机构、高等学校、中小学校承担培训任务。要坚持"公开、公平、公正"的原则，严格按程序做好项目申报、评审工作，确保优质培训单位承担培训项目。

（三）强化评估监管

建立培训效果评估机制。采取专家评估、学员评估等方式，加强对项目的过程评估和绩效评估，并将评估结果作为调整培训任务和经费的重要依据。项目承担单位要积极配合做好项目评估工作。

（四）规范经费使用

项目承担单位要严格按规定使用培训经费，做到专款专用，确保项目经费使用效益最大化。食宿安排厉行勤俭节约，不得安排与培训无关的参观考察活动。

2014 年 6 月 6 日

教育部　国家发展改革委　财政部关于全面改善贫困地区义务教育薄弱学校基本办学条件的意见

教基一〔2013〕10 号

各省、自治区、直辖市人民政府：

为深入贯彻党的十八大和十八届三中全会精神，全面落实《国家中长期教育改革和发展规划纲要（2010—2020 年)》，统筹城乡义务教育资源均衡配置，加快缩小区域、城乡教育差距，促进基本公共教育服务均等化，经国务院同意，现就全面改善贫困地区义务教育薄弱学校基本办学条件提出以下意见。

一、充分认识改善贫困地区义务教育薄弱学校基本办学条件的重要意义

近些年来，国家逐步健全农村义务教育经费保障机制，实施了农村义务教育薄弱学校改造计划、农村初中改造工程等一系列教育重大工程项目，改善了农村义务教育学校办学条件。但是，农村、边远、贫困和民族地区特别是集中连片特困地区经济社会发展相对滞后，办学成本较高，教学条件较差，寄宿制学校宿舍、食堂等生活设施不足，村小和教学点运转比较困难，教师队伍不够稳定，辍学率相对较高，仍然是我国义务教育事业发展的薄弱环节。全面改善贫困地区薄弱学校基本办学条件，推进义务教育学校标准化建设，不让贫困家庭孩子输在成长"起点"，既是守住"保基本"民生底线、推进教育公平和社会公正的有力措施，也是增强贫困地区发展后劲、缩小城乡和区域差距、推动义务教育均衡发展的有效途径，关乎国家长远发展。

二、改善贫困地区义务教育薄弱学校基本办学条件的总体要求

（一）指导思想

贯彻落实党的十八大和十八届三中全会精神，按照均衡发展九年义务教育的要求，统筹规划，突出重点，因地制宜，循序渐进，加强科学化精细化管理，着力提高资金使用绩效，全面改善薄弱学校基本办学条件，深入推进义务教育学校标准化建设，整体提升义务教育发展水平。

（二）实施原则

覆盖贫困地区，聚焦薄弱学校。从困难地方做起，从薄弱环节入手，主要面向农村，立足改善薄弱学校基本办学条件，不得将教育资金资源向少数优质学校集中。

坚持勤俭办学，满足基本需要。按照勤俭办教育和"缺什么补什么"的原则，改善基本办学条件，满足教育教学和生活的基本需要，杜绝超标准建设。

加强省级统筹，分步逐校实施。由省级人民政府统筹使用中央、省级财政投入资金，根据省域内改善薄弱学校基本办学条件的任务和完成时限等因素合理分配；地市和县级人民政府以校为单位制定年度工作目标和分步实施计划，确保按期完成任务。

（三）实施范围和主要目标

以中西部农村贫困地区为主，兼顾东部部分困难地区；以集中连片特困地区为主，兼顾其他国家扶贫开发工作重点地区、民族地区、边境地区等贫困地区。经过3~5年的努力，使贫困地区农村义务教育学校教室、桌椅、图书、实验仪器、运动场等教学设施满足基本教学需要；学校宿舍、床位、厕所、食堂（伙房）、饮水等生活设施满足基本生活需要；留守儿童学习和寄宿需要得到基本满足，村小学和教学点能够正常运转；县镇超大班额现象基本消除，逐步做到小学班额不超过45人、初中班额不超过

50 人；教师配置趋于合理，数量、素质和结构基本适应教育教学需要；小学辍学率努力控制在 0.6% 以下，初中辍学率努力控制在 1.8% 以下。

三、改善贫困地区义务教育薄弱学校基本办学条件的重点任务

（一）保障基本教学条件

要保障教室坚固、适用、通风，符合抗震、消防安全要求，自然采光、室内照明和黑板材料符合规范要求。按照学校规模和教育教学要求配备必要的教学仪器设备、器材。每个学生都有合格的课桌椅。配备适合学生身心发展特点的图书，激发和培养学生阅读兴趣，有条件的地方逐步达到小学生均图书不低于 15 册，初中生均图书不低于 25 册。根据学校地理条件和农村体育特点，因地制宜地建设运动场地和配备体育设施，保障学生活动锻炼的空间和条件。

（二）改善学校生活设施

保障寄宿学生每人 1 个床位，消除大通铺现象。根据实际需要配备必要的洗浴设施和条件。食堂或伙房要洁净卫生，满足学生就餐需要。设置开水房或安装饮水设施，确保学生饮水安全便捷。厕所要有足够厕位。北方和高寒地区学校应有冬季取暖设施。设置必要的安全设施，保障师生安全。

（三）办好必要的教学点

对确需保留的教学点要配备必要设施，满足教学和生活基本需求。中心学校统筹教学点课程和教师安排，保障教学点教学质量。优先安排免费师范生和特岗教师到教学点任教。职称晋升和绩效工资分配向教学点专任教师倾斜。农村教师周转宿舍建设和使用要优先考虑教学点教师需要。对学生规模不足 100 人的村小学和教学点按 100 人的标准单独核定公用经费，由县级财政和教育部门按时足额拨付，不得截留挪用。

（四）妥善解决县镇学校大班额问题

要适应城镇化发展趋势，充分考虑区域内学生流动、人口出生和学龄人口变化等情况，科学规划学校布局，并充分利用已有办学资源，首先解决超大班额问题，逐步消除大班额现象。必要情况下，可以采取新建、扩建、改建等措施，对县镇义务教育学校进行改造。加强新建住宅区配套学校建设。对教育资源较好学校的大班额问题，积极探索通过学区制、学校

联盟、集团化办学等方式扩大优质教育资源覆盖面，合理分流学生。对于大班额现象严重的学校，要限制其招生人数。

（五）推进农村学校教育信息化

要逐步提升农村学校信息化基础设施与教育信息化应用水平，加强教师信息技术应用能力培训，推进信息技术在教育教学中的深入应用，使农村地区师生便捷共享优质数字教育资源。稳步推进农村学校宽带网络、数字教育资源、网络学习空间建设。要为确需保留的村小学和教学点配置数字教育资源接收和播放设备，配送优质数字教育资源。加快学籍管理等教育管理信息系统应用，并将学生、教师、学校资产等基本信息全部纳入信息系统管理。

（六）提高教师队伍素质

要特别抓好农村教师队伍建设，通过实施农村义务教育学校教师特岗计划等多种方式，完善农村教师补充机制。推进县域内校长教师交流轮岗，提高城镇中小学教师到乡村学校任教的比例。面向乡镇以下农村学校培养能承担多门学科教学任务的小学教师和"一专多能"的初中教师。提高中小学教师国家级培训计划的针对性和有效性，省级教师培训要向农村义务教育教师、校长倾斜。要结合实际制定农村教师职称评审条件、程序和办法，农村学校教师职称晋升比例应不低于当地城区学校教师。要落实对在连片特困地区的乡、村学校和教学点工作的教师给予生活补助的政策。要积极推进农村教师周转宿舍建设，努力改善农村教师生活条件。

四、有关工作要求

（一）明确责任

全面改善贫困地区义务教育薄弱学校基本办学条件工作由国家统一部署、省级人民政府统筹安排、县级人民政府具体实施。教育部、发展改革委、财政部要加强组织协调，及时跟踪了解各地工作进展等情况，加强指导和推动。地方各级教育、发展改革、财政等部门要各负其责、加强协作、形成合力，确保各项工作落到实处。

（二）摸清底数

县级人民政府要在科学制定农村义务教育学校布局专项规划基础上，

以校为单位，清查教室、桌椅、运动场地、体育设施等教学设施和宿舍、食堂、厕所等生活设施，立足"保基本、兜网底"，对照基本办学需要，分析确定每个学校（含教学点）办学条件缺口，列出现状和需求清单并编制账册，做好改善办学条件的基础工作。

（三）制定方案

县级人民政府及其教育、发展改革、财政等部门要根据在国家教育体制改革领导小组备案的农村义务教育学校布局专项规划，针对每一所存在基本办学条件缺口的学校制订专门方案，明确弥补缺口的途径、时间安排和资金来源，形成本地区改善薄弱学校基本办学条件的时间表、路线图。地市级人民政府要做好指导和协调工作。省级人民政府要从实际出发，分清轻重缓急，在汇总各县（区）方案的基础上制定本省（区、市）改善贫困地区薄弱学校基本办学条件的实施方案，并于2014年4月30日前将实施方案报送教育部、发展改革委、财政部。

（四）保障经费

中央通过完善农村义务教育经费保障机制、适当调整薄弱学校改造计划、继续实施初中改造工程等措施，加大项目统筹与经费投入力度，按照"总量控制、突出重点、动态调整、包干使用"的原则，对中西部贫困地区和东部部分困难地区改善薄弱学校基本办学条件予以倾斜支持。农村义务教育经费保障机制重点保障学校基本运行需要和校舍维修；在原有基础上扩充薄弱学校改造计划内容，将信息化建设和农村小学必要的运动场、学生宿舍、食堂、饮水设施、厕所、澡堂等教学和生活设施纳入支持范围；初中改造工程重点支持农村初中必要的运动场、学生宿舍、食堂、饮水设施、厕所、澡堂等教学和生活设施建设。省级人民政府要加大省级财政投入，优化财政支出结构，最大限度地向贫困地区义务教育倾斜，做好改善基本办学条件建设需求与相关资金的统筹和对接，防止资金、项目安排重复交叉或支持缺位。地市和县级人民政府要加大经费投入、严格经费管理，按规划确保各项资金落实到位和管理使用安全高效，抓好项目实施。

（五）规范实施

要运用信息技术加强基础数据管理，对每所学校的建设内容和项目实行动态监控和全程管理。新建工程项目要严格履行基本建设程序，确保工程质量和安全。要落实政府采购、招投标和国库集中支付等相关制度，确保各项工作"阳光操作"。要把"补短板"、满足基本需要放在首位，坚持勤俭节约，杜绝超标准建设和奢华浪费，不得将财政资金向少数学校过度集中，拉大教育差距。严禁举债建设义务教育学校和改善义务教育办学条件。要加强资金监管，保证专款专用，防止发生套取、挪用、截留资金等问题，切实提高资金使用效益。

（六）加强监督检查评估

教育部、发展改革委、财政部要对各地相关工作开展情况进行专项督查。省级人民政府要加强过程检查，及时发现和协调解决有关问题，督促地市和县级人民政府按照实施方案要求，依法依规实施工程项目，确保按时完成改善薄弱学校基本办学条件工作。对套取、挪用、截留资金以及举债建设、项目管理失职渎职等违纪违规问题，要严肃查处并依法依规追究相关单位和责任人的责任。各地要采取适当方式公开有关信息，自觉接受社会监督。各省（区、市）对改善薄弱学校基本办学条件工作要适时开展评估，并将评估报告报送教育部、发展改革委、财政部。

2013 年 12 月 31 日

国务院办公厅关于转发教育部等部门特殊教育提升计划（2014—2016 年）的通知

国办发〔2014〕1 号

各省、自治区、直辖市人民政府，国务院各部委、各直属机构：

教育部、发展改革委、民政部、财政部、人力资源社会保障部、卫生计生委、中国残联《特殊教育提升计划（2014—2016 年）》已经国务院同意，现转发给你们，请认真贯彻执行。

2014 年 1 月 8 日

特殊教育提升计划（2014—2016 年）

教育部　发展改革委　民政部　财政部
人力资源社会保障部　卫生计生委　中国残联

为贯彻落实党的十八大和十八届二中、三中全会精神，深入实施《国家中长期教育改革和发展规划纲要（2010—2020 年）》，加快推进特殊教育发展，大力提升特殊教育水平，切实保障残疾人受教育权利，特制定本计划。

一、重要意义

发展特殊教育是推进教育公平、实现教育现代化的重要内容，是坚持以人为本理念、弘扬人道主义精神的重要举措，是保障和改善民生、构建社会主义和谐社会的重要任务。新世纪以来特别是近年来，我国特殊教育事业取得较大发展，各级政府投入明显增加，残疾儿童少年义务教育普及水平显著提高，非义务教育阶段特殊教育办学规模不断扩大，基本实现了30 万人口以上的县独立设置一所特殊教育学校的目标，残疾学生在国家助学体系中得到优先保障。但总体上看，我国特殊教育整体水平不高，发展不平衡。农村残疾儿童少年义务教育普及率不高，非义务教育阶段特殊教育发展水平偏低，特殊教育学校办学条件有待改善，特殊教育教师和康复专业人员数量不足、专业水平有待提高。因此，必须加快推进特殊教育发展，提升特殊教育水平，进一步保障残疾人受教育权利，帮助残疾人全面发展和更好融入社会，使广大残疾人共享改革发展成果，在全面建成小康社会、实现"两个百年"目标和中国梦的进程中实现幸福人生。

二、总体目标和重点任务

（一）总体目标

全面推进全纳教育，使每一个残疾孩子都能接受合适的教育。经过三年努力，初步建立布局合理、学段衔接、普职融通、医教结合的特殊教育体系，办学条件和教育质量进一步提升。建立财政为主、社会支持、全面覆盖、通畅便利的特殊教育服务保障机制，基本形成政府主导、部门协同、各方参与的特殊教育工作格局。到 2016 年，全国基本普及残疾儿童少年义务教育，视力、听力、智力残疾儿童少年义务教育入学率达到90%以上，其他残疾人受教育机会明显增加。

（二）重点任务

1. 提高普及水平。针对实名登记的未入学残疾儿童少年残疾状况和教育需求，采用多种形式，逐一安排其接受义务教育。积极发展残疾儿童学前教育，大力发展以职业教育为主的残疾人高中阶段教育，加快发展残疾人高等教育，逐步提高非义务教育阶段残疾人接受教育的比例。

2. 加强条件保障。提高特殊教育学校生均预算内公用经费标准。建立健全覆盖全体残疾学生的资助体系。改善特殊教育办学条件，加强残疾学生学习和生活无障碍设施建设。

3. 提升教育教学质量。研究制订盲、聋和培智三类特殊教育学校课程标准。健全适合残疾学生学习特点的教材体系。扩大特殊教育教师培养规模，加大特殊教育教师培训力度，提高特殊教育教师的专业化水平。逐步建立特殊教育质量监测评价体系。

三、主要措施

（一）扩大残疾儿童少年义务教育规模

扩大普通学校随班就读规模。尽可能在普通学校安排残疾学生随班就读，加强特殊教育资源教室、无障碍设施等建设，为残疾学生提供必要的学习和生活便利。有条件的儿童福利机构可设立特教班。

提高特殊教育学校招生能力。国家支持建设的中西部地区特殊教育学校，要在2014年秋季开学前全部开始招生。支持现有特殊教育学校扩大招生规模、增加招生类别。

组织开展送教上门。县（市、区）教育行政部门要统筹安排特殊教育学校和普通学校教育资源，为确实不能到校就读的重度残疾儿童少年提供送教上门或远程教育等服务，并将其纳入学籍管理。

（二）积极发展非义务教育阶段特殊教育

学前教育。各地要将残疾儿童学前教育纳入当地学前教育发展规划，列入国家学前教育重大项目。支持普通幼儿园创造条件接收残疾儿童。支持特殊教育学校和有条件的儿童福利机构增设附属幼儿园（学前教育部）。

高中阶段教育。普通高中和中等职业学校要积极招收残疾学生。鼓励特殊教育学校根据需要举办残疾人高中部（班）。扩大残疾人中等职业学校招生规模，紧密结合经济社会发展需求和残疾人特点合理调整专业结构，为残疾学生提供更多选择。

高等教育。各地要根据需要，有计划地在高等学校设置特殊教育学院或相关专业，满足残疾人接受高等教育的需求。高等学校要按照有关法律法规和政策，努力创造条件，积极招收符合录取标准的残疾考生，不得因其残疾而拒绝招收。要为残疾人接受成人高等学历教育提供便利。加强残疾人职业培训，提高就业创业能力。

（三）加大特殊教育经费投入力度

切实保障特殊教育学校正常运转。义务教育阶段特殊教育学校生均预算内公用经费标准要在三年内达到每年6000元，有条件的地区可进一步提高。目前标准高于每年6000元的地区不得下调。随班就读、特教班和送教上门的义务教育阶段生均公用经费参照上述标准执行。

进一步提高残疾学生资助水平。针对义务教育阶段残疾学生的特殊需要，在"两免一补"基础上进一步提高补助水平。各地可根据实际对残疾学生提供交通费补助，纳入校车服务方案统筹解决。完善非义务教育阶段残疾学生资助政策，积极推进高中阶段残疾学生免费教育。

各级财政支持的残疾人康复项目优先资助残疾儿童。安排一定比例的残疾人就业保障金，支持特殊教育学校开展劳动技能教育。中央专项彩票公益金继续支持特殊教育发展。鼓励企事业单位、社会团体和公民个人捐资助学。

（四）加强特殊教育基础能力建设

继续实施特殊教育学校建设项目。合理布局，科学规划，支持残疾人中等职业学校和高等院校新建或改扩建一批急需的基础设施，扩大残疾人接受中、高等教育的规模。支持高等学校特殊教育师范专业建设，扩建教学设施，提高特教教师培养培训能力。鼓励有条件的地区试点建设孤独症儿童少年特殊教育学校（部）。

继续实施改善特殊教育办学条件项目。支持承担随班就读残疾学生较多的普通学校设立特殊教育资源教室（中心），配备基本的教育教学和康复设备，为残疾学生提供个别化教育和康复训练。支持特殊教育学校配备必要的教育教学、康复训练等仪器设备，开展"医教结合"实验，探索教育与康复相结合的特殊教育模式。加大对薄弱特殊教育学校配备教育教学和康复设施的支持力度。

（五）加强特殊教育教师队伍建设

完善教师管理制度。各省（区、市）要落实特殊教育学校开展正常教学和管理工作所需编制，配足配齐教职工。针对特殊教育学校学生少、班额小、寄宿生多、残疾差异大、康复类专业人员需求多、承担随班就读巡回指导任务等特点，可结合地方实际出台特殊教育学校教职工编制标准。全面落实国家规定的特殊教育津贴等特殊教育教师工资待遇倾斜政策。对在普通学校承担残疾学生随班就读教学和管理工作的教师，在绩效考核中给予倾斜。各地要为送教教师和承担"医教结合"实验的相关医务人员提供工作和交通补贴。

提高教师专业水平。研究建立特殊教育教师专业证书制度，逐步实行特殊教育教师持证上岗。制订特殊教育学校教师专业标准。推动地方确定随班就读教师、送教上门指导教师和康复训练人员等的岗位条件。将特殊教育相关内容纳入教师资格考试。教师职务（职称）评聘向特殊教育教师倾斜，将儿童福利机构特殊班教师职务（职称）评聘工作纳入当地教师职务（职称）评聘规划。加大特殊教育教师培养力度，鼓励各省（区、市）择优选择师范类院校和其他高校增设特殊教育专业。鼓励高校在师范类专业中开设特殊教育课程，培养师范生的全纳教育理念和指导残疾学生随班就读的教学能力。加大国家级教师培训计划中特殊教育教师培训的比重。采取集中培训和远程培训相结合的方式，逐级开展特殊教育教师全员培训和校长、骨干教师培训。加强普通学校随班就读、资源指导、送教上门等特殊教育教师培训。

（六）深化特殊教育课程教学改革

健全课程教材体系。根据国家义务教育课程标准，结合残疾学生特点和需求，制订盲、聋和培智三类特殊教育学校课程标准。加强特殊教育教材建设，新编和改编盲、聋和培智三类特殊教育学校的义务教育阶段课程教材，覆盖所有学科所有年级。注重培养学生自尊、自信、自立、自强的精神，注重学生的潜能开发和功能补偿。增加必要的职业教育内容，强化生活技能和社会适应能力培养。

改革教育教学方法。加强个别化教育，增强教育的针对性与有效性。开展"医教结合"实验，提升残疾学生的康复水平和知识接受能力。探索建立特殊教育学校与普通学校定期举行交流活动的制度，促进融合教育。以培养就业能力为导向，强化残疾人中、高等职业学校专业特色，建好实习实训基地，进一步加强对残疾学生的就业指导。

四、组织领导

（一）加强统筹规划

各地要将发展特殊教育作为落实教育规划纲要和办好人民满意教育的重要任务，明确各级政府责任，结合本地实际制订特殊教育提升计划实施方案，明确路线图和时间表。要本着特教特办、重点扶持的原则，统筹安排相关资金，合理配置特殊教育和康复资源，切实解决制约特殊教育事业发展的瓶颈问题。

（二）建立工作机制

各地要建立政府领导负责、相关部门协同推进计划实施的工作机制，落实目标任务和主要措施，确保计划如期完成。教育部门要统筹制定特殊教育计划实施方案，加强对承担特殊教育工作学校的指导，开展特殊教育教师培养培训，依托全国中小学生学籍信息管理系统等平台，加强残疾儿童少年教育信息监测服务和动态管理。发展改革部门要把特殊教育纳入当地经济社会发展规划，加强特殊教育学校建设。财政部门要完善特殊教育投入政策，支持改善特殊教育办学条件，加大对特殊教育学生资助力度。民政部门要做好福利机构孤残儿童抚育工作。人力资源社会保障部门要完善和落实工资待遇、职称评定等方面对特殊教育教师的支持政策。卫生计生部门要做好对残疾儿童少年的医疗与康复服务。残联要继续做好未入学适龄残疾儿童少年实名调查登记工作，加强残疾儿童少年康复训练和辅具配发等工作。

（三）加强督导检查和评估验收

各地要以县（市、区）为单位，对基本普及残疾儿童少年义务教育进行评估验收，将残疾儿童少年入学率、特殊教育教师专业化水平和特殊教育保障水平等作为评估验收的主要指标，评估结果向社会公布。国家有关部门组织开展对特殊教育提升计划实施情况的专项督导检查。残疾儿童少年义务教育入学率不达标的县（市、区），不得申报全国义务教育基本均衡县。

二　医疗健康

国家卫生计生委关于做好新形势下妇幼保健服务工作的指导意见

国卫妇幼发〔2014〕32号

各省、自治区、直辖市卫生计生委（卫生厅局、人口计生委），新疆生产建设兵团卫生局、人口计生委：

党的十八届三中全会决定，启动实施一方是独生子女的夫妇可生育两个孩子的政策（以下简称单独两孩政策）。实施单独两孩政策后，累积生育需求集中释放，出生人口数量有所增加，高龄孕产妇比例有所增高，妇幼健康服务的数量、质量和服务资源都将面临新挑战。为贯彻《中共中央国务院关于调整完善生育政策的意见》（中发〔2013〕15号）和《全国人民代表大会常务委员会关于调整完善生育政策的决议》，适应新形势新要求，进一步做好妇幼健康服务工作，保障单独两孩政策顺利实施，现提出以下意见。

一、加强组织领导，强化保障措施

（一）落实组织领导责任

各地要充分认识做好妇幼健康服务保障单独两孩政策实施的重要性和紧迫性，加强组织领导，强化统筹协调，保障工作经费，确保服务到位。各级卫生计生行政部门要将保障母婴安全放在卫生计生工作的突出位置，指导提供助产技术服务的医疗机构设立产科安全管理办公室，由分管业务工作的机构负责人具体负责，加强质量安全管理，协调建立高危孕产妇救治、转诊等机制。加大医疗机构内部挖潜，扩充产科床位，重点提高妇产科、儿科服务能力。

（二）做好预案准备

省级卫生计生行政部门要将妇幼健康服务保障措施纳入单独两孩政策

实施方案统筹考虑。要深入分析单独两孩政策实施对妇幼健康服务的影响，开展服务资源调查，迅速摸清底数，针对服务缺口，明确工作措施，尽快研究制订工作方案。各级卫生计生行政部门要根据各自职责，公布经批准开展助产技术、产前诊断技术的医疗机构名单。有条件的地区，要动态公布孕产妇保健建册（卡）和产科床位使用情况，引导群众合理选择助产机构，有序就诊。

（三）加强服务设施建设

各省（区、市）要将妇幼健康服务机构建设作为启动实施单独两孩政策的配套措施，加大经费投入，加快"十二五"妇幼健康服务机构建设项目执行进度。在"十三五"卫生计生事业发展规划编制中，将妇幼健康服务机构建设作为重点支持内容，切实改善业务用房和装备条件，确保尽快在省、市、县三级均建成1所政府举办、标准化的妇幼健康服务机构，实现《两纲》任务目标。大力加强综合医院妇产科、儿科建设，加强妇产、儿童专科医院建设，提高妇产科、儿科临床专科能力，推动区域妇产、儿童医疗中心建设。

（四）配强妇幼技术人员

各级卫生计生行政部门要指导医疗机构强化助产士、儿科医师与护士等紧缺人员岗位配置。在职称评定、薪酬分配方面对妇产科、儿科医师、助产士及护士等给予政策倾斜，切实改善人员待遇。结合妇幼保健和计划生育技术服务资源整合，全面落实妇幼健康服务机构编制，建立人才激励机制，吸引高素质人才，打造过硬技术队伍，培养一批学科带头人。启动大学本科助产专业招生培养试点工作。改革助产士职称评定制度，加快助产专业人才队伍建设。加大培训力度，设立助产技术培训基地，深入实施"降消"项目和卫生人才培训项目，加强孕产妇和新生儿危急重症救治能力建设，积极开展岗位练兵、技能竞赛等活动，组织好全国妇幼健康技能竞赛，全面提高妇幼健康整体服务水平。

二、提供优质服务，适应群众需求

（五）做好宣传与健康教育

各地要以计划怀孕夫妇、孕产妇和哺乳期妇女为重点人群，以科学备孕、孕前优生、孕产期保健、产前筛查诊断、安全分娩、儿童保健、计划生育为重点内容，充分利用电视、广播、报刊、微博、微信等媒体，以群众喜闻乐见的形式，做好政策宣传，加强政策解读，普及健康知识，及时回应社会关切，积极倡导自然分娩和母乳喂养。有条件的医疗机构可设置单独两孩生育服务咨询室，积极做好符合政策夫妇生育咨询、指导和服务。

（六）提供便民优质服务

针对高龄孕产妇增多的特点，加强孕产妇系统管理，有针对性地加强妇幼健康服务。深化孕产妇、儿童预约诊疗服务，优化门、急诊环境和服务流程，广泛开展便民门诊服务。开展服务对象满意度调查，不断改进医疗保健服务。全面推行医疗机构院务公开制度，通过设置意见箱、开通热线电话和网上信箱等多种形式，畅通投诉举报渠道，主动接受社会监督。按照规定时限及时签发《出生医学证明》，推进信息化管理。加强对基层医疗卫生机构的业务指导，督促落实孕产期保健、儿童保健基本公共卫生服务项目和免费基本计划生育技术服务。

（七）加强高危孕产妇和新生儿管理

医疗机构在为经产妇建立孕产妇保健册（卡）时，要认真询问既往生育史、难产史、避孕史，详细进行体格检查。按照《孕产期保健工作规范》和《全国儿童保健工作规范（试行）》要求，特别关注高龄孕产妇和剖宫产后再孕妇女，筛查危险因素，识别高危孕妇和新生儿，进行高危孕产妇专案管理，密切监测、治疗妊娠合并症和并发症，加强高危新生儿访视，强化主动服务，及时救治转诊危重孕产妇和新生儿。各地要加快辖区危重孕产妇和新生儿救治中心建设，建立健全快速、高效的危重孕产妇和新生儿转诊、会诊网络，健全运行管理机制，确保有效衔接和绿色通道畅通。

（八）强化出生缺陷综合防治

结合孕前、孕产期和新生儿医疗保健服务，全面落实出生缺陷综合防治措施。积极推进国家免费孕前优生项目，确保项目质量，鼓励地方将孕前优生项目扩大到城市，加快实现城乡居民全覆盖。扎实做好增补叶酸预防神经管缺陷项目和贫困地区新生儿疾病筛查项目，推进地中海贫血防控试点项目，逐步拓展项目覆盖面。加强产前诊断能力建设，不断提高产前筛查和产前诊断水平。通过综合防治，切实提高出生人口素质。

三、强化服务管理，确保质量安全

（九）强化服务监管

强化母婴保健和计划生育监督执法，严格机构、人员准入，规范与妇幼健康相关的医疗保健服务。以助产技术、人类辅助生殖技术和儿童医疗保健服务管理为重点，建立定期巡查和不定期抽查制度。医疗机构要落实医疗质量安全核心制度，健全医疗质量管理与控制体系，严格规范诊疗服务行为。要认真落实《加强产科安全管理的十项规定》、《医疗机构新生儿安全工作管理制度》和《进一步规范母乳代用品宣传和销售行为的通知》等要求，严格控制剖宫产率，积极倡导母乳喂养，严格禁止非医学需要的胎儿性别鉴定和选择性别的人工终止妊娠。

（十）建立监测预警机制

各省（区、市）卫生计生行政部门要以大中城市和流动人口流入较多的地区为重点，建立妇幼健康服务监测预警机制，及时、动态了解产科门急诊量、孕产妇保健建册（卡）量、产科床位使用率、活产数、孕产妇死亡率、婴儿死亡率等情况，科学划定预警线，制订有针对性的风险防控措施和应急预案，加强产科、儿科急救设备配备和储备，提高应急保障能力，切实保障母婴安全。

各地要将工作进展情况及时向我委报告，我委将适时组织督查。

2014 年 5 月 28 日

国家卫生计生委办公厅　全国妇联办公厅关于印发
2013 年贫困地区儿童营养改善项目方案的通知

国卫办妇幼函〔2013〕383 号

河北省、山西省、内蒙古自治区、吉林省、黑龙江省、安徽省、江西省、河南省、湖北省、湖南省、广西壮族自治区、重庆市、四川省、贵州省、云南省、西藏自治区、陕西省、甘肃省、青海省、宁夏回族自治区、新疆维吾尔自治区卫生厅局（卫生计生委）、妇联：

为贯彻落实《中国儿童发展纲要（2011～2020 年）》和《中国农村扶贫开发纲要（2011～2020 年）》，改善贫困地区婴幼儿营养和健康状况，提高儿童家长科学喂养知识水平，决定在你省（区、市）开展贫困地区儿童营养改善项目。现将《2013 年贫困地区儿童营养改善项目方案》（可从国家卫生计生委网站妇幼健康频道儿童卫生栏目下载）印发给你们，请认真贯彻落实。

2013 年 11 月 11 日

2013 年贫困地区儿童营养改善项目方案

为贯彻落实《中国儿童发展纲要（2011～2020 年）》和《中国农村扶贫开发纲要（2011～2020 年）》，改善贫困地区婴幼儿营养和健康状况，提高儿童家长科学喂养知识普及程度，2013 年，国家卫生计生委与全国妇联继续合作在集中连片特殊困难地区实施贫困地区儿童营养改善项目。

一、项目目标

（一）总目标

为贫困地区 6～24 月龄婴幼儿补充辅食营养补充品（以下简称营养包），普及婴幼儿科学喂养知识与技能，改善贫困地区儿童营养和健康状况。

（二）具体目标

1. 项目地区县、乡、村相关人员培训覆盖率达到 80% 以上，提高项目地区儿童看护人对营养包的知晓率。

2. 营养包发放率达到 80% 以上，营养包有效服用率达到 60% 以上。

3. 提高项目地区儿童看护人婴幼儿科学喂养知识水平，看护人健康教育覆盖率达到 80% 以上。

4. 项目地区 6～24 月龄婴幼儿贫血患病率在基线调查基础上下降 20%，生长迟缓率在基线调查基础上下降 5%。

二、项目范围和内容

（一）项目范围

国家集中连片特殊困难地区的 300 个县。

（二）项目对象

农村6～24月龄婴幼儿，具体任务数见附件1。

（三）项目内容

1. 广泛开展社会动员及宣传活动。通过电视、广播、报纸、网络等途径开展社会宣传，扩大项目影响，动员社会各界对贫困地区婴幼儿营养状况给予关注和支持。

2. 开展项目管理和技术培训。对各级卫生（卫生计生）和妇联相关人员进行婴幼儿营养和喂养知识、健康教育方法及营养包发放管理等培训，提高其项目管理水平和咨询指导能力。

3. 规范招标采购。省级卫生（卫生计生）行政部门严格按照国家相关规定进行招标采购，确保营养包质量，招标采购应当于经费下达后2～3个月内完成。

4. 免费发放营养包。新启动的项目县，项目启动时，为6～18月龄婴幼儿每天提供1包营养包，至24月龄。项目实施期间，满6月龄的婴儿即纳入发放对象，满24月龄的幼儿即停止发放。2012年项目县发放对象为6～24月龄婴幼儿。

5. 开展多种形式的健康教育活动。向儿童看护人以及其他育龄妇女传播儿童营养和科学喂养知识、营养包的作用和服用方法，提高看护人营养包的知晓率和科学喂养知识水平。

6. 开展监测与评估。国家级抽取部分项目地区开展干预效果监测与评估。鼓励各省（区、市）按照国家级监测评估方案组织开展本地项目监测与评估工作。

项目培训手册、村医手册和有关健康教育材料模板见网站（www. etyygs. chinawch. org. cn），请各地自行下载使用。

三、组织实施

（一）组织管理

1. 成立"贫困地区儿童营养改善项目"领导小组。国家卫生计生委和全国妇联共同成立领导小组，办公室设在国家卫生计生委妇幼司，负责全国贫困地区儿童营养改善工作的组织、协调、监督、管理等。负责组织制订项目方案；组织成立国家级专家技术指导组；对相关信息进行管理。

2. 省级卫生（卫生计生）行政部门和妇联等相关部门组成本地区项目领导小组，负责本地区项目工作的组织、协调和监督指导；制订实施方案；落实有关经费；组织成立省级专家技术指导组；开展人员培训；管理相关信息；定期向国家项目领导小组汇报进展情况。

3. 各级卫生（卫生计生）行政部门要加强与妇联组织的协调合作，妇联组织要主动沟通，配合卫生（卫生计生）部门做好项目的组织动员和社会宣传工作，共同开展面向家长和看护人的健康教育活动和婴幼儿喂养指导服务，建立分工负责、协调配合的工作机制，共同推进项目实施。

（二）项目实施

1. 成立国家级专家技术指导组。由营养、儿童保健、儿科临床、健康教育、食品安全、卫生管理和社会政策等领域专家组成。为卫生（卫生计生）行政部门决策提供建议；负责制订项目基线调查、评估效果、培训和健康教育等方案；参与项目方案论证、培训教材及健康教育材料开发、专业技术人员培训和督导检查；对项目省（区、市）开展技术培训、社会宣传动员和健康教育工作提供技术支持；对营养包生产及供应的质量保障体系的执行提供技术指导等。

2. 各省（区、市）成立省级专家技术指导组，并参照国家级技术指导组的职责制订省级技术指导组的职责。

3. 国家和省级妇幼保健机构成立项目管理办公室。在卫生行政部门领导下，具体承担项目的组织实施和日常管理工作，负责组织项目方案论证、项目管理和专业技术培训，信息收集整理、项目督导等工作。定期向项目领导小组汇报项目进展情况。

4. 鼓励国际组织和社会组织参与项目的宣传动员和监督评估，提高项目实施效果。倡导营养包生产企业履行社会责任，确保营养包质量和安全，按时供货，并支持宣传培训活动。

（三）营养包发放管理

省级卫生（卫生计生）行政部门按照每月平均任务数确定年度营养包需求量，集中招标采购后按计划统一配送到各项目县（区）或各乡（镇）卫生院。各省（区、市）结合实际制订营养包发放管理办法，明确各级相关部门的分工和职责，明确营养包发放人员。营养包发放由基层医疗卫生机构人员实施，同时充分发挥妇联组织的宣传动员作用，并结合预防接种、儿童保健服务、儿童早期家庭教育指导服务等工作开展。各项目省（区、市）应当积极探索营养包发放管理的适宜模式，促进项目可持续发展。

（四）信息报送

省级项目管理办公室按季度汇总各项目县营养包发放统计情况，年度末提交项目工作总结，按时报送至国家级项目管理办公室。

四、经费管理和保障

（一）各省（区、市）根据财政部资金管理的相关规定和项目工作任务，落实配套工作经费，保障卫生、妇联项目宣传动员、培训、质量控制和监督评估工作顺利开展。

（二）实行项目专款专用，不得用于与本项目无关的其他支出。

（三）严格开支范围、开支标准和审批程序，加强财务和会计核算，做好项目的监督检查工作，同时接受上级部门组织的资金检查。

五、项目监督与评估

（一）国家卫生计生委制订督导评估方案，并联合全国妇联定期组织检查，抽取部分项目省进行项目管理、资金运转、实施情况及干预效果的督导和评估。

（二）省级项目领导小组定期组织检查，每年对所有项目县的实施情况进行至少 1 次督导和评估，发现问题及时协调解决，确保各项工作落实到位，保证项目实施效果。

国家卫生计生委办公厅　中国残联办公厅关于印发
2013 年贫困地区新生儿疾病筛查项目方案的通知

国卫办妇幼函〔2013〕384 号

河北省、山西省、内蒙古自治区、吉林省、黑龙江省、安徽省、江西省、河南省、湖北省、湖南省、广西壮族自治区、重庆市、四川省、贵州省、云南省、西藏自治区、陕西省、甘肃省、青海省、宁夏回族自治区、新疆维吾尔自治区卫生厅局（卫生计生委）、残联：

为贯彻落实《中国儿童发展纲要（2011～2020年）》和《中国农村扶贫开发纲要（2011～2020年）》，尽早发现贫困地区新生儿遗传代谢疾病和新生儿听力障碍疾患儿童，降低儿童智障和听力残疾发生率，提高人口素质，决定在你省（区、市）开展贫困地区新生儿疾病筛查项目。现将《2013年贫困地区新生儿疾病筛查项目方案》（可从国家卫生计生委网站妇幼健康频道儿童卫生栏目下载）印发给你们，请认真贯彻落实。

2013年11月9日

2013年贫困地区新生儿疾病筛查项目方案

为尽早发现贫困地区新生儿遗传代谢病和新生儿听力障碍患儿，降低儿童智障和听力残疾发生率，提高人口素质，2013年，利用中央财政专项补助经费，实施贫困地区新生儿疾病筛查补助项目。

一、项目目标

（一）总体目标

尽早发现项目省（区、市）贫困地区新生儿遗传代谢病苯丙酮尿症（PKU）、先天性甲状腺功能减低症（CH）和新生儿听力障碍患儿，降低儿童智障和听力残疾发生率，提高人口素质，促进新生儿疾病筛查服务网络建立和完善。

（二）具体目标

1. 为49万例新生儿开展两种遗传代谢病（PKU和CH）筛查及新生儿听力筛查。

2. 对确诊为苯丙酮尿症和永久性听力障碍的儿童实施康复救助。

3. 项目地区新生儿父母对新生儿疾病筛查知晓率达60%以上。

二、项目范围和内容

（一）项目范围和对象

21个省（区、市）14个国家集中连片特殊困难地区200个县的农村户籍新生儿。具体任务数见附件1。

（二）项目内容

1. 健全新生儿遗传代谢病和新生儿听力筛查网络，组织开展新生儿遗传代谢病和新生儿听力筛查工作。

2. 广泛开展社会动员及宣传活动。通过电视、广播、报纸、网络、宣传标语等途径，开展项目相关政策和新生儿健康知识宣传，使社会各界认识到新生儿疾病筛查的重要意义，为项目顺利实施营造良好社会氛围。

3. 开展项目管理和技术培训。对各级筛查相关人员进行血片采集、实验室检测、听力初筛和复筛、诊断、转介、康复、召回、信息管理等专题培训，提高项目管理水平和服务提供能力。

4. 开展多种形式的健康教育活动。采血、筛查、诊断机构通过发放宣传折页、开设健康讲座等方法向准备怀孕或已怀孕妇女传播新生儿疾病筛查重要性和筛查技术、流程等，提高目标人群对新生儿疾病筛查的知晓度和接受度。

5. 开展新生儿遗传代谢病血片采集、实验室检测和确诊工作。新生儿遗传代谢病采血机构做好血片采集、保存、送检等工作，筛查中心做好实验室检测、阳性病例确诊等工作，为确诊儿童提供治疗建议。

6. 开展新生儿听力筛查、听力障碍确诊工作。筛查机构做好新生儿听力的初筛、复筛、转诊及追访等工作，诊治机构做好新生儿听力障碍的诊断、治疗、追访、咨询等工作，为确诊儿童提供治疗和听力语言康复建议。

7. 对确诊为苯丙酮尿症的儿童纳入新农合重大疾病医疗保障给予康复救助，对确诊为永久性听力障碍的儿童纳入国家贫困聋儿康复救助项目实施康复救助。

8. 开展质量控制与评估。组织专家开展项目督导和效果评估，了解新生儿疾病筛查的开展情况，并对有关筛查和诊治人员进行技术指导。

三、项目组织实施

（一）组织保障

1. 各级卫生（卫生计生）行政部门与残联部门建立定期沟通协商工作机制，研讨项目实施中重大问题和信息沟通。国家级负责制订项目方案、确定工作目标、组织国家级督导，及时研究解决项目实施中的问题。省级负责本省（区、市）的项目组织、实施和监督指导，制订具体实施方案。市（地）、县（区）级负责本辖区项目组织管理和具体实施，确保项目实施进度和质量。

2. 各级在妇幼保健院成立项目管理办公室，指定专门机构和专人负责辖区内项目管理工作，包括经费管理、人员培训、健康教育、监督指导、信息收集和报送等。

3. 各级成立专家技术指导组，为卫生（卫生计生）行政部门决策提供意见和建议，并按照项目统一要求，为项目培训、健康教育和质量控制提供技术指导。

（二）相关机构职责

从事新生儿疾病筛查、诊治机构必须严格按照《新生儿疾病筛查技术规范（2010版）》有关要求，科学规范开展相关工作。

1. 新生儿遗传代谢病采血机构：规范开展新生儿遗传代谢病筛查血片采集和相关信息采集，并按规定将血片递送至新生儿遗传代谢病筛查中心检验；加强对机构内血片采集人员的管理和培训。

2. 新生儿遗传代谢病筛查中心：开展新生儿遗传代谢病筛查实验室检测、可疑阳性病例召回、阳性患儿诊断和随访以及筛查人员培训、健康教育等工作，建立规范的实验室质量控制体系，确保筛查质量。每季度向各项目县项目管理办公室反馈筛查人数、阳性患儿数、确诊人数等信息。

3. 新生儿听力筛查机构：开展新生儿听力初筛、复筛、转诊及追访等工作；做好新生儿听力筛查基本信息的登记、统计和上报；开展新生儿听力筛查的人员培训和宣传教育；新生儿听力筛查机构应当每月向各项目县项目管理办公室上报筛查人数、阳性患儿数。

4. 新生儿听力障碍诊治机构：开展新生儿听力障碍的诊断、治疗、追访、咨询以及康复救治知情同意等工作；做好新生儿听力障碍诊断相关信息的登记、统计和上报；开展新生儿听力障碍诊断的人员培训和宣传教育等工作。对确诊为永久性听力障碍的儿童要及时反馈项目县项目管理办公室，由项目县项目管理办公室将确诊儿童信息及时转介到本县残联。

5. 听力语言康复机构：按照幼儿发展规律及听力障碍儿童的特殊要求，对确诊为永久性听力障碍的儿童开展听力干预和康复工作。

（三）信息管理

县（区）级妇幼保健院项目管理办公室应当做好项目的基础信息统计、分析和管理工作，经卫生（卫生计生）行政部门确认同意后，每季度由妇幼保健院逐级上报上级妇幼保健院，由省妇幼保健院报全国妇幼卫生监测办公室，统计分析后报国家卫生计生委妇幼司。

县（区）级残联要做好听力障碍儿童听力干预及康复安置信息统计、分析和管理工作，按季度逐级报送市（地）级、省（区、市）级残联，省（区、市）级残联审核汇总后上报中国聋儿康复研究中心，中国聋儿康复研究中心审核汇总后上报中国残联。

各级卫生（卫生计生）行政部门与残联部门共享听力障碍儿童诊断、转介及康复等信息。卫生（卫生计生）部门发现并确诊听力障碍患儿及时协调残联进行康复，残联部门应当定期将听力障碍儿童诊断、转介及康复等信息报告同级卫生（卫生计生）行政部门。

四、经费保障与管理

（一）中央财政为新生儿疾病筛查提供专项补助资金，1个新生儿补助120元，其中两种遗传代谢病筛查补助50元、听力筛查补助70元。补助经费分配使用标准由各省（区、市）自行确定。

（二）中央财政对确诊为永久性听力障碍的儿童开展听力干预和康复工作提供补助资金，听障儿童救助由残联系统承担具体实施工作，对确诊为永久性听力障碍的儿童通过项目县残联申请国家贫困聋儿康复救助项目。对确诊为苯丙酮尿症的儿童纳入本地新农合重大疾病医疗保障范围给予补助。

（三）各级卫生（卫生计生）行政部门加强资金的使用和管理，地方财政部门应当安排必要工作经费，用于项目宣传动员、人员培训、质量控制、健康教育等，保障项目顺利实施。

（四）专项补助资金必须专款专用，任何单位和个人不得以任何形式截留、挤占和挪用。

五、项目监督与评估

（一）国家卫生计生委会同中国残联共同制订督导评估方案，定期组织检查，对项目的实施情况、质量控制及效果进行督导和评估。

（二）项目实行逐级监督指导与评估。省（区、市）、市（地）、县（区）级定期组织项目实施情况的督导和评估，发现问题及时协调解决，确保各项工作落实到位，保证项目实施效果。

国家卫生计生委与教育部关于开展全国托幼机构卫生保健工作现状调查的通知

国卫办妇幼函〔2013〕161号

各省、自治区、直辖市卫生厅局（卫生计生委）、教育厅（教委），新疆生产建设兵团卫生局、教育局：

为落实《托儿所幼儿园卫生保健管理办法》和《托儿所幼儿园卫生保健工作规范》，了解掌握我国托幼机构卫生保健工作现状，探索推进托幼机构卫生保健工作的有效方法，国家卫生计生委与教育部定于2013年6～12月联合开展托幼机构卫生保健工作现状调查。现将有关事宜通知如下：

一、调查内容

（一）各省（区、市）托幼机构卫生保健工作相关政策、有关配套文件及实施情况等。

（二）各托幼机构保健室（卫生室）设置、卫生人员配备、儿童膳食营养、疾病和伤害预防、传染病控制等。按照分层随机抽样调查方法，每省（区、市）调查150～200所托幼机构。

（三）具体调查方案见附件（可从国家卫生计生委网站妇幼健康栏目下载）。

二、组织形式

（一）各省、自治区、直辖市卫生厅局（卫生计生委）妇幼（妇社）处负责调查工作的组织实施，完成定性资料和定量资料收集。

（二）国家卫生计生委妇幼司和教育部将组织专家对部分省（区、市）进行现场督导。

三、时间安排

2013年6～8月　调查前期准备

2013年9～10月　现场调查及督导

2013 年 11～12 月　资料录入、分析及撰写报告

四、有关要求

（一）各级卫生（卫生计生）行政部门负责调查工作的组织领导，各级教育行政部门积极配合调查工作，卫生（卫生计生）和教育部门建立沟通协调机制，保证现场调查顺利进行。

（二）省级卫生（卫生计生）和教育行政部门共同成立专家指导组，为调查工作提供技术指导。

（三）省级妇幼保健机构负责本省（区、市）调查工作的具体实施，组织培训工作，负责质量控制和调查问卷收集、审核、上报。

（四）地方各级卫生（卫生计生）行政部门、妇幼保健机构要指定专人负责调查工作，并为调查工作提供必要的经费和人员保障，保证调查工作按时按质完成。

（五）委托中国疾病预防控制中心妇幼保健中心（以下简称中国疾控中心妇幼中心）负责全国调查工作的具体组织，为各地调查工作提供指导和咨询。

国家卫生计生委妇幼司联系人：徐晓超

国家卫生计生委办公厅

教育部办公厅

2013 年 8 月 19 日

全国托幼机构卫生保健工作现状调查方案

一、背景

托幼机构卫生保健工作是公共卫生的重要组成部分，是儿童保健服务的主要工作之一。托幼机构是儿童集体生活场所，卫生保健工作涉及儿童营养、膳食管理、疾病防控、伤害预防等多项内容。截至 2012 年，全国约有托幼机构 18.13 万余所，3600 万适龄儿童在园。加强托幼机构卫生保健工作对集体儿童生长发育、疾病预防，全面提高儿童身心健康都具有重要意义。

原卫生部和教育部于 2010 年联合印发了《托儿所幼儿园卫生保健管理办法》，原卫生部于 2012 年印发了《托儿所幼儿园卫生保健工作规范》，有力推动了托幼机构卫生保健工作的开展。但由于各地经济、文化、卫生发展不平衡，托幼机构卫生保健工作也存在明显差异，卫生保健方面尚存在不少问题。

为掌握我国各地、各类托幼机构卫生保健工作开展现状，发现工作中存在的主要问题和困难，进一步规范托幼机构卫生保健工作，有针对性地开展人员培训，提高托幼机构卫生保健工作管理水平和服务能力，提高儿童健康水平，国家卫生计生委与教育部于 2013 年 6 ~ 12 月进行全国托幼机构卫生保健工作现状调查，委托中国疾病预防控制中心妇幼保健中心负责具体实施。

二、调查内容

（一）了解各省托幼机构卫生保健工作相关政策、有关配套文件及实施情况等。

（二）各托幼机构保健室（卫生室）设置、卫生人员配备、儿童膳食营养、疾病和伤害预防、传染病控制等。按照分层随机抽样调查方法，每省（区、市）调查 150 ~ 200 所托幼机构。

三、调查方法

（一）定性调查

各省（区、市）卫生厅局（卫生计生委）妇幼处（妇社处）组织专家完成"托幼机构卫生保健工作省级调查问卷"（表 1），全面了解各地托幼机构卫生保健工作相关政策、有关配套文件及实施情况等。

国家级专家组进行现场督导，组织开展专题小组讨论，深入了解各地贯彻落实《托儿所幼儿园卫生保健管理办法》和《托儿所幼儿园卫生保健工作规范》的经验和体会、存在的主要问题和原因等。

（二）定量调查

各省（区、市）采用现场调查的方式，对托幼机构进行抽样调查，完成"托幼机构卫生保健工作调查表"（表 2）。

1. 抽样方法

采用分层随机抽样的方法，由国家级专家组对 31 个省（区、市）进行抽样。

（1）按照全国东、中、西区域分布和容量比例概率抽样方法，分别在3个区域随机抽取1/2的市（地、州）作为样本市。

（2）样本市（地、州）随机抽取1/4的区和1/4的县。

（3）样本城区和县城各随机抽取1/4的托幼机构作为调查对象。

（4）样本县随机抽取1/4的乡镇托幼机构作为调查对象。

（5）所调查乡镇随机抽取1/4的村级托幼机构作为调查对象。

2. 调查对象

调查对象为收托30名及以上儿童并取得教育部门颁发办园许可证的托幼机构，含公办园、民办园、企事业单位办园等。设立在托幼机构内的学前班纳入调查范围，非托幼机构内学前班不纳入调查范围。

每省（区、市）预计调查150～200所托幼机构，全国31个省（自治区、直辖市）共计调查4500～6000所托幼机构。

四、组织实施

（一）组织领导

各级卫生（卫生计生）行政部门负责调查工作的组织领导，各级教育行政部门积极配合调查工作，卫生教育部门建立沟通协调机制，保证现场调查顺利进行。省级卫生（卫生计生）和教育行政部门共同成立专家指导组，为调查工作提供技术指导。

（二）培训

省级妇幼保健机构负责本地调查工作的具体实施，组织专家对样本市、区和县妇幼保健机构的调查员进行培训。

（三）现场调查

各样本区和县妇幼保健机构调查员对所抽样的托幼机构进行现场调查，完成"托幼机构卫生保健工作调查表"。现场调查结束后，回收、核查调查表，并进行统一编号。调查表编号为6位，前4位为省、市、区、县编号，由国家级专家组抽样后进行编号。第5～6位为托幼机构编号，由调查区、县完成调查表后编号。

（四）督导与质控

国家级专家组赴东、中、西地区进行督导，随机抽取2%的托幼机构调查问卷进行现场质控；省市级妇幼保健机构及专家组随机抽取 5% 的调查表进行质控。质控后，如发现调查表主要信息不实，则该抽样地区需全部重新调查。

（五）资料上报

各省级妇幼保健机构负责本地区调查问卷收集、审核、上报。请于 8 月 31 日、9 月 30 日、10 月 31 日前分别将"托幼机构分布情况登记表"（表3）、"托幼机构卫生保健工作省级调查问卷"（表1）、"托幼机构卫生保健工作调查表"（表2）原始调查表报送中国疾病预防控制中心妇幼保健中心。

民政部关于加强医疗救助与慈善事业衔接的指导意见

民发〔2013〕132 号

各省、自治区、直辖市民政厅（局），各计划单列市民政局，新疆生产建设兵团民政局：

为切实解决困难群众医疗难题，充分发挥医疗救助和慈善事业的综合效益，保障困难群众基本医疗权益，根据《中共中央国务院关于深化医药卫生体制改革的意见》（中发〔2009〕6 号）、《国务院关于印发"十二五"期间深化医药卫生体制改革规划暨实施方案的通知》（国发〔2012〕11 号）等相关文件要求，现就加强医疗救助与慈善事业衔接提出以下意见。

一、充分认识加强医疗救助与慈善事业衔接的重要意义

当前，随着我国医疗保障制度不断完善，多层次的医疗保障体系日益健全，人民群众看病就医有了基本保障。但由于基本医疗保障水平相对偏低，当困难群众罹患重特大疾病时，现有的保障水平仍难以从根本上解决其医疗难题，由此导致因病致贫、因病返贫以及无力看病、放弃治疗等民生问题非常突出。此类情况不仅受到党中央、国务院的高度重视，也是慈善力量广泛关注的重点。各类慈善力量通过动员社会资源，为困难群众提供形式多样的医疗援助，帮助其解决看病就医负担，成为多层次医疗保障体系的重要组成部分。加强医疗救助与慈善事业的有序衔接，形成协同合作、资源统筹、相互补充、各有侧重的机制，是促进医疗救助和慈善事业发展的重要方面，也是保障和改善基本民生的迫切需要。各地要充分认识加强医疗救助和慈善事业衔接的重要意义，坚持政府重点引导、社会广泛参与，从解决实际问题入手，探索加强体制机制建设，实现优势互补，促进社会公平正义。

二、积极探索建立医疗救助与慈善事业的衔接机制

（一）建立需求导向机制

各地要根据城镇居民基本医疗保险（新型农村合作医疗）、大病保险以及医疗救助和慈善事业的发展状况，认真研究设计慈善事业在医疗保障体系中的功能定位；要从困难群众医疗保障需求出发，探索建立医疗救助与慈善事业的衔接机制，使慈善资源作为医疗救助的重要补充，帮助困难群众解决个人自付医疗费用。各地要加强与慈善组织的沟通协调，以困难群众医疗保障需求为导向，引导他们在继续开展各项医疗救助的基础上，优先向医疗费用高、社会影响大、诊疗路径明确的重特大疾病领域拓展延伸，最大限度发挥综合救助的社会效益；要鼓励引导慈善组织开展补缺型和补充型医疗援助活动，一方面填补政府医疗救助政策的空白，另一方面弥补政府救助的不足，为困难群众提供更全面、更充分的医疗保障服务。

（二）建立信息共享机制

医疗救助对象需求信息和慈善资源供给信息的有效对接是医疗救助与慈善事业衔接的核心。各地民政部门要着力搜集、整理、分析医疗救助日常工作中产生的救助对象需求信息，并与相关部门和机构的医疗信息相整合，从而准确掌握困难群众的医疗需求以及看病就医后的保险补偿、医疗救助以及个人承担的医疗费用等情况；要在征得医疗救助对象同意的前提下，主动向慈善组织提供救助对象的慈善需求信息，帮助慈善组织减少查找环节，降低运行成本，提高工作效率；要规范完善转介流程，做到政府部门与慈善组织之间信息互通、资源共享，使医疗救助对象能够迅速获得慈善组织的补充援助，使慈善组织能够尽快找到援助对象。各地要进一步加强医疗救助信息化建设，充分利用现有社会救助信息系统和慈善信息平台，通过委托、合作等方式建立医疗救助慈善资源数据库，实现医疗救助与慈善资源信息共享，确保供需各方的对接及时到位、高效便捷。

（三）建立统筹协调机制

建立健全民政与相关政府部门、慈善组织、医疗机构等共同参与的协调机制，共同研究医疗救助和慈善事业衔接工作中存在的问题，统筹开展慈善援助活动。通过分类梳理慈善组织的业务范围、擅长领域以及救助对象的需求信息等情况，引导慈善组织有序开展援助活动。要根据慈善组织的项目设置、目标人群、救助意愿、援助能力等因素，统筹规划不同组织的援助区域、援助范围和援助病种，形成分类、有序、全面的慈善医疗援助新格局，最大限度地提升援助效益，避免慈善组织扎堆无序开展援助活动，造成资源使用不均衡。要注重发挥中国慈善联合会等联合性、枢纽型社会组织在培育慈善项目、协调慈善资源、引导慈善行为等方面的功能，最大限度提高医疗援助效率。

（四）建立激励扶持机制

各地要通过政府委托、协商、奖励、补贴等方式，引导慈善组织开展灵活多样的慈善医疗援助项目。要完善政府购买服务的政策措施，通过招、投标等方式选择优质慈善组织承担医疗援助服务项目。各地开展的支持社会组织参与社会服务项目，要重点支持医疗援助领域。有条件的地区，要争取政府出资设立专项医疗救助基金，同时接收社会捐赠资金，形成多元筹资机制。要定期评估慈善组织开展的医疗援助项目，推广宣传管理规范、服务优良、团队专业、绩效突出的慈善组织，充分发挥其示范、引领作用。对于工作中表现突出的单位和个人，要给予适当激励和表彰。对在医疗援助领域做出突出贡献的慈善组织，列为"中华慈善奖"评选表彰候选对象。

三、切实做好医疗救助与慈善事业衔接的基础保障工作

（一）加强组织领导

各地要把加强医疗救助与慈善事业衔接作为完善社会救助体系的重要工作来抓，健全机制，完善模式，提升综合救助能力。要加强与慈善组织在日常工作中的联系、沟通和协调，形成多元参与、相互协作、共同发展的工作格局。要科学制定慈善组织参与医疗援助的项目规划和实施方案；指导慈善组织规范参与相关医疗援助项目；落实促进慈善组织发展的政策措施，并加强其开展慈善援助活动的监督管理。

（二）强化经费保障

各级民政部门要积极争取政府加大经费投入，或专项安排彩票公益金，在建立专项基金、建设信息共享平台以及工作经费保障等方面给予必要的经费支持。鼓励公民、法人及其他组织为慈善组织提供捐赠、赞助等，支持其参与医疗援助活动。

（三）开展衔接试点

各地要根据自身实际，精心谋划、周密部署，在有一定工作基础的地方先行试点。可选择实力雄厚、社会公信力高的慈善组织，探索慈善资源援助重特大疾病贫困患者的路径、方法和程序，积累经验，逐步完善。有条件的地方，还可以针对困难群众的个性化服务需求，支持、引导慈善组织开展多样化的医疗援助服务项目，从多个方面为困难群众提供帮助。要以试点为抓手，健全完善衔接机制，逐步培育典型。要加强经验交流和分享，学习借鉴先进地区的成功经验，结合本地实际，不断推动医疗救助与慈善事业共同发展，提高综合救助服务水平。

（四）加大舆论宣传

各地要大力宣传中华民族乐善好施、扶危济困的传统美德，宣传诚信友爱、互帮互助的公益理念，形成社会各界广泛参与慈善医疗援助的良好氛围，引导社会各界关心关注、积极参与慈善医疗援助事业。

民政部

2013 年 8 月 12 日

三 生活保障

民政部关于开展适度普惠型儿童福利制度建设试点工作的通知

民函〔2013〕206 号

江苏省民政厅、浙江省民政厅、河南省民政厅、广东省民政厅：

为深入贯彻国务院《中国儿童发展纲要（2011~2020 年）》（国发〔2011〕24 号），切实履行联合国《儿童权利公约》，全面建立与我国经济

193

社会发展状况相符合、与儿童生存和发展需要相适应的适度普惠型儿童福利制度，进一步提高儿童福利工作水平，民政部决定在江苏省昆山市、浙江省海宁市、河南省洛宁县、广东省深圳市等地开展适度普惠型儿童福利制度建设试点工作。现就有关事项通知如下：

一、充分认识建立适度普惠型儿童福利制度的重要意义

儿童是民族的希望、祖国的未来。为儿童成长发展优先提供福利，是国际社会的普遍准则，也是党和政府的重要职责。全面建立适度普惠型儿童福利制度，扩大儿童福利对象，提升儿童福利水平，是落实以人为本执政理念、维护儿童基本权益、促进儿童全面发展的重要举措，是着眼国家未来长远发展、储备优秀人才资源的迫切需要，是完善我国社会福利制度体系、促进社会公平正义的内在要求。要充分认识开展适度普惠型儿童福利制度建设试点工作的重要性和紧迫性，将其作为贯彻落实党的十八大和第十三次全国民政会议精神的重点工作内容，增强责任感和使命感，高度重视，扎实推进。

二、积极推进适度普惠型儿童福利制度建设试点工作

（一）明确适度普惠型儿童福利制度的基本内涵

适度普惠型儿童福利制度总的思考是：本着"适度普惠、分层次、分类型、分标准、分区域"的理念，按照"分层推进、分类立标、分地立制、分标施保"的原则和要求，立足当地经济社会发展状况、儿童生存与发展需要和社会福利制度的发展，全面安排和设计儿童福利制度。所谓"适度普惠型"，是指逐步建立覆盖全体儿童的普惠福利制度。"分层次"，是将儿童群体分为孤儿、困境儿童、困境家庭儿童、普通儿童四个层次。"分类型"，是将各层次儿童予以类型区分，孤儿分社会散居孤儿和福利机构养育孤儿 2 类；困境儿童分残疾儿童、重病儿童和流浪儿童 3 类；困境家庭儿童分父母重度残疾或重病的儿童、父母长期服刑在押或强制戒毒的儿童、父母一方死亡另一方因其他情况无法履行抚养义务和监护职责的儿童、贫困家庭的儿童 4 类。"分区域"，是指全国划分为东、中、西部，因地制宜制定适应本地区特点的儿童补贴制度。"分标准"，是指对不同类型的儿童，分不同标准予以福利保障。

（二）明确适度普惠型儿童福利制度试点工作的重点内容

一是明确重点保障对象。当前，试点地区要立足当地经济发展实际和全国儿童福利制度推进的实际，把困境儿童确定为重点保障对象。二是建立基本生活制度。要参照孤儿基本生活保障制度，建立困境儿童基本生活保障制度。三是制定和落实其他保障政策。要协调教育、公安、人力资源和社会保障、卫生计生等相关部门，制定相关的保障政策和具体措施。四是探索建立社会化的儿童福利服务体系。要充分发挥社会参与儿童福利的积极性，调动社会力量，建立健全社会化的儿童福利服务体系。

三、切实加强对适度普惠型儿童福利制度建设试点工作的领导

开展适度普惠型儿童福利制度建设试点工作，事关儿童福祉、政策发展，意义重大，影响深远，各试点省份一定要高度重视，以坚强的领导和有力的指导，确保试点工作顺利开展。

（一）把政策创制摆上试点工作的突出位置

加强政策创制，是民政工作职能不断拓展、运行不断规范、成效不断显现的一个有效方式，也是当前民政系统推进工作的一个显著特点。要指导各试点市（县）把政策创制纳入试点工作的议事日程，制定周密的试点工作方案，有序推进试点工作的开展。各试点市（县）方案请在报经省厅批准后报我部社会福利和慈善事业促进司备案。

（二）为试点工作顺利开展创造良好的环境

要指导各试点市（县）及时向当地主要领导汇报，争取试点工作的支持。要积极协调发改、财政、机构编制等相关部门，增强共识，凝聚合力。要充分利用各种宣传方式，推动当地社会各界了解政府建设适度普惠型儿童福利制度的重要意义和具体措施，引导社会力量参与儿童福利工作。要建立分工明确、责任到人的试点工作推进机制，定期研究分析试点工作开展情况，对试点工作中的重点难点问题，省级民政部门主要领导要亲自过问，协调解决，对试点工作的关键环节，分管领导要参与指导，督促推进试点工作的开展。我部将适时召开试点工作研讨会议，总结经验。各试点市（县）要及时将适度普惠型儿童福利制度建设试点工作联系人和联系方式报我部社会福利和慈善事业促进司。

2013 年 6 月 19 日

民政部儿童福利机构基本规范

中华人民共和国民政部　发布

2013 - 12 - 04 发布　　2013 - 12 - 04 实施

前　言

本标准按照 GB 1.1 - 2009 给出的规则起草。

本标准代替了 MZ 010 - 2001《儿童福利机构基本规范》，本标准与 MZ 010 - 2001 相比，主要技术变化如下：

——删除了总则和附则（见 2001 年版的 1 和 6）；

——删除了"儿童"、"新生儿"等术语（见 2001 年版的 2.1 ~ 2.15）；

——将术语"家庭寄养"改为"儿童家庭寄养"并更改了定义内容（见 3.3，2001 年版的 2.16）；

——增加了"儿童福利机构"、"被接收儿童"、"寄养家庭"、"寄养儿童"、"助养"、"收养"、"收养人"、"被收养人"、"孤残儿童护理员"术语（见 3.1、3.2、3.4 ~ 3.10）；

——增加了机构基本要求（见 4）；

——修改了人员要求（见 5，2001 年版的 4.2）；

——修改了管理部分，将管理要求分为机构管理要求和儿童管理要求两部分（见 6 和 7，2001 年版的 4）；

——修改了环境和设施设备要求（见 8.1 和 8.2，2001 年版的 5）；

——增加了安全要求（见 9）；

——修改和增加了服务内容和要求，包括生活照料、医疗保健、康复、教育和社会工作五个方面（见 10.1 ~ 10.5，2001 年版的 3.1 ~ 3.5）。

本标准由全国社会福利服务标准化技术委员会（SAC/TC 315）提出并归口。

本标准起草单位：民政部社会福利和慈善事业促进司、中国社会福利协会、北京市儿童福利院、石家庄市社会福利院、大同市社会（儿童）福利院、沈阳市儿童福利院、长春市儿童福利院、南京市儿童福利院、深圳市宝安区社会福利中心、重庆市儿童福利院、乌鲁木齐市儿童福利院。

本标准主要起草人：徐建中、冯晓丽、武福祥、冯立伟、彭嘉琳、陈钟林、张凤良、杜海燕、韩金红、靳保利、李艳萍、刘东、朱洪、陶隽、胡晓林、张东芳。

本标准于 2001 年首次发布，本次为第一次修订。

儿童福利机构基本规范

1　范围

本标准规定了儿童福利机构的基本要求、人员要求、机构管理要求、儿童管理要求、环境与设施设备要求、安全要求和服务内容与要求。

本标准适用于儿童福利机构的服务与管理。

2　规范性引用文件

下列文件对本标准的应用是必不可少的。凡是注日期的引用文件，仅注日期的版本适用于本文件。凡是不注日期的引用文件，其最新版本（包括所有的修改单）适用于本文件。

GB 2894　安全标志及其使用导则

GB 3096 - 2008　声环境质量标准

GB/T 10001.1　标志用公共信息符号　第 1 部分：通用符号

GB/T 10001.9　标志用公共信息符号　第 9 部分：无障碍设施符号

GB/T 18883　室内空气质量标准

建标 145 - 2010　儿童福利院建设标准

3　术语和定义

下列术语和定义适用于本文件。

3.1　儿童福利机构　child welfare institution

政府批准，为孤、弃等特殊儿童提供养育、医疗保健、康复、教育、安置等服务，并服务于社会儿童的社会福利服务组织。

3.2　被接收儿童　accepted children

18 周岁以下，父母双亡，或查找不到生父母，符合国家孤、弃儿接收程序规定，由民政部门监护、委托儿童福利机构供养的自然人。

3.3　儿童家庭寄养　family foster childen

经过规定程序，将民政部门监护的和其他有需要的儿童委托在符合条件的社会家庭中养育的照料模式。

3.4　寄养家庭　foster family

儿童福利机构经过规定的程序审核和委托，符合寄养条件的社会最小单位。

3.5　寄养儿童　children in foster care

监护权在县级以上人民政府民政部门、按照规范程序委托在社会家庭中养育的不满十八周岁的孤儿、查找不到生父母的弃婴或父母被剥夺了监护权、监护人缺乏监护照料能力或事实上无人抚养等其他有需要的儿童。

3.6　助养　sponsorship

社会组织或个人通过民政部门及其儿童福利机构，以捐资或其他方式为儿童提供帮扶养育的行为。

3.7　收养　adoption

中国公民和外国人与儿童福利机构被监护人形成父母子女关系的法律行为。

3.8　收养人　adopter

依法领养儿童福利机构儿童的中国公民、外国人。

3.9　被收养人　adoptee

由收养人依法收养、不满14周岁的儿童福利机构的儿童。

3.10　孤残儿童护理员　orphans and disabled children care workers

从事孤残儿童日常生活照料和护理，并协助专业人员对其进行康复、教育、保健服务的人员。

4　基本要求

4.1　应具有独立法人的资质。

4.2　应具有相对独立、固定、专用的场所。

4.3　建筑及设施的设计与设置应符合建标 145－2010 相关要求。

4.4　人力资源配置应满足儿童福利机构服务的需要，工作人员与儿童的比例应为 1∶1。

4.5　有条件的机构宜设置相应的医疗机构，并取得相应资质。

5　人员要求

5.1　机构的管理层应具有大专以上文化程度，5 年以上的相关工作经验，并经行业培训合格，获得相关资质证书。

5.2　专业技术人员应持有与其岗位相适应的专业资格证书。

5.3　孤残儿童护理员应持有与岗位要求相适应的职业资格证书。

5.4　宜配备社会工作者、康复师、心理咨询师、营养师等。

6　机构管理要求

6.1　应建立管理组织架构、设置工作岗位、明确岗位职责，宜建立服务标准体系。

6.2　应建立财务管理制度。

6.3　应建立捐赠管理制度。

6.4　应建立安全管理制度，制定相关应急预案和预防儿童意外伤害的措施，开展安全培训，定期演练。

6.5　应建立设施、设备及用品的购置、使用、维护保养、报废等管理制度。

6.6　应建立外包服务合同管理和监督机制。

6.7　应建立各类人员的聘用、培训和管理制度、岗位资质审核制度、职业健康制度、绩效考核制度。

6.8　应建立档案和儿童户口管理制度。

7　儿童管理要求

7.1　入院管理

7.1.1　入院儿童应有捡拾证明、弃婴（儿）证明。

7.1.2　儿童入院后，应为其拍照、检查其随身携带物品、审核证明材料、登记；应为入院儿童起名、建档，发布寻亲公告。

7.1.3　办理户口。

7.2　收养管理

机构应提交相关证明、记录，并为儿童办理户口转出手续。

7.3　家庭寄养管理

7.3.1　机构应审核寄养家庭的户口、住所、收入、健康状况、年龄、文化程度等，并进行现场审核、评估，合格后与寄养家庭签署寄养协议。

7.3.2 机构应定期对寄养家庭培训、考核、评估，探访寄养儿童。

7.3.3 机构应建立被寄养儿童和寄养家庭的档案，内容包括文字、照片、影像资料等。

7.4 助养管理

机构应审核助养个人、社会组织的有效证件，审核合格后，确定助养形式、对象，签订助养协议。

7.5 死亡管理

7.5.1 儿童死亡应由机构内医生或社会医疗机构确认，并出具死亡证明。

7.5.2 遗体应按相关规定处理，注销户口。

7.6 儿童成长档案管理

儿童成长档案应1人1档，包括但不限于以下内容：

a）捡拾证明、弃婴（儿）证明和随身携带的物品；

a）医疗机构的诊断证明和相关资料；

b）登记表、体检表、观察期记录、照片和寻亲公告复印件；

c）养育、医疗保健、康复和教育等文字、照片和影像记录资料；

d）转出资料或死亡证明。

8 环境与设施设备要求

8.1 环境

8.1.1 房屋建筑面积应符合建标145-2010第4章的要求。

8.1.2 室外环境应符合建标145的要求。儿童室外活动场所应按 $4m^2$ ~ $5m^2$/床核定；地面应设置塑胶地坪和防护设施，配置各种游戏、娱乐设施。有条件的可建造多功能运动场以及儿童戏水池。

8.1.3 应设置公共信息图形符号和安全标识，公共信息图形符号和安全标识应符合 GB/T 10001.1、GB/T 10001.9 和 GB 2894 的要求。

8.1.4 室内灯光照度应柔和，居室及通道应设有夜灯及应急灯。

8.1.5 室内宜配备房间空气温度调节设施。

8.1.6 室内空气应符合 GB/T 18883 的要求，应保持空气清新，温度、湿度适宜，整洁、无异味。

8.1.7 室内噪音应符合 GB 3096-2008 中 0 类要求。

8.2 设施设备

8.2.1 应有与服务配套的活动室（场所）、食堂、餐厅、盥洗室、洗衣房等服务设施和无障碍设施。应配备与服务相关的医疗保健、教育、康复、娱乐、安全防护、消防等设备，并满足：

a）活动室（场所）地面应采用地板或地垫；应光线充足，配有的教育、康复、娱乐用品应使用环保材料，家具、各种设备应无锐角，窗户、阳台处应有防护设施；应设壁橱或贮物架。

b）食堂、餐厅应布局合理、干净整洁，桌椅齐备。

c）盥洗室应根据儿童年龄段配备适合的设施设备；卫生间及浴室应地面平坦、防滑，配有防滑垫；浴室应有温湿度、取暖、排气设备；卫生间应有大小坐便器，男女应分开；应配有 3 岁以上儿童使用的蹲式便器和扶手。

d）洗衣房应布局合理，洁污分开，通风良好，设洗涤、烘干、整理区域。

8.2.2 设施设备应定期维护保养。

9 安全要求

9.1 安全通道、疏散楼梯、安全出口标志明显。消防栓、灭火器材标志清楚、完好、有效。

9.2 活动室（场所）地面应采用防滑、防水材料，墙壁边角处应做钝化处理。

9.3 玩具、器具及家具应符合环保要求，定期清洁、消毒，安全防护措施齐备。

9.4 特种设备应定期检验，合格后方可使用。

9.5 应按操作规范安全使用轮椅、约束带、假肢、矫形支具等辅助器具，应定期消毒、维护和更换。

9.6 食品的采购、加工、储存、运送应符合相关食品安全规定。

9.7 医疗护理过程中，应执行巡视、查对制度，发现病情变化及时处置。

9.8 院内感染控制按 10.2.5 执行。

9.9 异物吸入、烫伤、摔伤、交通等意外伤害发生时，应启动应急预案。

9.10　水、电、气、暖设备应标识清楚，规范操作。

9.11　易燃易爆、化学品的使用和存放应符合安全规定，警示标识清楚。

10　服务内容与要求

10.1　生活照料

10.1.1　卫生照料

10.1.1.1　沐浴：

a）新生儿应每日 1 次；

b）冬季应每周 1 次～2 次，春秋季应每周 2 次～3 次，夏季应每日 1 次；

c）污染后应及时沐浴。

10.1.1.2　口腔应每日清洁。

10.1.1.3　理发应每月 1 次，发型应平整美观。

10.1.1.4　指（趾）甲应每周修剪 1 次，指（趾）甲修剪后应光滑平整。

10.1.1.5　更衣应及时，服装应适季、合体、舒适、整洁、无破损，扣（带）齐全。

10.1.2　晨/晚间照料

10.1.2.1　晨间照料

a）应在起床 1 小时内测量体温，观察儿童的皮肤和精神状况，并记录；

b）应督促自理儿童穿衣、叠被、大小便、洗手、刷牙、洗脸和梳头；

c）应协助部分自理儿童穿衣、叠被、整理床铺和大小便。应准备洗漱用具用水，指导、协助其完成刷牙、洗脸、洗手和梳头；

d）应为不能自理儿童、特殊口腔疾患和术后需要口腔护理的儿童做口腔护理；

e）应为婴幼儿及不能自理儿童换尿布、清洗外阴、穿衣、叠被、洗脸、洗手和梳头等；

f）应为有特殊身体功能障碍的儿童准备辅具，如坐姿椅、站立架等。

g）晚间照料

h）应在儿童入睡前关上门窗，拉好窗帘，调整室内温度、照明，根据需要铺防水垫；

i）应督促自理儿童睡前清洁、铺被、脱衣和整理衣物；

j）应协助部分自理儿童准备洗漱用具及温水，指导睡前清洁、铺被、脱衣和整理衣物；

k）应为不能自理儿童做睡前清洁，换尿布、铺被、脱衣、整理衣物和盖被；

l）应为特殊身体功能障碍儿童整理收拾辅具。

10.1.3 睡眠照料

10.1.3.1 就寝前应有人陪护，宜讲故事或放轻缓音乐。

10.1.3.2 应拉好床栏，为有癫痫史的儿童加装床挡，对兴奋躁动儿童采取保护性措施。

10.1.3.3 应定时巡视，观察儿童身体、睡眠状况和环境变化，及时调整不良睡姿，如有身体不适儿童，应报告医生，遵医嘱处理。

10.1.3.4 应定时叫醒儿童入厕，及时更换尿布。

10.1.4 进食照料

10.1.4.1 配餐应营养均衡，按儿童生长阶段添加辅食，进食定时、保量。

10.1.4.2 餐具应1人1碗（瓶）1勺（筷）1巾。

10.1.4.3 进食前后应提醒或协助儿童洗手，餐后应清洁口腔。

10.1.4.4 喂奶时应抬高婴儿头部，喂奶后将婴儿竖直抱起轻拍背部，宜采用侧卧位。

10.1.4.5 喂食速度宜慢，提醒儿童细嚼慢咽。

10.1.5 饮水照料

10.1.5.1 应按年龄及个体需求提供水量和次数。

10.1.5.2 饮水具应1人1杯（瓶）1巾。

10.1.6 排泄照料

10.1.6.1 应培养幼儿定时坐盆排便习惯，指导女童生理期使用卫生用品。

10.1.6.2 应及时更换尿布，清洁皮肤。

10.1.6.3 应观察大小便的性质、颜色、次数、量和形状。

10.1.6.4 用具应随时清洗，消毒备用。

10.2 医疗保健

10.2.1 体检

10.2.1.1 儿童入院时应隔离观察，全面体格检查，建立"健康档案"，必要时应到三级医院检查。

10.2.1.2 应根据儿童各年龄阶段的生长发育规律定期体检。6个月内应每月体检1次；6个月～12个月应每3个月体检1次；12个月～36个月应每6个月体检1次；36个月以上应每年体检1次。体检内容应包括，但不限于：身高、体重、头围、胸围、坐高和血常规。

10.2.2 保健

10.2.2.1 应根据儿童各年龄阶段的生长发育规律，在定期体检的基础上进行生长发育评估，评估内容应包括，但不限于：发育水平、生长速度和匀称程度。

10.2.2.2 应定期进行免疫接种。

10.2.2.3 儿童每日日光浴不应少于30min，不应强光直射。

10.2.2.4 应指导合理喂养营养失调患儿。

10.2.2.5 有特殊需要的患儿，应分析病因，合理用药，辅助以食疗。

10.2.3 诊疗

10.2.3.1 疾病救治应按诊疗技术规范执行。

10.2.3.2 必要时转医疗机构救治。

10.2.4 护理

10.2.4.1 儿科疾病护理应按儿科专科护理常规执行。

10.2.4.2 手术患儿应补充营养，观察患儿生命体征、伤口情况，应执行护理技术操作规范。

10.2.5 院内感染控制

10.2.5.1 应对院内感染进行监测，定期对空气、物品、人员进行采样和检测。

10.2.5.2 应根据传染病类型，控制传染源，切断传播途径，采取相应隔离措施。

10.2.5.3　应根据需求选择使用消毒剂和消毒方法，定期消毒。

10.3　康复

10.3.1.1　脑瘫儿童宜采用引导式教育、物理治疗、作业治疗、言语治疗、认知治疗和感觉统合等康复训练。

10.3.1.2　智障儿童宜采用早期启蒙教育、作业治疗、认知治疗、语言交往和社会适应能力等教育，以提高生活自理能力为主。

10.3.1.3　自闭症儿童宜采用感觉统合训练、音乐疗法、行为治疗和特殊教学等方法。

10.3.1.4　听力残疾儿童宜早期佩戴辅助器具开发听力、触摸感觉等。应通过佩戴人工耳蜗、助听器，语言训练，掌握发音技巧。

10.3.1.5　应对唇腭裂术后儿童进行疤痕按摩和早期语言康复训练。

10.3.1.6　盲童宜采用认知和智力训练为主。

10.3.1.7　其他残疾或复合残疾儿童，应有与之相对应的康复措施及实施。

10.3.1.8　应在康复专业人员指导下，选配康复辅助器具，指导儿童使用康复辅助器具和进行适应性康复训练。　.

10.4　教育

10.4.1.1　应根据儿童生长发育规律，开展早期教育、学前教育、义务教育和特殊教育。

10.4.1.2　生活技能养成教育应注重培养儿童的生活自理能力和社会适应能力，生活自理能力培训应与特殊教育及康复训练相结合。

10.4.1.3　职业教育应根据儿童的残疾、智力、能力和兴趣等，有针对性地进行职业规划的培养。应鼓励适宜儿童接受职业教育，协助就业服务。

10.4.1.4　社会工作

10.4.1.5　应关注儿童特点与需求，运用社会工作专业知识、方法，协助儿童实现养育环境的良性互动，预防和解决儿童成长中的问题，促进儿童良好发展。

10.4.1.6　应为机构内工作人员提供心理健康支持。

10.4.1.7　应协调、组织志愿服务。

国家发展改革委　民政部关于印发儿童福利
设施建设规划二期的通知

发改社会 ［2013］ 2374 号

各省、自治区、直辖市及计划单列市、新疆生产建设兵团发展改革委、民政厅（局）：

为贯彻落实国务院印发的《国家基本公共服务体系"十二五"规划》和《国务院办公厅关于加强孤儿保障工作的意见》，国家发展改革委、民政部共同编制了《儿童福利设施建设规划二期》（以下简称《规划》），现印发给你们，并就有关事项通知如下：

一、《规划》由国家发展改革委、民政部共同编制和组织实施，请各地按相关要求组织实施。

二、国家发展改革委和民政部将根据各地经济发展水平、人口规模、孤儿数量、儿童福利设施状况和相关工作情况，以及有关政策因素等综合平衡，分省匡算，分年确定各省中央投资额度和支持项目数量。

三、请各地按照《规划》要求，以及中央预算内投资管理和建设程序要求，认真做好项目储备及前期准备工作，加强对《规划》实施的监督检查，确保建设质量，提高资金使用效益，适时开展评估工作。

2013 年 11 月 25 日

附件　儿童福利设施建设规划二期

为保障孤儿基本权益，提升社会服务水平，依据《国家基本公共服务体系"十二五"规划》和《国务院办公厅关于加强孤儿保障工作的意见》，制定本规划。

一、规划背景

孤儿是社会上最困难、最弱小的群体，他们最需要呵护、最需要关爱。恤孤慈幼，是中华民族的传统美德。党和政府高度重视孤儿抚育工作，积极建立健全孤儿基本生活保障制度，不断增强医疗、康复、教育和就业保障能力。"十一五"期间，国家发展改革委和民政部共同实施了《"十一五"儿童福利机构建设规划》，基本实现了全国地级以上城市都拥有独立儿童福利机构或在当地社会福利机构中设有相对独立的儿童部，实施效益较为明显。

总体看，我国孤儿保障体系还不健全，特别是受文化观念、抚养能力等多方面因素制约，家庭收养孤儿发展较为缓慢，事实上仍然存在相当部分孤儿监护缺位问题，大部分残疾和重病孤儿难以找到适合的收养家庭，迫切要求儿童福利机构发挥"兜底"作用，为孤儿提供基本保障，确保孤儿居有定所、生活有着。儿童福利设施作为政府举办的集中收养孤儿的服务设施，在孤儿保障体系建设中具有重要支撑作用，尽管"十一五"期间孤儿集中收养条件有所改善，但整体保障水平还有待进一步提高。一方面，儿童福利床位总量仍然不足，远远不能满足实际需求。另一方面，基层孤儿保障能力不足，农村孤儿安置服务供需矛盾突出，抚养条件亟待完善。

针对上述问题，《国家基本公共服务体系"十二五"规划》明确提出要"建立健全孤儿保障体系"和"推进儿童福利机构建设，配备必要的专业救助和康复设施"。《国务院办公厅关于加强孤儿保障工作的意见》强调要"完善儿童福利机构设施"，并具体要求"孤儿较多的县（市）可独立设置儿童福利机构，其他县（市）要依托民政部门设立的社会福利机构建设相对独立的儿童福利设施"。大力加强儿童福利设施建设，切实保障孤儿的生存权、发展权和受保护权，是保障和改善民生的基础性工程，对于促进基本公共服务均等化，维护社会公平正义，构建社会主义和谐社会具有重大的现实意义。

二、指导思想和实施原则

（一）指导思想

以科学发展观为指导，以着力保障孤儿基本权益为出发点，大力加强基层儿童福利设施建设，增强孤儿养育、康复、特教等服务能力，努力提升孤儿保障水平，推动孤儿集中收养工作走上规范化、标准化和制度化轨道，建立健全与我国经济社会发展水平相适应的儿童福利服务体系。

（二）实施原则

1. 统筹规划、分级负责。各级政府要对儿童福利设施建设统筹考虑、整体规划。国家制定总体规划，确定建设目标和任务，明确重点支持内容和保障措施。地方政府是规划实施的责任主体，制定本地建设规划或实施方案，承担主要建设任务，健全保障制度，完善发展政策，确保设施可持续运行。

2. 因地制宜、突出重点。各地要综合考虑孤儿数量、地域特点、现有服务保障能力等因素，尽量依托现有资源，合理布局建设儿童福利设施，做到规模适度、符合实际需求。重点加强人口多、需求大的县（市）的儿童福利设施建设，扎实提高基层服务水平，并对欠发达地区和民族区域自治地区适当予以倾斜。

3. 完善功能、辐射服务。要充分体现儿童身心发展的特点，增强针对性和实用性，着力完善儿童福利设施服务功能，逐步实现"养、治、教、康"综合服务。切实发挥儿童福利设施辐射带动作用，加强对周边人口较少县孤儿集中收养，加强对亲属抚养、家庭寄养孤儿照料的指导和帮扶，推动儿童福利服务向社区和家庭延伸。

4. 创新机制、持续发展。引导社会力量参与支持儿童福利事业发展，要积极创造条件，通过购买服务和社会化用工等形式，提升服务水平。充分利用教育、医疗、康复等其他公共服务设施资源，积极为孤儿提供服务，确保满足孤儿身心发育、性格培养和全面发展等需求，推动孤儿融入社会。

三、主要目标和建设任务

（一）主要目标

在中央和地方的共同努力下，利用3～5年时间，初步建成布局合理、功能完备、管理规范的基层儿童福利设施网络，确保孤儿得到妥善安置、良好抚育。

（二）建设任务

中央专项采取新建和改扩建方式，加强儿童福利院或社会福利机构儿童部的基础设施建设，改善集中收养条件，提升基础服务能力。

引导各地根据实际需要，在规划项目建成后，为儿童福利设施配置康复、特殊教育等必备的设备器材，完善配套服务功能。带动人口较少的县（市）加强机制建设，依托规划新建儿童福利设施以及所在地市儿童福利机构开展孤儿集中收养工作。

四、资金安排和项目要求

（一）资金安排

规划建设投资由多方筹措，多渠道解决。国家发展改革委和民政部分别安排中央预算内投资和本级彩票公益金，予以专项补助。根据年度中央资金情况，逐年予以安排。

地方政府要强化支出责任，加大资金投入，安排财政性专项资金。留归各级民政部门使用的彩票公益金要按照相关规定，支持儿童福利设施建设。规划项目建成后，民政部安排本级彩票公益金，补助配置必备的设备器材。

（二）项目要求

需按以下要求遴选规划项目：一是在支持范围上，重点面向50万人口以上和孤儿数量较多的县（市），主要支持独立设置的儿童福利院，或者社会福利机构相对独立的儿童福利设施建设。二是在建设方式上，优先支持新建设施，填补资源空白；适当支持已有设施的改扩建。三是需符合《儿童福利院建设标准》（建标145～2010）、《中央预算内投资补助和贴息项目管理办法》（国家发展改革委第3号令）等相关法规要求。四是纳入规划年度支持项目，需完成前期工作，落实建设条件。

五、规划实施和保障措施

（一）加强组织领导

国家发展改革委、民政部建立协调工作机制，审核各地规划和年度方案，指导规划实施和进行督导检查。各地要将儿童福利设施建设摆上政府重要议事日程，建立由发展改革、民政部门牵头，相关部门参与的工作机制，抓紧编制规划或实施方案，做好项目储备工作，推动落实建设条件，确保规划目标如期实现。

（二）完善保障机制

各地要加快建立稳定、长效的儿童福利事业投入保障机制，加大设施建设和运行投入；完善孤儿基本生活保障制度，逐步提高供养水平；落实和完善儿童福利机构工作人员的人事、福利、薪酬和社会保险倾斜政策，开展孤残儿童护理员等职业技能培训和职业资格鉴定，加快专业人才培养；坚持创新机制，发挥辐射指导作用，提高服务管理水平；通过建立健全保障制度，确保儿童福利设施建成后正常运行。

（三）严格项目管理

要严格执行项目法人制、招标投标制、工程监理制和合同管理制等建设法规及有关行业标准规定，确保建设质量。要科学规划项目方案，合理控制建设规模，确保经济、实用和适用。中央资金实行专户管理，封闭运行，项目配套资金应足额及时到位、不留缺口；要加强设施建设和运行监管，落实相关责任，防止转移、侵占或者挪用中央资金。各地应及时将投资项目实施情况上报，国家发展改革委将按照有关规定对投资项目进行稽查。

（四）拓展社会资源

加快建立政府主导与社会参与相结合的儿童福利服务模式。政府通过购买服务和社会化用工等形式，鼓励社会力量参与提供服务。鼓励和引导个人、企业、社会组织与儿童福利机构密切合作，开展慈善捐赠、实施公益项目、提供福利服务等活动。推动国际交流与合作，吸引更多的资源为儿童福利事业发展服务，实现健康良性发展。

民政部　国家宗教事务局关于规范宗教界收留孤儿、弃婴活动的通知

民发〔2014〕99号

各省、自治区、直辖市民政厅（局）、宗教局（民宗委、厅、局），新疆生产建设兵团民政局、民宗局：

济孤恤幼是宗教界行慈举善的重要形式。近年来，宗教界在孤儿、弃婴救助方面发挥了积极作用，但也存在一些监管不到位、抚育不科学、教育无保障等问题。根据《关于进一步做好弃婴相关工作的通知》（民发〔2013〕83号），为规范宗教界收留孤儿、弃婴活动，现就有关事项通知如下：

一、正确对待和妥善处理宗教界收留孤儿、弃婴问题，关系到儿童合法权益保障，关系到宗教界积极作用发挥，关系到社会和谐稳定。要深入贯彻以人为本的理念，始终坚持儿童优先、儿童利益最大化的原则，采取有效措施规范宗教界收留孤儿、弃婴活动。

二、宗教界收留孤儿、弃婴活动，是指依法登记的宗教团体、宗教活动场所和经认定备案的宗教教职人员及上述三类主体兴办的收留孤儿、弃婴机构（三类主体兴办的收留孤儿、弃婴机构，以下简称"宗教界兴办机构"）从事的收留孤儿、弃婴活动。除上述三类主体外，其他组织和个人不得以宗教为名从事收留孤儿、弃婴活动。

三、宗教团体、宗教活动场所及宗教界兴办机构要有相对稳定的人力、财力资源，要有符合国家消防安全和卫生防疫标准的制度，具备儿童健康成长必需的抚育、教育等条件。

基本具备上述条件的宗教界兴办机构，应申请与民政部门合办，并严格按照双方签订的合办协议，加强日常管理，强化抚育责任，依法依规开展活动。不同意与民政部门合办的，以及基本具备上述条件的宗教团体、宗教活动场所，要主动向民政部门提出代养申请。民政部门要与其签订代养协议，明确责任，加强业务指导和规范管理。宗教事务部门要配合民政部门做好宗教界的工作。

不具备上述条件的宗教团体、宗教活动场所及宗教界兴办机构，民政、宗教事务部门要提出整改期限和整改措施，指导和帮助其改善基础设施和收留条件。对于经整改仍不具备上述基本条件的，或虽具备上述条件但既不同意合办又不签订代养协议的，民政、宗教事务部门要会同公安等有关部门责令其停止收留活动。能够查找到监护人的，将孤儿、弃婴交付监护人；查找不到监护人的，送交民政部门设立的儿童福利机构收留抚养。

宗教教职人员个人已收留孤儿、弃婴的，按照《关于进一步做好弃婴相关工作的通知》（民发〔2013〕83号）相关规定执行。

四、与民政部门合办或签订代养协议的宗教界兴办机构，以及已经与民政部签订代养协议且具备落户条件的宗教团体和宗教活动场所，可接受孤儿、弃婴落户。宗教团体和宗教活动场所不具备落户条件的，应到与其合办或签订代养协议的儿童福利机构落户。

五、民政部门要按照《关于发放孤儿基本生活费的通知》（民发〔2010〕161号）的相关规定，积极为宗教界收留的儿童进行孤儿身份认定。材料齐全的，将其纳入孤儿国家保障范围，按照当地孤儿养育标准发放基本生活费；材料不全但可以补齐的，民政部门要协调相关部门为其补齐手续并纳入孤儿国家保障范围；材料确实无法补齐不能认定为孤儿的，要按照国家相关规定予以救助。

六、宗教界收留孤儿、弃婴活动应遵守的基本原则和享受的扶持优惠政策，适用《关于鼓励和规范宗教界从事公益慈善活动的意见》（国宗发〔2012〕6号）。宗教界要按照《中华人民共和国未成年人保护法》《中华人民共和国义务教育法》等法律法规，充分保障孤儿、弃婴的合法权益。不得强制收留的孤儿、弃婴信仰宗教。

七、民政、宗教事务部门要积极协调公安、卫生计生等有关部门为宗教界收留的孤儿、弃婴查找监护人，办理户籍登记；协调卫生计生部门适度减免宗教界收留孤儿、弃婴的治病费用，减轻其经济负担；协调教育部门帮助宗教界收留的孤儿、弃婴入学就读，保障其接受义务教育权利，减免相关费用；协调新闻宣传部门加强政策法规宣传，对责令停止收留活动的，做好社会舆论引导和解释工作。

八、民政、宗教事务部门要强化服务意识，寓管理于服务之中，帮助协调解决宗教界收留孤儿、弃婴存在的困难和问题。民政部门要充分发挥在孤儿、弃婴保障工作中的主导作用，加强指导管理。宗教事务部门要配合民政等相关部门加强对宗教界从事收留孤儿、弃婴活动的监督检查，推动规范管理。

自本通知下发之日起，宗教界申请设立收留孤儿、弃婴的机构，必须与当地县级以上人民政府民政部门共同举办。

2014年4月30日

民政部　家庭寄养管理办法

中华人民共和国民政部令　第54号

《家庭寄养管理办法》已经2014年9月14日民政部部务会议通过，现予公布，自2014年12月1日起施行。

部　长：李立国

2014年9月24日

第一章　总　则

第一条　为了规范家庭寄养工作，促进寄养儿童身心健康成长，根据《中华人民共和国未成年人保护法》和国家有关规定，制定本办法。

第二条　本办法所称家庭寄养，是指经过规定的程序，将民政部门监护的儿童委托在符合条件的家庭中养育的照料模式。

第三条　家庭寄养应当有利于寄养儿童的抚育、成长，保障寄养儿童的合法权益不受侵犯。

第四条　国务院民政部门负责全国家庭寄养监督管理工作。

县级以上地方人民政府民政部门负责本行政区域内家庭寄养监督管理工作。

第五条　县级以上地方人民政府民政部门设立的儿童福利机构负责家庭寄养工作的组织实施。

第六条　县级以上人民政府民政部门应当会同有关部门采取措施，鼓励、支持符合条件的家庭参与家庭寄养工作。

第二章　寄养条件

第七条　未满十八周岁、监护权在县级以上地方人民政府民政部门的孤儿、查找不到生父母的弃婴和儿童，可以被寄养。

需要长期依靠医疗康复、特殊教育等专业技术照料的重度残疾儿童，不宜安排家庭寄养。

第八条　寄养家庭应当同时具备下列条件：

（一）有儿童福利机构所在地的常住户口和固定住所。寄养儿童入住后，人均居住面积不低于当地人均居住水平；

（二）有稳定的经济收入，家庭成员人均收入在当地处于中等水平以上；

（三）家庭成员未患有传染病或者精神疾病，以及其他不利于寄养儿童抚育、成长的疾病；

（四）家庭成员无犯罪记录，无不良生活嗜好，关系和睦，与邻里关系融洽；

（五）主要照料人的年龄在三十周岁以上六十五周岁以下，身体健康，具有照料儿童的能力、经验，初中以上文化程度。

具有社会工作、医疗康复、心理健康、文化教育等专业知识的家庭和自愿无偿奉献爱心的家庭，同等条件下优先考虑。

第九条　每个寄养家庭寄养儿童的人数不得超过二人，且该家庭无未满六周岁的儿童。

第十条　寄养残疾儿童，应当优先在具备医疗、特殊教育、康复训练条件的社区中为其选择寄养家庭。

第十一条　寄养年满十周岁以上儿童的，应当征得寄养儿童的同意。

第三章　寄养关系的确立

第十二条　确立家庭寄养关系，应当经过以下程序：

（一）申请。拟开展寄养的家庭应当向儿童福利机构提出书面申请，并提供户口簿、身份证复印件，家庭经济收入和住房情况、家庭成员健康状况以及一致同意申请等证明材料；

（二）评估。儿童福利机构应当组织专业人员或者委托社会工作服务机构等第三方专业机构对提出申请的家庭进行实地调查，核实申请家庭是否具备寄养条件和抚育能力，了解其邻里关系、社会交往、有无犯罪记录、社区环境等情况，并根据调查结果提出评估意见；

（三）审核。儿童福利机构应当根据评估意见对申请家庭进行审核，确定后报主管民政部门备案；

（四）培训。儿童福利机构应当对寄养家庭主要照料人进行培训；

（五）签约。儿童福利机构应当与寄养家庭主要照料人签订寄养协议，明确寄养期限、寄养双方的权利义务、寄养家庭的主要照料人、寄养融合期限、违约责任及处理等事项。家庭寄养协议自双方签字（盖章）之日起生效。

第十三条　寄养家庭应当履行下列义务：

（一）保障寄养儿童人身安全，尊重寄养儿童人格尊严；

（二）为寄养儿童提供生活照料，满足日常营养需要，帮助其提高生活自理能力；

（三）培养寄养儿童健康的心理素质，树立良好的思想道德观念；

（四）按照国家规定安排寄养儿童接受学龄前教育和义务教育，负责与学校沟通，配合学校做好寄养儿童的学校教育；

（五）对患病的寄养儿童及时安排医治，寄养儿童发生急症、重症等情况时，应当及时进行医治，并向儿童福利机构报告；

（六）配合儿童福利机构为寄养的残疾儿童提供辅助矫治、肢体功能康复训练、聋儿语言康复训练等方面的服务；

（七）配合儿童福利机构做好寄养儿童的送养工作；

（八）定期向儿童福利机构反映寄养儿童的成长状况，并接受其探访、培训、监督和指导；

（九）及时向儿童福利机构报告家庭住所变更情况；

（十）保障寄养儿童应予保障的其他权益。

第十四条　儿童福利机构主要承担以下职责：

（一）制定家庭寄养工作计划并组织实施；

（二）负责寄养家庭的招募、调查、审核和签约；

（三）培训寄养家庭中的主要照料人，组织寄养工作经验交流活动；

（四）定期探访寄养儿童，及时处理存在的问题；

（五）监督、评估寄养家庭的养育工作；

（六）建立家庭寄养服务档案并妥善保管；

（七）根据协议规定发放寄养儿童所需款物；

（八）向主管民政部门及时反映家庭寄养工作情况并提出建议。

第十五条　寄养协议约定的主要照料人不得随意变更。确需变更的，应当经儿童福利机构同意，经培训后在家庭寄养协议主要照料人一栏中变更。

第十六条 寄养融合期的时间不得少于六十日。

第十七条 寄养家庭有协议约定的事由在短期内不能照料寄养儿童的，儿童福利机构应当为寄养儿童提供短期养育服务。短期养育服务时间一般不超过三十日。

第十八条 寄养儿童在寄养期间不办理户口迁移手续，不改变与民政部门的监护关系。

第四章　寄养关系的解除

第十九条 寄养家庭提出解除寄养关系的，应当提前一个月向儿童福利机构书面提出解除寄养关系的申请，儿童福利机构应当予以解除。但在融合期内提出解除寄养关系的除外。

第二十条 寄养家庭有下列情形之一的，儿童福利机构应当解除寄养关系：

（一）寄养家庭及其成员有歧视、虐待寄养儿童行为的；

（二）寄养家庭成员的健康、品行不符合本办法第八条第（三）和（四）项规定的；

（三）寄养家庭发生重大变故，导致无法履行寄养义务的；

（四）寄养家庭变更住所后不符合本办法第八条规定的；

（五）寄养家庭借机对外募款敛财的；

（六）寄养家庭不履行协议约定的其他情形。

第二十一条 寄养儿童有下列情形之一的，儿童福利机构应当解除寄养关系：

（一）寄养儿童与寄养家庭关系恶化，确实无法共同生活的；

（二）寄养儿童依法被收养、被亲生父母或者其他监护人认领的；

（三）寄养儿童因就医、就学等特殊原因需要解除寄养关系的。

第二十二条 解除家庭寄养关系，儿童福利机构应当以书面形式通知寄养家庭，并报其主管民政部门备案。家庭寄养关系的解除以儿童福利机构批准时间为准。

第二十三条 儿童福利机构拟送养寄养儿童时，应当在报送被送养人材料的同时通知寄养家庭。

第二十四条 家庭寄养关系解除后，儿童福利机构应当妥善安置寄养儿童，并安排社会工作、医疗康复、心理健康教育等专业技术人员对其进行辅导、照料。

第二十五条 符合收养条件、有收养意愿的寄养家庭，可以依法优先收养被寄养儿童。

第五章 监督管理

第二十六条 县级以上地方人民政府民政部门对家庭寄养工作负有以下监督管理职责：

（一）制定本地区家庭寄养工作政策；

（二）指导、检查本地区家庭寄养工作；

（三）负责寄养协议的备案，监督寄养协议的履行；

（四）协调解决儿童福利机构与寄养家庭之间的争议；

（五）与有关部门协商，及时处理家庭寄养工作中存在的问题。

第二十七条 开展跨县级或者设区的市级行政区域的家庭寄养，应当经过共同上一级人民政府民政部门同意。

不得跨省、自治区、直辖市开展家庭寄养。

第二十八条 儿童福利机构应当聘用具有社会工作、医疗康复、心理健康教育等专业知识的专职工作人员。

第二十九条 家庭寄养经费，包括寄养儿童的养育费用补贴、寄养家庭的劳务补贴和寄养工作经费等。

寄养儿童养育费用补贴按照国家有关规定列支。寄养家庭劳务补贴、寄养工作经费等由当地人民政府予以保障。

第三十条 家庭寄养经费必须专款专用，儿童福利机构不得截留或者挪用。

第三十一条 儿童福利机构可以依法通过与社会组织合作，通过接受社会捐赠获得资助。

与境外社会组织或者个人开展同家庭寄养有关的合作项目，应当按照有关规定办理手续。

第六章　法律责任

第三十二条　寄养家庭不履行本办法规定的义务，或者未经同意变更主要照料人的，儿童福利机构可以督促其改正，情节严重的，可以解除寄养协议。

寄养家庭成员侵害寄养儿童的合法权益，造成人身财产损害的，依法承担民事责任；构成犯罪的，依法追究刑事责任。

第三十三条　儿童福利机构有下列情形之一的，由设立该机构的民政部门进行批评教育，并责令改正；情节严重的，对直接负责的主管人员和其他直接责任人员依法给予处分：

（一）不按照本办法的规定承担职责的；

（二）在办理家庭寄养工作中牟取利益，损害寄养儿童权益的；

（三）玩忽职守导致寄养协议不能正常履行的；

（四）跨省、自治区、直辖市开展家庭寄养，或者未经上级部门同意擅自开展跨县级或者设区的市级行政区域家庭寄养的；

（五）未按照有关规定办理手续，擅自与境外社会组织或者个人开展家庭寄养合作项目的。

第三十四条　县级以上地方人民政府民政部门不履行家庭寄养工作职责，由上一级人民政府民政部门责令其改正。情节严重的，对直接负责的主管人员和其他直接责任人员依法给予处分。

第七章　附　则

第三十五条　对流浪乞讨等生活无着未成年人承担临时监护责任的未成年人救助保护机构开展家庭寄养，参照本办法执行。

第三十六条　尚未设立儿童福利机构的，由县级以上地方人民政府民政部门负责本行政区域内家庭寄养的组织实施，具体工作参照本办法执行。

第三十七条　本办法自 2014 年 12 月 1 日起施行，2003 年颁布的《家庭寄养管理暂行办法》（民发〔2003〕144 号）同时废止。

四　儿童保护

最高人民法院　最高人民检察院　公安部　司法部关于
依法惩治性侵害未成年人犯罪的意见

法发〔2013〕12 号

最高人民法院　最高人民检察院　公安部　司法部印发《关于依法惩治性侵害未成年人犯罪的意见》的通知

各省、自治区、直辖市高级人民法院、人民检察院、公安厅（局）、司法厅（局），解放军军事法院、军事检察院，新疆维吾尔自治区高级人民法院生产建设兵团分院，新疆生产建设兵团人民检察院、公安局、司法局：

为依法惩治性侵害未成年人犯罪，加大对未成年人合法权益的司法保护，现将《最高人民法院、最高人民检察院、公安部、司法部关于依法惩治性侵害未成年人犯罪的意见》印发给你们，请认真贯彻执行。

2013 年 10 月 23 日

关于依法惩治性侵害未成年人犯罪的意见

为依法惩治性侵害未成年人犯罪，保护未成年人合法权益，根据刑法、刑事诉讼法和未成年人保护法等法律和司法解释的规定，结合司法实践经验，制定本意见。

一、基本要求

1. 本意见所称性侵害未成年人犯罪，包括刑法第二百三十六条、第二百三十七条、第三百五十八条、第三百五十九条、第三百六十条第二款规定的针对未成年人实施的强奸罪，强制猥亵、侮辱妇女罪，猥亵儿童罪，组织卖淫罪，强迫卖淫罪，引诱、容留、介绍卖淫罪，引诱幼女卖淫罪，嫖宿幼女罪等。

2. 对于性侵害未成年人犯罪，应当依法从严惩治。

3. 办理性侵害未成年人犯罪案件，应当充分考虑未成年被害人身心发育尚未成熟、易受伤害等特点，贯彻特殊、优先保护原则，切实保障未成年人的合法权益。

4. 对于未成年人实施性侵害未成年人犯罪的，应当坚持双向保护原则，在依法保护未成年被害人的合法权益时，也要依法保护未成年犯罪嫌疑人、未成年被告人的合法权益。

5. 办理性侵害未成年人犯罪案件，对于涉及未成年被害人、未成年犯罪嫌疑人和未成年被告人的身份信息及可能推断出其身份信息的资料和涉及性侵害的细节等内容，审判人员、检察人员、侦查人员、律师及其他诉讼参与人应当予以保密。

对外公开的诉讼文书，不得披露未成年被害人的身份信息及可能推断出其身份信息的其他资料，对性侵害的事实注意以适当的方式叙述。

6. 性侵害未成年人犯罪案件，应当由熟悉未成年人身心特点的审判人员、检察人员、侦查人员办理，未成年被害人系女性的，应当有女性工作人员参与。

人民法院、人民检察院、公安机关设有办理未成年人刑事案件专门工作机构或者专门工作小组的，可以优先由专门工作机构或者专门工作小组办理性侵害未成年人犯罪案件。

7. 各级人民法院、人民检察院、公安机关和司法行政机关应当加强与民政、教育、妇联、共青团等部门及未成年人保护组织的联系和协作，共同做好性侵害未成年人犯罪预防和未成年被害人的心理安抚、疏导工作，从有利于未成年人身心健康的角度，对其给予必要的帮助。

8. 上级人民法院、人民检察院、公安机关和司法行政机关应当加强对下指导和业务培训。各级人民法院、人民检察院、公安机关和司法行政机关要增强对未成年人予以特殊、优先保护的司法理念，完善工作机制，提高办案能力和水平。

二、办案程序要求

9. 对未成年人负有监护、教育、训练、救助、看护、医疗等特殊职责的人员（以下简称负有特殊职责的人员）以及其他公民和单位，发现未成年人受到性侵害的，有权利也有义务向公安机关、人民检察院、人民法院报案或者举报。

10. 公安机关接到未成年人被性侵害的报案、控告、举报，应当及时受理，迅速进行审查。经审查，符合立案条件的，应当立即立案侦查。

公安机关发现可能有未成年人被性侵害或者接报相关线索的，无论案件是否属于本单位管辖，都应当及时采取制止违法犯罪行为、保护被害人、保护现场等紧急措施，必要时，应当通报有关部门对被害人予以临时安置、救助。

11. 人民检察院认为公安机关应当立案侦查而不立案侦查的，或者被害人及其法定代理人、对未成年人负有特殊职责的人员据此向人民检察院提出异议的，人民检察院应当要求公安机关说明不立案的理由。人民检察院认为不立案理由不成立的，应当通知公安机关立案，公安机关接到通知后应当立案。

12. 公安机关侦查未成年人被性侵害案件，应当依照法定程序，及时、全面收集固定证据。及时对性侵害犯罪现场进行勘查，对未成年被害人、犯罪嫌疑人进行人身检查，提取体液、毛发、被害人和犯罪嫌疑人指甲内的残留物等生物样本，指纹、足迹、鞋印等痕迹，衣物、纽扣等物品；及时提取住宿登记表等书证，现场监控录像等视听资料；及时收集被害人陈述、证人证言和犯罪嫌疑人供述等证据。

13. 办案人员到未成年被害人及其亲属、未成年证人所在学校、单位、居住地调查取证的，应当避免驾驶警车、穿着制服或者采取其他可能暴露被害人身份，影响被害人名誉、隐私的方式。

14. 询问未成年被害人，审判人员、检察人员、侦查人员和律师应当坚持不伤害原则，选择未成年人住所或者其他让未成年人心理上感到安全的场所进行，并通知其法定代理人到场。无法通知、法定代理人不能到场或者法定代理人是性侵害犯罪嫌疑人、被告人的，也可以通知未成年被害人的其他成年亲属或者所在学校、居住地基层组织、未成年人保护组织的代表等有关人员到场，并将相关情况记录在案。

询问未成年被害人，应当考虑其身心特点，采取和缓的方式进行。对与性侵害犯罪有关的事实应当进行全面询问，以一次询问为原则，尽可能避免反复询问。

15. 人民法院、人民检察院办理性侵害未成年人案件，应当及时告知未成年被害人及其法定代理人或者近亲属有权委托诉讼代理人，并告知其如果经济困难，可以向法律援助机构申请法律援助。对需要申请法律援助的，应当帮助其申请法律援助。法律援助机构应当及时指派熟悉未成年人身心特点的律师为其提供法律帮助。

16. 人民法院、人民检察院、公安机关办理性侵害未成年人犯罪案件，除有碍案件办理的情形外，应当将案件进展情况、案件处理结果及时告知被害人及其法定代理人，并对有关情况予以说明。

17. 人民法院确定性侵害未成年人犯罪案件开庭日期后，应当将开庭的时间、地点通知未成年被害人及其法定代理人。未成年被害人的法定代理人可以陪同或者代表未成年被害人参加法庭审理，陈述意见，法定代理人是性侵害犯罪被告人的除外。

18. 人民法院开庭审理性侵害未成年人犯罪案件，未成年被害人、证人确有必要出庭的，应当根据案件情况采取不暴露外貌、真实声音等保护措施。有条件的，可以采取视频等方式播放未成年人的陈述、证言，播放视频亦应采取保护措施。

三、准确适用法律

19. 知道或者应当知道对方是不满十四周岁的幼女，而实施奸淫等性侵害行为的，应当认定行为人"明知"对方是幼女。

对于不满十二周岁的被害人实施奸淫等性侵害行为的，应当认定行为人"明知"对方是幼女。

对于已满十二周岁不满十四周岁的被害人，从其身体发育状况、言谈举止、衣着特征、生活作息规律等观察可能是幼女，而实施奸淫等性侵害行为的，应当认定行为人"明知"对方是幼女。

20. 以金钱财物等方式引诱幼女与自己发生性关系的；知道或者应当知道幼女被他人强迫卖淫而仍与其发生性关系的，均以强奸罪论处。

21. 对幼女负有特殊职责的人员与幼女发生性关系的，以强奸罪论处。

对已满十四周岁的未成年女性负有特殊职责的人员，利用其优势地位或者被害人孤立无援的境地，迫使未成年被害人就范，而与其发生性关系的，以强奸罪定罪处罚。

22. 实施猥亵儿童犯罪，造成儿童轻伤以上后果，同时符合刑法第二百三十四条或者第二百三十二条的规定，构成故意伤害罪、故意杀人罪的，依照处罚较重的规定定罪处罚。

对已满十四周岁的未成年男性实施猥亵，造成被害人轻伤以上后果，符合刑法第二百三十四条或者第二百三十二条规定的，以故意伤害罪或者故意杀人罪定罪处罚。

23. 在校园、游泳馆、儿童游乐场等公共场所对未成年人实施强奸、猥亵犯罪，只要有其他多人在场，不论在场人员是否实际看到，均可以依照刑法第二百三十六条第三款、第二百三十七条的规定，认定为在公共场所"当众"强奸妇女，强制猥亵、侮辱妇女，猥亵儿童。

24. 介绍、帮助他人奸淫幼女、猥亵儿童的，以强奸罪、猥亵儿童罪的共犯论处。

25. 针对未成年人实施强奸、猥亵犯罪的，应当从重处罚，具有下列情形之一的，更要依法从严惩处：

（1）对未成年人负有特殊职责的人员、与未成年人有共同家庭生活关系的人员、国家工作人员或者冒充国家工作人员，实施强奸、猥亵犯罪的；

（2）进入未成年人住所、学生集体宿舍实施强奸、猥亵犯罪的；

（3）采取暴力、胁迫、麻醉等强制手段实施奸淫幼女、猥亵儿童犯罪的；

（4）对不满十二周岁的儿童、农村留守儿童、严重残疾或者精神智力发育迟滞的未成年人，实施强奸、猥亵犯罪的；

（5）猥亵多名未成年人，或者多次实施强奸、猥亵犯罪的；

（6）造成未成年被害人轻伤、怀孕、感染性病等后果的；

（7）有强奸、猥亵犯罪前科劣迹的。

26. 组织、强迫、引诱、容留、介绍未成年人卖淫构成犯罪的，应当从重处罚。强迫幼女卖淫、引诱幼女卖淫的，应当分别按照刑法第三百五十八条第一款第（二）项、第三百五十九条第二款的规定定罪处罚。

对未成年人负有特殊职责的人员、与未成年人有共同家庭生活关系的人员、国家工作人员，实施组织、强迫、引诱、容留、介绍未成年人卖淫等性侵害犯罪的，更要依法从严惩处。

27. 已满十四周岁不满十六周岁的人偶尔与幼女发生性关系，情节轻微、未造成严重后果的，不认为是犯罪。

四、其他事项

28. 对于强奸未成年人的成年犯罪分子判处刑罚时，一般不适用缓刑。

对于性侵害未成年人的犯罪分子确定是否适用缓刑，人民法院、人民检察院可以委托犯罪分子居住地的社区矫正机构，就对其宣告缓刑对所居住社区是否有重大不良影响进行调查。受委托的社区矫正机构应当及时组织调查，在规定的期限内将调查评估意见提交委托机关。

对于判处刑罚同时宣告缓刑的，可以根据犯罪情况，同时宣告禁止令，禁止犯罪分子在缓刑考验期内从事与未成年人有关的工作、活动，禁止其进入中小学校区、幼儿园园区及其他未成年人集中的场所，确因本人就学、居住等原因，经执行机关批准的除外。

29. 外国人在我国领域内实施强奸、猥亵未成年人等犯罪的，应当依法判处，在判处刑罚时，可以独立适用或者附加适用驱逐出境。对于尚不构成犯罪但构成违反治安管理行为的，或者因实施性侵害未成年人犯罪不适宜在中国境内继续停留居留的，公安机关可以依法适用限期出境或者驱逐出境。

30. 对于判决已生效的强奸、猥亵未成年人犯罪案件，人民法院在依法保护被害人隐私的前提下，可以在互联网公布相关裁判文书，未成年人犯罪的除外。

31. 对于未成年人因被性侵害而造成的人身损害，为进行康复治疗所支付的医疗费、护理费、交通费、误工费等合理费用，未成年被害人及其法定代理人、近亲属提出赔偿请求的，人民法院依法予以支持。

32. 未成年人在幼儿园、学校或者其他教育机构学习、生活期间被性侵害而造成人身损害，被害人及其法定代理人、近亲属据此向人民法院起诉要求上述单位承担赔偿责任的，人民法院依法予以支持。

33. 未成年人受到监护人性侵害，其他具有监护资格的人员、民政部门等有关单位和组织向人民法院提出申请，要求撤销监护人资格，另行指定监护人的，人民法院依法予以支持。

34. 对未成年被害人因性侵害犯罪而造成人身损害，不能及时获得有效赔偿，生活困难的，各级人民法院、人民检察院、公安机关可会同有关部门，优先考虑予以司法救助。

国务院办公厅关于建立中小学校舍安全保障长效机制意见的通知

国办发〔2013〕103号

各省、自治区、直辖市人民政府，国务院各部委、各直属机构：教育部、发展改革委、公安部、监察部、财政部、国土资源部、住房城乡建设部、水利部、审计署、安全监管总局、地震局、气象局《关于建立中小学校舍安全保障长效机制的意见》已经国务院同意，现转发给你们，请认真贯彻执行。

2013 年 11 月 7 日

关于建立中小学校舍安全保障长效机制的意见

教育部　　发展改革委　　公安部　　监察部
财政部　　国土资源部　　住房城乡建设部　　水利部
审计署　　安全监管总局　　地震局　　气象局

为贯彻落实《中华人民共和国防震减灾法》和《国家中长期教育改革和发展规划纲要（2010—2020 年）》，进一步提高全国中小学校舍防震减灾能力，实现城乡中小学校舍安全达标，现就建立中小学校舍安全保障长效机制（以下简称长效机制）提出如下意见。

一、充分认识建立长效机制的重要意义

校舍安全直接关系师生生命安全，社会关注度高、影响面广。党中央、国务院历来高度重视校舍安全工作，新世纪以来，先后部署实施了一系列校舍建设工程，建立了农村义务教育中小学校舍维修改造长效机制，特别是从 2009 年起，部署实施了全国中小学校舍安全工程，在各级各类城乡中小学开展校舍抗震加固和提高综合防灾能力建设，校舍安全隐患大幅减少，安全状况进一步改善。但我国中小学的学生规模大、农村学校多、基础条件差，保障校舍安全是一项长期的艰巨任务。建立长效机制，为提高中小学校舍安全管理水平和防灾减灾能力提供制度保障，是坚持以人为本、落实国家防灾减灾总体部署的必然要求，是坚持教育优先发展、办好人民满意教育的重要内容。各地区、各有关部门要统一思想，提高认识，按照国务院决策部署，切实把保障校舍安全的各项任务落实到位。

二、覆盖范围和总体要求

（一）覆盖范围。全国城镇和农村、公立和民办、教育系统和非教育系统的所有中小学（含幼儿园）。

（二）总体要求。明确和落实各级政府及其相关部门责任，综合考虑城镇化发展、人口变化等因素，紧密结合教育事业发展、防灾减灾、校园建设等规划和各类教育建设专项工程，统筹实施校舍安全保障长效机制。坚持建管并重，通过维修、加固、重建、改扩建等多种形式，逐步使所有校舍满足国家规定的建设标准、重点设防类抗震设防标准和国家综合防灾要求，同时加强对校舍的日常管理和定期维护。加强对中小学校舍规划布局、安全排查、施工建设、使用维护、信息公告、责任追究等各环节的管理，建立健全符合国情的中小学校舍安全保障制度体系。

三、长效机制的主要内容

（一）建立校舍安全年检制度

对城乡各级各类中小学现有校舍每半年要组织一次安全隐患排查。经排查后需要鉴定的，由当地教育行政部门委托有资质的专业机构及时进行相关鉴定。对未达到重点设防类抗震设防标准或达到设计使用年限仍需继续使用的校舍，每年进行一次鉴定；达到重点设防类抗震设防标准的，每 5 年进行一次鉴定。校舍排查鉴定结果要及时录入中小学校舍信息管理系统以便查询。

（二）完善校舍安全预警机制

地方各级政府要将校舍安全纳入当地防灾减灾总体规划，对本行政区域内中小学校舍灾害风险进行综合评估，指导学校编制相应的应急预案，并组织师生开展应急演练。地方各级教育、公安、国土资源、水利、地震、气象等部门要建立联动机制，及时向学校发出灾害预警信息，妥善做好师生应急避险和转移安置；对存在重大安全隐患、影响安全使用的校舍，要及时发布安全预警。

（三）建立校舍安全信息通报公告制度

教育部会同统计局、住房城乡建设部、发展改革委、财政部、国土资源部、公安部等部门对全国中小学校舍信息数据进行统计分析，向各省级政府通报可能存在安全隐患的校舍信息，并每年定期向社会发布全国中小学校舍安全信息公告。地方各级政府也要建立相应的信息通报和公告制度。

（四）完善校舍安全隐患排除机制

对经鉴定存在安全隐患、影响安全使用的校舍要及时排除隐患，由省级政府综合考虑行政区域内各市、县面临自然灾害的危险程度以及校舍状况等因素，区分轻重缓急制定相应的年度实施计划；县级政府结合本地实际，分类分步组织实施。优先考虑将部分有条件的中小学建成应急避难场所。

（五）严格校舍安全项目管理制度

中小学校舍维修、加固、重建、改扩建项目，必须严格执行项目法人责任制、招投标制、工程监理制、合同管理制。项目勘察、设计、施工和工程监理单位必须具有相应资质，严格执行国家质量安全有关法律法规和工程建设强制性标准。项目竣工后，应由建设单位按规定组织勘察、设计、施工、监理等单位及项目学校进行竣工验收并备案。位于洪泛区、蓄滞洪区、山区高原等地质灾害易发区的学校，其防险自保设施应通过水利、国土资源等主管部门验收合格，否则不得交付使用。

（六）健全校舍安全责任追究制度

对发生因校舍倒塌或其他因防范不力造成安全事故导致师生伤亡的地区，要依法追究当地政府主要负责人责任。如因校舍选址不当或建筑质量问题导致垮塌的，评估鉴定、勘察设计、施工监理等单位负责人要依法承担责任。对挤占、挪用、克扣、截留、套取长效机制专项资金，违规乱收费或玩忽职守影响校舍安全的，要依法追究相关负责人的责任。

四、工作要求和保障措施

（一）加强组织领导

地方政府是保障中小学校舍安全的责任主体，主要负责人要亲自抓、负总责，分管负责人具体负责。建立长效机制由省级政府统筹组织、市级政府协调指导、县级政府组织实施。教育、发展改革、公安、监察、财政、国土资源、住房城乡建设、水利、审计、安全监管、地震、气象等部门要各司其职，加强协调，密切配合。

（二）合理分担资金投入

各级政府要将保障中小学校舍安全资金纳入财政预算，统筹各类校舍建设项目，加大对经济落后地区的支持力度。保障农村义务教育阶段中小学校舍安全资金由中央和地方共同承担。省级政府负责统筹落实地方资金，制定省、市、县三级政府具体分担办法。中央财政通过农村中小学校舍维修改造长效机制，重点支持中西部地区农村义务教育阶段学校，对东部地区给予适当奖补。其他教育阶段保障校舍安全资金由地方及其他渠道安排。民办、外资和企（事）业办中小学所需资金由投资方和本单位负责落实，当地政府给予支持指导并监管。建立长效机制的资金实行分账核算，专款专用，资金支付按照财政国库管理制度有关规定执行。

（三）落实扶持鼓励政策

校舍建设项目涉及的行政事业性收费和政府性基金，应予以免收；涉及的经营服务性收费，在服务双方协商基础上可适当予以减收或免收。鼓励社会各界捐资捐物支持中小学校舍建设。企业通过公益性社会团体或者县级以上政府及其部门对中小学校舍建设的捐赠支出，按照相关税收政策规定予以税前扣除。

（四）提高管理信息化水平

中小学校舍信息管理系统是提高校舍安全管理水平的重要保障和技术支撑，各地要及时更新数据，加强维护，完善功能，充分发挥信息管理系统在年检、预警、信息发布、隐患排除、责任追究等方面的作用，切实提高校舍安全管理科学化、精细化水平。

（五）加强监督检查

中小学校舍安全工作实行国家重点督查、省市定期巡查、县级经常自查的监督检查机制。地方政府要把中小学校舍安全工作作为教育督导的重要内容，每年向同级人大、政协报告、通报工作情况，接受法律监督和民主监督。设置监督举报电话和公众意见箱，广泛接受社会监督。

（六）加大安全教育和宣传力度

各级各类学校要严格落实国家教学计划规定的安全教育时间和课程，对学生开展防灾和安全教育，向师生普及安全知识。要培养师生良好的安全行为习惯，掌握应急避险技能，提高师生防灾安全意识和自救互救能力。要采取多种形式向全社会宣传中小学校舍安全保障政策，认真总结、宣传推广典型经验，努力营造全社会支持、监督和推进中小学校舍安全工作的良好氛围。

五　其他

国务院办公厅关于政府向社会力量购买服务的指导意见

国办发〔2013〕96号

各省、自治区、直辖市人民政府，国务院各部委、各直属机构：

党的十八大强调，要加强和创新社会管理，改进政府提供公共服务方式。新一届国务院对进一步转变政府职能、改善公共服务作出重大部署，明确要求在公共服务领域更多利用社会力量，加大政府购买服务力度。经国务院同意，现就政府向社会力量购买服务提出以下指导意见。

一、充分认识政府向社会力量购买服务的重要性

改革开放以来，我国公共服务体系和制度建设不断推进，公共服务提供主体和提供方式逐步多样化，初步形成了政府主导、社会参与、公办民办并举的公共服务供给模式。同时，与人民群众日益增长的公共服务需求相比，不少领域的公共服务存在质量效率不高、规模不足和发展不平衡等突出问题，迫切需要政府进一步强化公共服务职能，创新公共服务供给模式，有效动员社会力量，构建多层次、多方式的公共服务供给体系，提供更加方便、快捷、优质、高效的公共服务。政府向社会力量购买服务，就是通过发挥市场机制作用，把政府直接向社会公众提供的一部分公共服务事项，按照一定的方式和程序，交由具备条件的社会力量承担，并由政府根据服务数量和质量向其支付费用。近年来，一些地方立足实际，积极开展向社会力量购买服务的探索，取得了良好效果，在政策指导、经费保障、工作机制等方面积累了不少好的做法和经验。

实践证明，推行政府向社会力量购买服务是创新公共服务提供方式、加快服务业发展、引导有效需求的重要途径，对于深化社会领域改革，推动政府职能转变，整合利用社会资源，增强公众参与意识，激发经济社会活力，增加公共服务供给，提高公共服务水平和效率，都具有重要意义。地方各级人民政府要结合当地经济社会发展状况和人民群众的实际需求，因地制宜、积极稳妥地推进政府向社会力量购买服务工作，不断创新和完善公共服务供给模式，加快建设服务型政府。

二、正确把握政府向社会力量购买服务的总体方向

（一）指导思想

以邓小平理论、"三个代表"重要思想、科学发展观为指导，深入贯彻落实党的十八大精神，牢牢把握加快转变政府职能、推进政事分开和政社分开、在改善民生和创新管理中加强社会建设的要求，进一步放开公共服务市场准入，改革创新公共服务提供机制和方式，推动中国特色公共服务体系建设和发展，努力为广大人民群众提供优质高效的公共服务。

（二）基本原则

——积极稳妥，有序实施。立足社会主义初级阶段基本国情，从各地实际出发，准确把握社会公共服务需求，充分发挥政府主导作用，有序引导社会力量参与服务供给，形成改善公共服务的合力。

——科学安排，注重实效。坚持精打细算，明确权利义务，切实提高财政资金使用效率，把有限的资金用在刀刃上，用到人民群众最需要的地方，确保取得实实在在的成效。

——公开择优，以事定费。按照公开、公平、公正原则，坚持费随事转，通过竞争择优的方式选择承接政府购买服务的社会力量，确保具备条件的社会力量平等参与竞争。加强监督检查和科学评估，建立优胜劣汰的动态调整机制。

——改革创新，完善机制。坚持与事业单位改革相衔接，推进政事分开、政社分开，放开市场准入，释放改革红利，凡社会能办好的，尽可能交给社会力量承担，有效解决一些领域公共服务产品短缺、质量和效率不高等问题。及时总结改革实践经验，借鉴国外有益成果，积极推动政府向社会力量购买服务的健康发展，加快形成公共服务提供新机制。

（三）目标任务

"十二五"时期，政府向社会力量购买服务工作在各地逐步推开，统一有效的购买服务平台和机制初步形成，相关制度法规建设取得明显进展。到 2020 年，在全国基本建立比较完善的政府向社会力量购买服务制度，形成与经济社会发展相适应、高效合理的公共服务资源配置体系和供给体系，公共服务水平和质量显著提高。

三、规范有序开展政府向社会力量购买服务工作

（一）购买主体

政府向社会力量购买服务的主体是各级行政机关和参照公务员法管理、具有行政管理职能的事业单位。纳入行政编制管理且经费由财政负担的群团组织，也可根据实际需要，通过购买服务方式提供公共服务。

（二）承接主体

承接政府购买服务的主体包括依法在民政部门登记成立或经国务院批准免予登记的社会组织，以及依法在工商管理或行业主管部门登记成立的企业、机构等社会力量。承接政府购买服务的主体应具有独立承担民事责任的能力，具备提供服务所必需的设施、人员和专业技术的能力，具有健全的内部治理结构、财务会计和资产管理制度，具有良好的社会和商业信誉，具有依法缴纳税收和社会保险的良好记录，并符合登记管理部门依法认定的其他条件。承接主体的具体条件由购买主体会同财政部门根据购买服务项目的性质和质量要求确定。

（三）购买内容

政府向社会力量购买服务的内容为适合采取市场化方式提供、社会力量能够承担的公共服务，突出公共性和公益性。教育、就业、社保、医疗卫生、住房保障、文化体育及残疾人服务等基本公共服务领域，要逐步加大政府向社会力量购买服务的力度。非基本公共服务领域，要更多更好地发挥社会力量的作用，凡适合社会力量承担的，都可以通过委托、承包、采购等方式交给社会力量承担。对应当由政府直接提供、不适合社会力量承担的公共服务，以及不属于政府职责范围的服务项目，政府不得向社会力量购买。各地区、各有关部门要按照有利于转变政府职能，有利于降低服务成本，有利于提升服务质量水平和资金效益的原则，在充分听取社会各界意见基础上，研究制定政府向社会力量购买服务的指导性目录，明确政府购买的服务种类、性质和内容，并在总结试点经验基础上，及时进行动态调整。

（四）购买机制

各地要按照公开、公平、公正原则，建立健全政府向社会力量购买服务机制，及时、充分向社会公布购买的服务项目、内容以及对承接主体的要求和绩效评价标准等信息，建立健全项目申报、预算编报、组织采购、项目监管、绩效评价的规范化流程。购买工作应按照政府采购法的有关规定，采用公开招标、邀请招标、竞争性谈判、单一来源、询价等方式确定承接主体，严禁转包行为。购买主体要按照合同管理要求，与承接主体签订合同，明确所购买服务的范围、标的、数量、质量要求，以及服务期限、资金支付方式、权利义务和违约责任等，按照合同要求支付资金，并加强对服务提供全过程的跟踪监管和对服务成果的检查验收。承接主体要严格履行合同义务，按时完成服务项目任务，保证服务数量、质量和效果。

（五）资金管理

政府向社会力量购买服务所需资金在既有财政预算安排中统筹考虑。随着政府提供公共服务的发展所需增加的资金，应按照预算管理要求列入财政预算。要严格资金管理，确保公开、透明、规范、有效。

（六）绩效管理

加强政府向社会力量购买服务的绩效管理，严格绩效评价机制。建立健全由购买主体、服务对象及第三方组成的综合性评审机制，对购买服务项目数量、质量和资金使用绩效等进行考核评价。评价结果向社会公布，并作为以后年度编制政府向社会力量购买服务预算和选择政府购买服务承接主体的重要参考依据。

四、扎实推进政府向社会力量购买服务工作

（一）加强组织领导

推进政府向社会力量购买服务，事关人民群众切身利益，是保障和改善民生的一项重要工作。地方各级人民政府要把这项工作列入重要议事日程，加强统筹协调，立足当地实际认真制定并逐步完善政府向社会力量购买服务的政策措施和实施办法，并抄送上一级政府财政部门。财政部要会同有关部门加强对各地开展政府向社会力量购买服务工作的指导和监督，总结推广成功经验，积极推动相关制度法规建设。

（二）健全工作机制

政府向社会力量购买服务，要按照政府主导、部门负责、社会参与、共同监督的要求，确保工作规范有序开展。地方各级人民政府可根据本地区实际情况，建立"政府统一领导，财政部门牵头，民政、工商管理以及行业主管部门协同，职能部门履职，监督部门保障"的工作机制，拟定购买服务目录，确定购买服务计划，指导监督购买服务工作。相关职能部门要加强协调沟通，做到各负其责、齐抓共管。

（三）严格监督管理

各地区、各部门要严格遵守相关财政财务管理规定，确保政府向社会力量购买服务资金规范管理和使用，不得截留、挪用和滞留资金。购买主体应建立健全内部监督管理制度，按规定公开购买服务相关信息，自觉接受社会监督。承接主体应当健全财务报告制度，并由具有合法资质的注册会计师对财务报告进行审计。财政部门要加强对政府向社会力量购买服务实施工作的组织指导，严格资金监管，监察、审计等部门要加强监督，民政、工商管理以及行业主管部门要按照职能分工将承接政府购买服务行为纳入年检、评估、执法等监管体系。

（四）做好宣传引导

地方各级人民政府和国务院有关部门要广泛宣传政府向社会力量购买服务工作的目的、意义、目标任务和相关要求，做好政策解读，加强舆论引导，主动回应群众关切，充分调动社会参与的积极性。

2013 年 9 月 26 日

民政部关于建立儿童福利领域慈善行为导向机制的意见

民发〔2014〕19号

各省、自治区、直辖市民政厅（局），各计划单列市民政局，新疆生产建设兵团民政局：

为推动慈善事业更好地服务于困境儿童，充分发挥慈善资源在建设适度普惠型儿童福利制度方面的作用，按照《中国儿童发展纲要（2011—2020年）》（国发〔2011〕24号）和《中国慈善事业发展指导纲要（2011—2015年）》（民发〔2011〕134号）的精神，现就民政部门建立儿童福利领域慈善行为导向机制提出以下意见：

一、充分认识建立儿童福利领域慈善行为导向机制的重要意义

儿童是民族的希望、祖国的未来。儿童的健康成长和全面发展，既需要国家提供有力的福利保障，也需要社会开展积极的慈善服务。近年来，我国相继建立了孤儿国家保障制度、艾滋病病毒感染儿童基本生活保障制度、流浪儿童救助保护制度，不断加快由补缺型儿童福利制度向适度普惠型儿童福利制度的转变。但由于基本国情的限制，目前儿童福利制度的覆盖范围、保障标准、服务内容离人民群众的要求还存在一定差距，需要社会力量的积极参与和大力支持。中华民族素有尊老爱幼、关爱儿童的优良传统。长期以来，以慈善组织、爱心企业和志愿者为代表的社会力量在儿童福利领域开展了大量卓有成效的慈善活动，对政府的儿童福利工作形成了有益补充。但由于缺乏明确的引导机制，这些活动具有较强的自发性色彩。为进一步提升儿童福利领域慈善活动的成效，促进社会慈善资源与财政资源、行政资源的有机衔接和优势互补，发挥社会力量在建设适度普惠型儿童福利制度方面的作用，各级民政部门要抓紧建立儿童福利领域慈善行为导向机制，更好地保障和服务广大儿童。

二、建立儿童福利领域慈善行为导向机制的总体思路

（一）指导思想

以党的十八大和十八届三中全会精神为指导，立足基本国情，着力激发社会活力，引导各类社会力量在儿童福利领域科学、规范、有序开展活动，与政府的儿童福利工作相互补充、相互提升，形成各得其所、各尽所能的良好格局，为我国儿童的成长成才提供更加优良的社会环境。

（二）基本原则

1. 自觉自愿、注重引导。各类社会力量在儿童福利领域开展慈善活动，应以自觉自愿为前提，各级民政部门要在社会力量自愿参与、自主选择的基础上，加强相关引导和扶持。

2. 明确主体、公平开放。凡是有爱心有条件的个人、慈善组织、企事业单位和其他机构，都可依法依规开展关爱儿童的慈善活动，反对以各种不正当理由搪塞和阻止社会力量提供正常的慈善帮扶。

3. 统筹安排、科学调配。各级民政部门要充分考虑不同社会力量特别是不同慈善组织的特点和专长，结合儿童群体的多样需求，统筹考虑捐助资金、物资和提供志愿服务等多种慈善形式，科学调配，形成社会力量参与儿童福利制度建设的最大合力。

（三）战略目标

1. 逐步实现对象互补。民政部门严格执行已有的制度和政策，落实对制度覆盖群体的保障，不断拓展保障范围。社会力量积极探索对未纳入制度保障的困境儿童的救助和服务，为福利制度建设提供经验参考和政策试点。

2. 逐步实现项目互补。民政部门通过福利制度建立普惠型项目，解决各类困境儿童群体最具共性和普遍性的问题。社会力量以满足多元化需求为目标，根据儿童的特点、处境等遴选保障对象，提供个性化、差异化、有针对性的救助和服务。

3. 逐步实现方式互补。面对同一目标群体时，福利制度侧重于经济保障，社会力量在进行经济援助的同时更加侧重于提供服务。专业化的慈善组织有效参与福利制度的实施系统和监管系统运行，帮助提高福利制度资源配置效率，实现福利制度的社会效用最大化。

三、建立儿童福利领域慈善行为导向机制的主要任务

（一）引导社会力量确定服务对象

在国家实施孤儿保障制度、艾滋病病毒感染儿童基本生活保障制度、流浪儿童救助保护制度的基础上，各级民政部门要引导社会力量特别是慈善组织，积极探索对事实无人抚养儿童、残疾儿童、患大病重病儿童、患

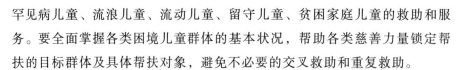

罕见病儿童、流浪儿童、流动儿童、留守儿童、贫困家庭儿童的救助和服务。要全面掌握各类困境儿童群体的基本状况，帮助各类慈善力量锁定帮扶的目标群体及具体帮扶对象，避免不必要的交叉救助和重复救助。

（二）指导社会力量界定工作内容

对于事实无人抚养儿童、残疾儿童、患大病重病儿童、患罕见病儿童、流浪儿童、流动儿童、留守儿童、贫困家庭儿童等群体，各级民政部门要指导各类社会力量兼顾经济援助和服务支持，既帮助儿童解决基本生活方面的需求，也满足儿童在教育、医疗、安全、心理健康、社会融入等方面的需要。对于孤儿、艾滋病病毒感染儿童等群体，民政部门要加强与专业性强的慈善组织合作，使其协助监督基本生活费发放、医疗和教育方面优惠待遇落实等政策的实施。有条件的地方，可借助社会力量共同探索儿童保护制度。

（三）鼓励社会力量从事医疗救助

现阶段各级民政部门要重点引导社会力量围绕儿童大病医疗救助开展活动。鼓励个人、企事业单位加大对儿童大病医疗救助的捐助力度。对于开展护理型、服务型项目的慈善组织，要协助其与医疗机构、儿童家庭或福利机构建立良好的沟通与合作。对于设立资助型项目的慈善组织，要指导其做好基本医疗保险、政府医疗救助与慈善救助间的衔接，通过规范化的项目运作，形成"医疗救治——基本医疗保险报销——政府医疗救助——慈善组织救助"的良性流程。鼓励按照《民政部关于加强医疗救助与慈善事业衔接的指导意见》（民发〔2013〕132号）的要求积极开展医疗救助和慈善事业衔接的试点。

（四）协助社会力量争取资源支持

各级民政部门要秉承儿童优先原则，在引导社会捐赠、配置慈善资源时，向关爱儿童的慈善组织和慈善项目作出倾斜。要加大向社会力量购买服务的力度，将一定比例购买社会组织服务的资金投向困境儿童的救助和服务、儿童大病医疗救助项目。鼓励各级民政部门用好本级彩票公益金，设立示范性项目，发挥引领作用。要贯彻落实《民政部　全国工商联关于鼓励支持民营企业积极投身公益慈善事业的意见》（民发〔2014〕5号）的要求，将优秀的慈善组织、慈善项目及时推荐给各级工商联组织和民营企业。

（五）将有关工作经验及时提升为政策法规

各级民政部门要打造"慈善探索、福利接棒"的工作机制，对于社会力量在服务儿童过程中形成的成功模式和有效经验，要及时将之上升为政策或制度，为儿童提供更具持久性、稳定性的支持。有条件的地方，民政部门可与社会力量共同开展有益于儿童的福利政策和制度试点，支持社会力量在儿童福利领域发挥先行先试作用。

（六）做好信息公开和宣传表彰工作

各级民政部门要在尊重儿童及其监护人意愿和隐私权的前提下，推动慈善组织及时披露有关工作和活动的信息。要定期评估相关慈善项目，着力宣传管理规范、服务优良、团队专业、绩效突出的慈善组织。对于工作中表现突出的单位和个人，要给予适当激励和表彰。对在儿童福利领域做出突出贡献的慈善组织和爱心人士，列为"中华慈善奖"评选表彰的候选对象。

四、建立儿童福利领域慈善行为导向机制的工作要求

（一）定位明确

政府是保障儿童福利需求的责任主体，各类社会力量开展的活动是对政府工作的必要和有益补充。不得将民政部门必须履行的职能和任务转嫁给慈善组织，不得用社会捐助或慈善组织对儿童的经济援助，来冲抵孤儿基本生活费等财政支出。

（二）有效对接

各级民政部门要从供需两方面着手推动相关信息的无缝对接。在需求方面，要充分利用全国儿童福利信息管理系统，通过与学校、医院等部门的联动，建立各类困境儿童的档案。在供给方面，要借助中国慈善信息平台、《慈典——慈善救助信息实用手册》等渠道，掌握本地儿童福利领域慈善组织和慈善项目的情况。要通过多种方式实现慈善信息的共享。

（三）精细化指导

民政部将组织有关学术机构和慈善组织，根据不同困境儿童群体的特点，编写社会力量参与儿童福利的工作指导手册。鼓励各地民政部门结合当地实际，编写更为具体的工作指南。鼓励慈善组织间相互进行技能培训和经验分享。对于各类社会力量在服务儿童过程中遇到的困难、反映的问题，各级民政部门要认真对待、及时解决。

（四）加强监管

各级民政部门要在支持社会力量关爱儿童、服务儿童的同时，加强对相关慈善活动、慈善行为的监督和管理。要把好社会力量进入儿童福利领域的入口关，确保其发挥积极作用，严格防范借儿童慈善活动非法牟利或从事违法活动。

2014 年 2 月 7 日

图书在版编目（CIP）数据

重建现代儿童福利制度:中国儿童福利政策报告:2014 / 王振耀
主编.—北京:社会科学文献出版社,2015.3
ISBN 978 - 7 - 5097 - 7045 - 0

Ⅰ.①重⋯　Ⅱ.①王⋯　Ⅲ.①儿童福利 - 福利政策 - 研究报
告 - 中国 - 2014　Ⅳ.①D632.1

中国版本图书馆 CIP 数据核字（2015）第 014428 号

重建现代儿童福利制度
——中国儿童福利政策报告 2014

主　　编 / 王振耀
副 主 编 / 高华俊

出 版 人 / 谢寿光
项目统筹 / 吴　超
责任编辑 / 孙以年

出　　版 / 社会科学文献出版社·人文分社　（010）59367215
　　　　　地址：北京市北三环中路甲 29 号院华龙大厦　邮编：100029
　　　　　网址：www.ssap.com.cn
发　　行 / 市场营销中心（010）59367081　59367090
　　　　　读者服务中心（010）59367028
印　　装 / 三河市东方印刷有限公司

规　　格 / 开　本：787mm × 1092mm　1/16
　　　　　印　张：15.75　字　数：246 千字
版　　次 / 2015 年 3 月第 1 版　2015 年 3 月第 1 次印刷
书　　号 / ISBN 978 - 7 - 5097 - 7045 - 0
定　　价 / 69.00 元